读懂
孩子的心

吕冬燕 著

如何运用心理学陪伴高中生成长

济南出版社 汉唐书局

图书在版编目（CIP）数据

读懂孩子的心：如何运用心理学陪伴高中生成长 / 吕冬燕著 . -- 济南：济南出版社，2025.1. -- ISBN 978-7-5488-6985-6

Ⅰ . G44

中国国家版本馆 CIP 数据核字第 2025A67Z51 号

读懂孩子的心——如何运用心理学陪伴高中生成长
DUDONG HAIZI DE XIN
吕冬燕　著

出 版 人　谢金岭
图书策划　孙育臣　冀春雨
责任编辑　冀春雨　孙育臣
装帧设计　郗瑞峰

出版发行　济南出版社
地　　址　济南市二环南路 1 号（250002）
总 编 室　0531-86131715
印　　刷　山东成信彩印有限公司
版　　次　2025 年 1 月第 1 版
印　　次　2025 年 3 月第 1 次印刷
开　　本　170 mm×240 mm　16 开
印　　张　18.5
字　　数　255 千
书　　号　ISBN 978-7-5488-6985-6
定　　价　49.80 元

如有印装质量问题 请与出版社出版部联系调换
电话：0531-86131736

以"眼"观心

一部文明发展史，可以说是基于心理之上的各类文化叙事方式和行为表达。

"心理"一词，最早见于陶渊明的诗词中——"养色含津气，粲然有心理"。中国文化中的"心理"，涵盖了心脏、心灵、灵魂、精神、气、思维、意识、情绪、情感、觉悟等，内涵极其丰富。而"心理学"一词，则来源于希腊文，意思是关于灵魂的科学，后来随着发展，心理学的对象由灵魂变为心灵。

我们暂且不去讨论"心理"与"心理学"两个词语出现的早晚，奇特而巧妙的是，在中国文化与西方文化中，"心理"的内核相近相通，均为心灵、灵魂及其相关的功能和表现方式。

由此可知，在文明产生、发展及变迁的历史长河中，在人类（也应该包括动物）的每一次选择与每一步行走中，"心理"无处不在，且作用巨大而深远。自我认知、人际交往、居家生活、沟通协调、憧憬追求等，无不是"心理"的作用；诗词歌赋、感天悟地、岐黄之术

（包括之前的巫术）、诸子百家、异域风情、家国情怀等，无不是"心理"使然。可以说，天地间万千生灵的和谐相处、共生共荣，都是"心理"支配引导作用有形或无形的显现。

近现代，我国明确了学院之内的"心理学"，分为心理测量学、心理统计学、发展心理学、社会心理学、认知心理学、人格心理学等门类，它借助精神分析、行为主义、人本主义、认知主义、文化历史论、建构主义等核心理论，在研究个体心理和群体心理基本发展规律的基础上，对心理行为进行测量与统计，进而为培养科学精神、社会责任感、人文素养和健全的身心素养这一目标，提供强有力的支撑。

在教育这一关乎生命发展、国家进步、民族昌盛的未来事业中，这一支撑可谓重中之重。教育，究其本质，就是心灵的唤醒与激发，就是个体与群体生命力、内驱力的培育与引导，就是文化与信仰的自信与传承。然而，这一方面，在当今社会却面临不小的挑战——短视化、物质化、功利化……形形色色的冲击，弱化甚至不同程度地动摇了人们（尤其是青少年）心灵的那份坚守。在此情形下，我们的教育虽然经过了多次改革，也摸索出了很多教育、管理模式，但是一线教师（尤其是班主任）仍深感自己的辛勤付出与孩子们的成长效果比例失调，更甚者成反比。这是不是重视了事务性而忽略了源头，是不是治标而未治本呢？

吕冬燕老师始终在教学一线工作，她切身感受到教育教学中的诸多无奈与尴尬，幸而经过探索，敏锐地抓住了根本，巧妙地运用"心理眼"这一视角和策略，从心灵、精神、灵魂这一源头出发，一路走来，成就了许多精彩与美好，吕老师从中选取一二，汇编成这本书。本书分为三个部分：上篇从根源上透视一个个鲜活而各具特色的学生个体的点滴，进而让阳光注入每个孩子心中并使其健康成长；中篇引导学生在面对不同的成长阶段、不同的生活学习问题等情形时，如何更加正确、合理地处理，才能让自己、让他人、让团体更加健康、长久地发展，这一部分可以说是对上篇的一个进阶或段位提升；下篇则侧重对学生群体健康健全心理的培育与引导，侧重"授之以渔"的生命策略，更侧重今天与未来的守望与放飞。

教育，需要沉静、情怀和担当。

在这方面，吕冬燕老师无疑是一名笃志而为的行者。

这部作品，于点滴实录中引人探出洞天。

这部作品，以"眼"观心，定会轻叩杏坛，进而花开四季。

马祖长（山东济南章丘四中副校长）

　　我是心理学爱好者，从 2013 年开始系统学习心理学知识，先后考取了国家二级、三级心理咨询师的证书，且长期参加心理爱好者沙龙，并和他们一起阅读了大量的心理学著作。在这个过程中，我渐渐地了解、认识自己，对于生活中的很多事情也有了不一样的体悟。

　　我不是擅长与人交往的人，刚带班时也不擅长做班主任工作。在经历了班主任工作最初的焦头烂额、手足无措之后，我尝试把心理学的知识与班主任工作相结合。没想到半年以后，班级面貌焕然一新，无论是班级氛围还是学生的学习成绩都有了很大的进步。期末，我们班被评为"市级优秀班集体"，我也被评为"市级优秀班主任"。

　　回首走过的路，有太多的欢笑和泪水。在反思的过程中，我把这些东西记录下来，汇编成这本《读懂孩子的心——如何运用心理学陪伴高中生成长》。

　　这本书分为三个部分，第一部分是"上篇　个体疏导篇"，是以某一个孩子的经历为主线，讲述了我与他（或她）之间的教育故事。从目录看好像有七个故事，其实是八类主题，有的故事里的"主角"并不唯一，只因他们的故事主题相似，被我放在一起。第二部分是

"中篇 二人关系调节篇"，以我对两个孩子之间"关系问题"的调解为主线。这里面的冲突发生在男生和男生之间、女生和女生之间、男生和女生之间，还有男生和女生之间的单相思和交往过密等问题，故事主题不同，长短不一，有趣也值得深思。第三部分是"下篇 团体心理辅导篇"，是我组织全班学生参与的一些效果较好的活动和班会。这一部分有六个故事，内容上是记录我是怎么想怎么做的，学生有怎样的反应和思想领悟；形式上是以活动过程记录与学生的分享、交流、探讨和老师的点评、总结、引领。

每一个故事后面，都有我的一篇文字，或长或短，是我对故事的点评，称为"心理眼看故事"。这些内容多数结合了心理学的知识，是我对教育的一些思考。从教二十余年，我从最初拘泥于学生教育方面的"术"，一步步走过来，到想要看一看教育里面还有什么样的"法"和"道"。我有了些许心得，也逐渐相信：爱是最好的教育、理解是最好的教育、信任是最好的教育。

爱、理解、信任的基础就是"懂"。"懂"是人与人之间的倾听与被倾听、看见与被看见、尊重与被尊重。"读懂"孩子，才能理解孩子的言语与行为，相信孩子的目标与选择，进而给予孩子真正的爱——温暖又恰到好处。"读懂"孩子，老师、家长才能和孩子以相同的频率向着共同的目标迈进。我以一个个故事为背景，展示"读懂"孩子的一些片段，希望能给看到这本书的人一点点启发和借鉴。

这是一个理论到实践的过程，也是一个实践到理论的过程。我用善良和温暖点亮一个角落，却仿佛收到了整个世界的光亮。

每一章的题目都是对本章故事相应心理学观点的提取。故事中的学生名字，我都做了处理，并非真名。有的故事，是把有相同境遇的不同学生的经历写在一起，主角虽为同一人，但不一定是现实中具体的某一个人所完整经历的；有的情节，是站在我的视角看问题，可能会有偏差。无论如何，这都是一段火热的高中班主任生活的原汁原味的记录，带着我滚烫的记忆。我们一起走过的岁月，那些斗智斗勇却又相亲相爱、相知相扶、斑斓缤纷的日子，仿佛亮晶晶、闪着光的钻石镶嵌进我的生命里。我和学生们一起成长，收获的不仅是为人师的价值感和幸福感，而且有我对整个世界更深刻的爱和依恋。

　　鉴于本人水平有限，书稿难免有错漏之处，还望读者批评指正。

扫码获取

AI心理观察员
心 绪 传 声 筒
成长"心"世界
情 绪 翻 译 机

上篇　个体疏导篇

中篇　二人关系调节篇

下篇　团体心理辅导篇

个体疏导篇

第一章

倾听、共情和指导

倾听，是放下自己已有的想法和判断，无偏私地体会他人；是全神贯注地体会对方的情感情况——这为他人充分表达痛苦创造了条件；是一种"不要急着做什么，先站在那里"的能力。

共情，是体验对方内心世界的能力，并能将有意义的信息传递给对方。美国心理学家科胡特认为，共情是让一个人可以进入另一个人的内在世界里去思考和感受的能力，即思考和感受他人内心世界的能力，或替代的内省。

第一节 引导表达——罗琼的故事

（一） 过激反应

在我的记忆里，罗琼是一个脸颊微胖、右额角有块浅浅的疤痕、扎着马尾辫的高个子女孩。

我刚开始感觉她有些不一样是她遇到小事时的过激反应。

虽然她的成绩不错，但在大大小小的考试中有些波动起伏是难免的。有一次考试后，罗琼的成绩退步的幅度特别大，我作为班主任按常规表达一下关心："这次考试怎么没考好呀？"她皱着眉头噘着嘴回答："我没有没考好。""哦，"我微笑着回答，"你自己觉得考得还可以？""嗯。"

作为小组长的罗琼，在谈到班级的学习氛围和同学的表现时，总有很多不满，仿佛周围一切都和她格格不入。她不善于管理小组，至于调动小组成员的学习热情、处理小组成员间的小矛盾更是力不从心。据我的观察，她与周围同学的交流互动比较少。

（二） 下午请假

时间慢慢地划过。大约一个月后，中午临近上课时间，罗琼母亲会隔三岔五打电话来，说罗琼肚子疼，给她请假一节课或者两节课，然后再来上学。后来，请假次数变得越来越多，越来越频繁。

直到有一天，罗琼母亲又给我打电话说请假两节课，可两节课后，还是不见罗琼的人影。我担心罗琼从家到学校的路上出了什么状况，就拨通了她母亲的手机。罗琼母亲这才有点难为情地告诉我："孩子不想去学校。"我问什么原因不想来学校，罗琼母亲支支吾吾不肯明确作答，只是说孩子大了，有自己的想法了，做母亲的和孩子之间有代沟了等。这在我心里埋下了一个不小的疑惑，我理不出一丝头绪。

第二天，罗琼又不开心了，在教室里呆呆地坐着，一动不动。我就想找她仔细聊一聊。

（三）问题行为的背后

我把罗琼叫到办公室，去里面分隔的独立小阳台上。这里虽然空间小，但是私密性比较好，刚好容下我们两个人并排坐着。这个距离，既能让我听清她说的话，也能在我侧身观察她的时候，不会给她造成压力。

我从罗琼脸上的疤痕问起，罗琼说是小时候父亲打的。

我皱了皱眉头，说："你父亲会打你?"罗琼说会的，从小挨打的次数挺多的，父亲一般不会下手很重，但是也有例外的时候。

罗琼说，有一次，她在床上写作业，拿了一块搁板放在腿上，把作业放在搁板上写。没想到这个举动招致了父亲的不满，父亲开始大声训斥她。罗琼极力反驳，说自己虽然这样，但是没有耽误学习。罗琼父亲怒了，冲到床边来就打她。罗琼趿拉着拖鞋赶紧跑到房门外面，没想到父亲竟然追着过来打她。罗琼慌不择路地跑出家门，从二楼到一楼的楼梯扶手处翻身而出，直接跳到一楼，才没有被父亲打到。这事以后，罗琼跟父亲正式"结仇"了。

罗琼说："我当时都那么大了呀! 我初三了，他还追着打我，邻居们也都听到了，太丢人了。"

罗琼继续停留在痛苦的回忆中，一脸的不满与鄙夷。

罗琼又回忆说，几年以前，正好赶上过年，爷爷奶奶到他们家来过年。结果父亲和爷爷因为鸡毛蒜皮的小事就吵起来了，越吵越凶，互不相让。奶

奶和母亲打圆场、劝说都没有用，最后争执升级了，父亲居然打了爷爷。爷
爷和奶奶当时就收拾东西从罗琼家离开了。从那以后，他们再也没去过罗琼
家过年。爷爷奶奶临走的时候对罗琼说，如果想他们了，就去农村爷爷奶奶
住的老家过年。

罗琼认为，不管怎样，就算父亲和爷爷有争执也不能动手打人呀，这是
极大的不孝。虽然后来通过村里的亲戚调解，父亲给爷爷奶奶赔了不是，但
是，父亲和爷爷再也无法亲近了。这件事除了使父子关系破碎，还间接导
致了罗琼和父亲的关系大不如前，她心里埋下了对父亲不满，甚至仇恨的
种子。

罗琼开始讨厌父亲，不想在家里待着。甚至父亲来接她放学的时候，在
车里问她一些简单的话，她也尽可能沉默或者用最少的言语搪塞过去。从那
以后，她不曾主动和父亲说过一句话。

罗琼家里的经济条件不是很好，母亲没有工作，还有一个年幼的妹妹。
罗琼说之前她就劝父母不要再生一个孩子了，可是他们不听，现在有了妹
妹，家里的经济压力更大了，母亲照看妹妹，连临时工作也做不了。

罗琼叙述的时候，我在一旁静静地听着，只是偶尔会"嗯"一下或者点
点头。任凭她的思绪翻滚，不停歇地表达着她想说的话。

我想，倾听是她当下最需要的。

（四）　离家的打算

看着罗琼的情绪通过表达有些和缓，我开始了对她的劝导。

我说："有这么几点我想跟你沟通一下，如果觉得我说得不对，你可以
提出来，我们一起探讨。

"第一，作为你的父母，他们有生育权。也就是说，他们在符合国家政
策的前提下，有权决定自己生几个孩子，这是你作为孩子无权干涉的。你可

以提出你的建议，但是最终的决定权在他们手里。他们只是没有听从你的建议。

"第二，你可能还没有发现，有一个妹妹也是很好的事情。将来她会和你分担生活上的压力，是你最亲密的同盟军。将来父母不在世了，你们就是彼此最温暖的依靠。

"第三，你妹妹虽然花费了你父母的一部分钱，也需要你母亲花时间来照顾，但是她肯定也为这个家带来了不少欢乐吧？这种欢乐和幸福的感觉，可是花多少钱也买不来的呀。"

可能是提到可爱的妹妹的缘故，罗琼脸上愤愤的表情不见了，她微笑着点头："是呀，妹妹很有趣呢，我写完作业也会逗她玩一会儿呢。"

看她欣然接受了我初步的一些看法，我开始共情她。

"是呀，在你前面讲的这几件事情上，你父亲确实有很多不对的地方，肯定给你造成了很大的困扰。你经历了这样的事情，真的是难为年幼的你了！"

罗琼听着，眼角湿润了，眼睛里有一层晶莹透亮的东西。

我微笑着说："你这几次请假不来上学，是不是因为心里不舒服呀？"

她不好意思地笑了笑，说："有时候是，有时候真的是肚子疼呀、身体不舒服呀什么的。"

我并没有在这个问题上过多停留，应和说"哦"，然后提出了新的问题："如果你不喜欢父亲，不喜欢家里的气氛，你应该不愿待在家里，而是想要尽快逃离到学校来呀，你怎么做出了相反的选择？"

罗琼说，虽然父亲对很多事情的处理都让她不满，但是父亲非常重视她的学习情况，这一点她能觉察到。每次自己考好了，父亲会很开心，会让母亲在晚饭时额外加几个菜，或者他自己带回一只烤鸭什么的来改善生活。所以，她学习很用功，成绩也还不错，初中时只要考得不错，父亲就不会对她发很大的怒火，她过得还算安宁。

然而上高中以后，罗琼越来越不想通过"学习好"这种方式来讨好父亲，就想和他"硬碰硬"，真刀真枪对着干。

我听到这些话时，心里暗暗吃惊，想不到这个表面文静的小姑娘，还有着这样异于常人的倔强。我表面上不动声色，说："那你打算下一步怎么办呢？"

"下一步就是永远离开这个家。"

"你打算以什么样的方式离开呢？"

"不管考上一个什么样的大学，我都要报一个很远很远的学校，一连几年不回家了。"

我看着她的眼睛，温和地说："这个打算你可要想清楚呀，你离开了父亲，同样也离开了母亲和妹妹呀。"

罗琼也若有所思地点了点头，说："是呀，之前没有想到这个呢。"

我又说："离开父母组成的家庭，是每个人必须经历的。但是，怎么离开，离开后要不要回来，以什么样的方式回来，这里面可是大有文章。如果非要离开，我希望你能考一所好的大学，为未来更好的生活储备技能。这样，假如有一天你想回来，有了经济基础和社会地位，你就可以体面地回来。而现在，在高中读书，就是给你提供了一个让你展翅高飞的平台，还有学校的资源和老师作为助推器，为什么不飞得更高、更稳一些呢？你现在已经读高一了，如果你打算报远一点的学校，两年以后就可以实现，所以，这个你不用担心，也无须规划。事实上，你的飞翔能力才是你最需要担心和规划的。在离开之前，你需要付出足够多的努力来锻炼自己的飞翔能力。因此，你现在不应该陷在情绪里，让自己的学习停滞不前，而应该铆足了劲儿向前冲才对。"

罗琼如我预期般，很配合地点了点头。这次在共情前提下的劝说，基本奏效。

（五）　站在时间轴上

成功地把罗琼关注的问题从与父亲对抗，转移到好好学习、为考个好大学而奋斗上来以后，我进一步疏解她对父亲的情绪。

"你知不知道，你父亲可能在他小的时候没有得到足够好的对待，因而不知道该用什么样的方式和你交流，来表达对你的爱。有没有在生活中的某个时刻，你体会到了他对你的爱？"

罗琼说："有的，我想买些什么东西，只要家里负担得起，父亲一般都会满足我。"

我趁热打铁，进一步劝说她："你父亲也是第一次做父亲，肯定有做得不够好的时候，这和你有时候有的题不会解是一样的。另外，也许你父亲在工作上有压力和不如意，这些事你不一定知道，他可能不会向你解释和说明。"

"是呀，他工作压力大的时候，就会抽很多很多的烟，有时甚至一个晚上一整包烟都不够。"

我边点头边说："你能观察到，还是很细心的。"

她想了一下，又用很不满的语气说："可是这样也不能打人呀，他对待爷爷那件事太不对了，我不会原谅他。当时我就发誓了，一辈子也不原谅他，是他让一家人不能团团圆圆地过个好年。就算有什么不痛快，这么对待家人就是暴君，就是不应该。"

我说："是的，我很理解你的愤怒，你可以选择不原谅他。但是你回击他的方式太幼稚了，你用'不好好学习'的方式攻击了他，更是赔上了你自己呀！这值得吗？"

她又一次陷入了沉思："可是，我实在看不惯他，就想让他不高兴，就想打倒他。"

我琢磨着措辞，慢慢地说："你可以在精神上打倒他，这一天会到来的。随着时间的流逝，他会慢慢老去，你会慢慢长大。终有一天，你不用再仰他鼻息的时候，就是你对他彻底地逃离。再过很多年，等他失去了劳动能力甚至自理能力，需要你照顾的时候，你或许才能真正看到时间是怎么打倒他的。"

她默默地坐着，不再说话。

我有意停顿了一下，然后缓缓地说："我不劝你现在就和你父亲和解，但是我希望你选择更好的方式来实现自己的想法。也许，站在长长的时间轴上，岁月在某一天，或者在某个不经意的瞬间，就会改变你的想法，冲淡你现在有关于他的一切执念。这些是将来的事，现在请把你的精力集中到学习上来。你通过学习为自己搭建更高的平台，看到更美的风景，再回首这些往事，你也许就能理解他、原谅他。如果不能，可能就会是你生命里的纠结和伤痛。"

她听了以后又一次点了点头，没有再说话，和我默默地坐了几分钟。

我换了轻松的语气说："其实，你还有我呀。我可能只和你同行一段时间，但你有困难可以随时回来找我，我会以我的方式帮助你，我们的师生情分一直都在的。"

她眼圈红了，说："我知道了，谢谢老师。"

至此，我们的谈话结束了。

是的，当我们站在时间轴上，想到父母和孩子力量上的变化，想到生命的短暂和必然的更迭，就更能理清当下的状况，看到更好的未来，进而找到当下追求更好未来的方式。

此后，罗琼没有因为类似的事情再找过我，慢慢地和周围的同学有了更多交流，成绩也跟了上来。罗琼母亲还专门打电话感谢我，反馈了她的改变，说罗琼无论在情绪上还是行为上，都像突然长大了一样。

第二节　心理眼看故事：倾听、共情和指导

（一）讨好手段变攻击武器

小的时候，罗琼就发现了学习成绩对父亲态度的牵制作用。因为小，她选择了保护自己——用学习成绩好换取父亲对她的好，或者说，用学习成绩讨好父亲。到了青春期，她的自我意识觉醒了，不想再讨好父亲，想要狠狠地攻击父亲。这时，她发现最有力的武器就是学习成绩。当年成绩好给父亲带来多少快乐和抚慰，现在成绩不好就能带给父亲多少愤怒和挫败。

学习成绩就这样成了控制父亲喜怒哀乐的操控杆，从讨好手段变成了攻击武器。

我不得不为罗琼"聪明的发现"拍手叫好，这一定是她发现的"强大而暴虐"的父亲的最大软肋。我也毫不怀疑，照这样的思路，罗琼一定能在和父亲的"战争"中大大地"赢回"自认为胜利的一局。

（二）攻击背后的独立

这种攻击带来的掌控感，让罗琼来不及想：这份攻击给自己带来了什么影响，给母亲和妹妹带来了什么影响，对家庭造成了什么影响。

是的，这都不是罗琼考虑的问题。年少冲动，年少轻狂，是不去计算代价和后果的。有的，只是"复仇"的畅快。而引发这种复仇的，正是她父亲昔日的一些行为。

有人说孩子是父母的复印件。细细想来，在岁月长河的浸泡中，孩子早就在一次次的实践中摸透了大人的喜怒哀乐，知道自己怎样的行为会引发大

人怎样的反应。有的人得到家庭足够的爱，会好好成长、发展自己；有的人得到的爱不多，却愿意一直委屈自己，换取相安无事的生活或者寄希望于换取父母未来的爱；有的人，到了青春期，曾经的忍耐成了他们堆积的怒火，像火山一样不顾一切地喷发出来，只想当下就把眼前那个令人愤怒的人打倒在地。

有人说青春期的孩子变得不可理喻了，其实这是他们的行为带给大人的感受。站在孩子发展的角度，孩子小的时候认同父母，认为"父母是完美的，我是他们的一部分"（科胡特的观点），所以言行会考虑父母的感受与评判，更符合父母的期待。随着青春期的到来，孩子需要确立独立自我了，将自己与父母分开，证明"我和你们是不一样的"。这时，父母曾经的优点都可能会被误解为缺点，孩子只是想证明：我和你们不一样。这样看来，孩子青春期的逆反是完全正常的。

（三）真正"倾听"不容易

毕淑敏说，倾听是"用尽力量去听"。这里的"倾"字，有殚精竭虑、毫无保留之意。

如果说专业的心理咨询师需要做到"深重"倾听，我们可能做不到，但我们可以将其作为学习的目标。在实践中我们可以退一步，听一个弦外之音，听一种感受状态、渴望期许。如果觉得还是难以实现，我们可以再退一步：听的时候不东张西望、不虚与委蛇、不露出倦色、不无动于衷、不打断叙述、不讽刺挖苦。

如果可以做到的话，我们还可以稍微前进一点：身体前倾、目光柔和、关注他（或她，下同）的眼神，自己的情绪随他的高兴与难过等起伏。在他落泪时，不是立刻给出建议，或劝慰他让他停止哭泣，而是默默地递上纸巾，给一个简单又温暖的拥抱。在他沉默时，能忍住表达的欲望，和他一起缄口，而陪伴他的心却从未离开。

为了倾听，我们需要先放下已有的想法和判断，全神贯注地体会对方的处境和情绪。经过一定的学习和刻意地控制，这一点是能够做到的。所以，我才会在罗琼叙述她父亲的各种不是（注：口语，指错误）时，什么也不多说，只是回以一些简单的点头或者"嗯""哦"之类的话。我更不会面质（注：心理学专业用语，类似语气平和地当面质问，态度和善，问题深刻）她这样对待她的父亲，与她父亲对待她爷爷的方式，本质上是一样的。我想这就是倾听的秘密：给予对方尊重、关爱和抚慰。

（四）共情

按罗杰斯的观点，共情是体验对方内心世界的能力。

心理咨询层面的共情，分为浅层共情和深层共情。浅层共情又称为基本共情，是指能体会来访者的感受与反应。简单来说，就是你听懂了，你感受到了。要能呈现对方的感觉，需要用心去听，而不是用脑去评判。这种浅层共情没有治疗作用。深层共情有治疗作用，能为治疗指明方向。它能把来访者压抑的情绪、情感提升到意识层面，并接受这部分情绪、情感。当然这个过程不是一蹴而就的，需要不断地评估。

浅层共情虽然没有心理治疗作用，但是对我劝慰学生有很大的帮助。我感受到了父亲给罗琼造成的巨大压力而没有直接劝导她，避开父女关系的雷区。通过妹妹的角度介入，提醒她有个同胞的好处，以及远离了父亲的同时也远离了母亲和妹妹。通过这些提醒，她的理性有所回归，注意到了之前忽视的事情，也对我的话多了一份认同。

当我能在共情后表达我理解父亲的行为对罗琼造成的伤害时，她的泪水就是她翻腾的情绪的证明。等她平静后，我引导她看到父亲对她的爱和父亲也会遇到生活中的压力，她就能接受了。

共情的前提是设身处地地体验和感同身受地理解。如果我个人对学生的看法依然拘泥在"孩子听父亲的话天经地义"的思维里，我就不可能看到青春期孩子"逆反"背后的"独立"需求，师生谈话容易陷入僵局，不欢而散。

（五）指导

我们常常会给学生做指导，出发点很好是不容置疑的。但是，我们能不能做到恰到好处呢？有没有站在学生的角度来看问题？

我暂且搁置她想通过不再全心投入学习来和父亲对抗这件事情，问她下一步的打算，和她探讨离开家的方式，这是真正站在她的角度考虑问题，好像那一刻我变成了一个和她一起密谋逃家的高中生。然后回到我要表达的观点：要想以获胜者的姿态离开这个家，最好的方式就是好好学习，无形中化解了她通过不学习来对抗她父亲的方式。这是一个轻松的转向，因为不学习这个问题行为的产生，来自错误的解决问题的方式。

下一步，我把时间拉到了更长远的未来。也许有一天，父亲会因衰老而需要罗琼的照顾，未来有无数种可能的状况，也许未来罗琼会原谅他、与他和解，但那是未来的事。在这一刻，我变成一个旁观者，帮她跳过暂时的矛盾，投入时间的漫漫长河。在时间面前，我们过去的很多想法和做法都那么滑稽可笑，这世界终究不变的是变化。

这种指导是在我的引导下进行的，比一般的咨询过程要快很多，能快速帮学生平息内心的纠结。在获得学生认同的前提下，通过指导，影响学生短时形成的观点和想法，就能让他们心无旁骛、全身心地投入学习中去。

（六）引导表达

如果说倾听、共情和指导是站在我的角度分步叙述对过程的把控，那么我的目标就是引导表达。

在这个故事的开始，我的无批评问询及对罗琼多次请假不过度追问的宽容，为她铺设了安全和信任的通路。这样，我们在"阳台密语"时，她才会一股脑地把自己的经历和情绪向我表达出来。

引导罗琼表达她的不满、愤怒、伤痛、期待，然后根据情况帮她解释、化解、转向、重构。这种表达，是在一种潜移默化的引导之下进行的。引导表达以后，我才能找到罗琼情绪的卡点，找到帮助她的角度和方法。让积存的强烈情绪找到出口，问题行为就不再出现了。毕竟，她只是想通过不学习来攻击她的父亲，而不是真的不想学习了。

从用学习讨好父亲，到用不学习攻击父亲，再到通过学习提升自己顺便攻击父亲，这个孩子的学习动机已经彻底改变了。

在我们的文化背景下，很多孩子的情绪得不到表达，会像心里有沸腾的水一样，让自己的内心备受煎熬。引导表达，让孩子内心的"情绪毒气"释放出来，即便不能给予更好的建议和指导，暂时找不到解决问题的方法，让孩子觉得有人愿意倾听、理解他的痛苦，也会有很大的好处。

七　所幸

所幸罗琼的父亲对她还有一些爱的表达，所幸罗琼通过不学习与父亲对抗的时间还不长、程度还不深，所幸罗琼有着很强的语言表达能力，能够说清自己的感受，所幸罗琼愿意把这些想法和感受与我分享。

我常常想，孩子在出现异常状况的初期，是给了我们一个窗口期的。在这段时间里，因为陷得不深，我们还能轻易地把孩子拉上来。我不敢妄自推测，如果一年后，这个孩子的成绩已经大幅度下滑，听不懂上课的内容，跟不上课程进度了，还来不来得及转身。

第二章

稳定的爱最有质量

人本主义心理学派认为，人具有自己选择的能力。咨询师要营造一种有利于来访者自己"生长和改变"的环境或氛围，使他们得以充分发挥内因的作用，积极寻找机会去解决自己的问题。

通俗地说，就是人在充满安全感的、稳定的环境里会自觉地向着更好的方向发展，实现"自我成长"。

发展心理学家皮亚杰提出"物体恒存"（被藏起来的球并没有消失，孩子知道去寻找），类似的还有"人物恒存"（父母在不在身边，都是记忆中的样子，会在某个预期的时间再次见到）。稳定的爱就是"关系恒存"——即使我惹父母生气，或我生父母气的时候，还能相信我们的爱一直都在。

第一节 正向激励——桑晴的故事

（一） 我会管你的

桑晴是篮球体育生，高二被分到我这个班的时候，她是班里唯一一个在高一期末的学业水平考试中，五科都没有通过的学生。这是一个很好的聊天打开方式和鼓励契机。我找桑晴来，先是表明，我对体育生没有偏见，甚至还有几分偏爱。因为他们一般会特别主动地参与班级的劳动，和同学相处时一般不爱斤斤计较。我笑着问她："这几条不知道你符不符合呀？"她也笑了，说："应该还行吧。"

我们的交谈有了一个愉快的开始，我接着问桑晴："你在高一时没有学习吗？怎么学考时，你一科也没通过？"我把考试没通过归因于她没努力，希望她今后能有所改变。桑晴笑得有些尴尬："是呀，几乎没学，我们老师也不管我。"我说："记得有一次上课时间我去查宿舍，好像看见你在宿舍睡觉。"因为她个子比较高，留着像男孩子一样的短发，比较容易辨认，当时我还私下向她班主任反映了这个情况。她笑得更尴尬了："可能呀，有时候训练累了，我会留在宿舍睡觉。"我说："那你老师也不找你吗？"她说："不找呀，我们老师不管我。"（注：我认为此处是桑晴的个人感受和情绪化表达，不可能完全符合事实）

我体会到桑晴有一丝不被关注的遗憾，立刻笑着说："我不一样呀，我可是会管你的，你要继续这样的话，我会把你家长请来。如果没人管你的话，这学期还有四科需要学业水平考试，你还打算通过吗？上学期没通过的五科，这学期末还有补考机会，你好好复习复习，这种考试题目都很简单，你一定会通过的。往更远处想一想，不管你的话，两年后你的高考可怎么办？虽然你有体育特长，能获得一定程度的降分，但是也要通过最基本的提档线呀！"她表情变得凝重了些："老师，您还是管我吧。"我说："我会管你的。管你的时候，有想不通的可以直接跟我聊。"她笑着答应了。

这是一个良好的开端，我想。

后来我找桑晴的体育教练沟通，同事反映说，这孩子体育成绩还是不错的，心地也比较善良，就是有时候会耍小孩子脾气。我们聊了一些她的情况，最后达成共识：严格要求，鼓励为主。

班里安排座位时，桑晴个子高，被安排在了最后一排，她欣然接受。后来班级调换座位时，桑晴的表现也相当大度。但是，这掩盖不了一颗浮躁、张扬、年轻的心。

（二）后门掠影

开学第一个月末的晚自习时间，我按惯例来班里巡视。这次我没有像往常一样直接从前门推门进去，而是在后门的玻璃外面观察。

只是搭眼一看，我就发现桑晴在偷偷玩手机。我推门打算进去拿，但当时后门被从里面锁住了，我没有推开，声音反而惊扰了她。当我从前门进去走到桑晴旁边的时候，手机已经被她藏起来。我不想搜查桑晴的书包，因为担心她已经把手机转移到别的同学手里，不仅我会下不了台，对班级也有不好的影响。

因为不是现场抓到她，我也不好直接按规定处罚，只得从家长入手，旁敲侧击问了一下。可能是家长做了一些工作，我找桑晴问手机的事情时，她态度诚恳地认了错，称因为本周有篮球赛，想帮队友拍照留念，所以就把手机带来了。之前手机一直放在教练那里，周四比赛时拿到手机，比赛结束后未及时还回去，就私自带到班级、宿舍偷偷玩。我跟她讲手机的危害，花费大量时间在上面是非常不值得的。桑晴态度很好地写下保证书，承诺不会有下一次了。

第二天她写完检讨，当天因为国庆假期放假，手机被桑晴带回家了。我觉得这次的处理实在一般，但是又找不到更好的解决办法，只好相信她不会把手机带回来了。

（三）你没有证据

两周以后，晚上第四节自习课，我到班里盯班，巡视一圈没有发现异常后，我站在楼道里浏览我的 QQ 空间，居然发现我最新的一条"说说"上，有一个桑晴的点赞！时间显示是晚上 9 点 48 分。我深吸了一口气，觉得难解的问题又来了——桑晴又把手机带来了，又不是当场抓住她，还是不能按规定直接处理。该怎么解决这个问题，实现我对班里学生"校内无手机，发现必严惩"的承诺呢？我只好虚张声势。

我先把桑晴叫来，说她在教室里看手机。桑晴不承认，我说我有证据。她说她要看看，我说："不行，等你家长来了，直接给你家长看。"桑晴还是不相信自己被我发现了，态度一直很强硬。

我一方面已经保留好了 QQ 空间的截图，一方面让桑晴认错并告诉她要叫家长过来。她不肯认错，面红耳赤地在办公室跟我争辩，说她没有带手机，我没有证据。我不为所动，坚持"家长不来不会给她看任何证据"的态度。

见我态度坚决，她一怒之下从办公室摔门而出，声音之大令办公室里的其他老师也无奈地摇头感叹。看她冲出去，我心里一慌，但嘴上说："没有我的出门假条，你也出不了校门。"一看她真的摔门走了，我更慌了，生怕她真的翻墙出校。我一边想办法联系门卫，一边联系桑晴的家长来学校，紧接着查看我的 QQ 空间时，发现她来过我 QQ 空间的足迹已经被删掉了。据此，我判断她已经拿到了手机，她的家长应该能联系上她。

然后开始了漫长而又煎熬的等待，我心神不宁，又没什么直接可以做的事情。终于在一个小时后，我联系上桑晴的家长——她的姐夫（平时都是她姐夫出面联系），说已经见到了她，正在跟她谈。又过了一个小时，桑晴和她的姐姐、姐夫一起到了我的办公室。桑晴虽然还是气愤、无奈的样子，但是说话的语气明显平缓了。

桑晴坚持说我没有证据。桑晴姐姐一听她这样说，立刻对她进行教育："手机问题是学校明确规定不让带的，你这样违反纪律是不对的；你还要注意自己的态度，注意跟老师说话的方式，也就是老师能包容你，如果你到社会上，这样能行吗？不论做什么工作，总得有领导上级，你这样让人家怎么开展工作？"

好在桑晴姐姐的态度够坚决、思路够清晰、气场够强大，我略微松了一口气。我平静地解释道："其实带手机受影响最大的还是你自己，你的时间都被一些无谓的信息消耗掉了，这些时间对于紧迫的高中学习是多么珍贵呀！何况你还有五科学考没过，元旦过后还有四科学考呢，你现在不把时间好好利用起来，将来再努力，恐怕来不及呀！"

桑晴姐夫的脾气相对急一点，对着桑晴喊："你给我小心点，别让我真的打你！"我赶紧劝阻："千万不要动手，孩子有什么不对的地方，我们告诉她，慢慢跟她解释清楚，她以后能改正就好了，咱以教育孩子为目的。"桑晴姐夫气呼呼地说："这些天工作这么忙，今天一早又有很多事，好不容易请下来假到这里处理这种事。桑晴，你觉得你还有理了，你到底做得对不对?!"我赶紧劝他先消消气，如果实在生气可以先到门口平复一下，事情要慢慢解决，要争取这次解决透彻，不留后患。

在我和桑晴姐姐苦口婆心地再三劝慰之下，桑晴逐渐认识到了自己的错误，情绪也慢慢平静下来，最后承认错误并跟我道歉。看她服软，我也借台阶赶快下，告诉她，手机对一个正在求学的人影响太大，花掉了我们本该珍惜的时间，上学期间不能带手机是规定，老师对学体育的孩子没有任何偏见，学考没通过你的压力很大，更要奋起直追，等等，又从头到尾地细细叮嘱一遍。桑晴姐姐也在旁边劝说，这次不但要上交手机，而且要保证以后不再犯，在班级里时时刻刻起到正向的作用才行。

最后，我们达成一致：返校时她把手机留在我这里保管，大休离校的时候还给她，下次大休返校的时候再带来交给我替她保管。（一直这样安排学生的手机，入校交给老师保管，离校时带走。有时周六大休，我有事不能到校，就会拜托领班的老师转交给学生）

（四）你可以的

月考之后，大课间时我到班里巡视，看见桑晴在座位上玩 MP3，我一把收了过来。她来跟我要，说这是课间，需要放松一下。我说放松的方式有很多，MP3 听起来容易陷进去，课间结束了，还想继续听，影响上课的专注程度。

桑晴一脸不满，阴阳怪气地说："老师，你管得也太宽了啊！"我也觉得自己这么说有点主观，就放松状态说："休息的方式有很多——和同学去楼下散个步，去饮水机旁边接个水，或者直接趴在桌子上休息一会儿，都会起到很好的放松效果，而且一般不会对下一节课的精力造成影响。"她点点头，叹了口气。

我看桑晴委屈的样子，想给她一点盼头，说："一个月以后的期中考试，成绩在级部排名进步 200 名，我就还你 MP3。"她有点不信，睁大眼睛，说："我能进步这么多吗？"我说："当然能。因为排名在后面的话，提升的空间是相当大的，就像你从九十分提高到一百分挺难，但是从三十分提高到五十分，是相对容易的。你只要上课认真听讲，按时完成作业就行了。"我又鼓励她："你可以的，有不会的问题及时问老师或者同学，不要积攒着，就一定能赶上来，最重要的是做好自控。"

桑晴点头同意我的观点，我们的约定就这样达成了。

五　运动会上

开运动会的时候，我们班里的"运动健将"实在是不多，最让大家期待的能够扬眉吐气的机会，就是看桑晴跳高。

记得当时体育委员把运动会报名表交给我的时候，我很不解为什么身为篮球体育生的桑晴放弃了报"定点投篮"这样铁定拿高分的项目，还以为是体育委员统计出错了，我找桑晴核实。桑晴说没有报错，觉得自己是篮球专业的学生，和别人比赛定点投篮的话，即使赢了也不光彩。不如报跳高，名次也不会差的。我看她用这样淡定自信的语气说话，也就不再劝说。

我们班在看台的位置正好能看到跳高场地，跳高比赛时，全班同学都非常兴奋。只要桑晴一出场或者完成了一个新高度，同学们就会站起来给她欢呼加油，最后桑晴拿到了跳高比赛的第一名。这也是那次运动会我们班取得的唯一一个第一名，承包了我们当时最大的兴奋点。

桑晴比赛完成回到班级观众席的时候，看台观众席上的同学们给她报以最热烈的掌声，桑晴豪气满满地向大家挥手致意，班级的氛围一下子被她带活跃了起来。

后来桑晴领到了跳高第一名的奖品，是一个 A4 纸大小的黑色的皮质硬皮本。她随手把本子递给我，说送给我。我说："你留着用吧，我要这个也没什么用。"桑晴不肯收回，也不解释别的话，就是把本子往我手里塞，嘴里说着"给你给你，拿着拿着"。我不收下她就一直坚持。这样来回了几次，我说："我收下了，谢谢你。"桑晴开心地笑了，说这就对了嘛。我突然有种被宠着的感觉。

运动会后我想把这个本子送给班长，感谢他为同学们的服务和为班级所做的一切。班长不收，说他只是做了他应该做的。我很感动，本子没有送出去，就继续留在讲台的抽屉洞里。过了两天，我开班会公布了"期中考试小组比拼方案"后，班长又来找我，提建议说"要不把本子奖励给期中考试表现特别突出的学生吧，给大家起到一个鼓励示范的作用"。我同意了，本子继续暂存在讲台抽屉洞里。

(六) 期中考试后的总结表扬

我和桑晴就这样又和平共处了一段时间。她返校按时交手机，在教室和课上也没有被发现其他违反纪律的行为。

期中考试成绩下来了，桑晴的级部名次只前进了四十多名。虽然她这学期一直在努力，但是无奈基础太差，加之体育生需要训练，有的课上不了，前进起来并不容易。

桑晴来跟我要 MP3，我没给她。我继续鼓励她要好好学习，看她的表现，如果好的话一定会还给她的。桑晴同意了。

我有意找机会表扬一下桑晴，就找她的小组长和班长（因为班长也在桑晴那一组）一起了解情况。两人都反映说桑晴的学习态度有了很大的改善，会认真听课、整理笔记、做作业了，对手机的依赖明显减轻了，成绩有了小幅度的提高，跟她在高一时的表现（桑晴高一时和班长同在一个班）明显不一样了，变得更加积极认真了。

在期中考试的总结中，桑晴写道：

> 在上次月考之后，（我）反思了自己的不足，只有测试过才知道自己哪里不会，哪里学得不扎实。
>
> 在高一期间一直处于不学的状态，上课睡觉，下课玩，有作业也不写，一直没有学知识，等到了高二，换了新的班主任，对我很

负责。一直以来，我从没被老师重视过，所以一开始我很认真学习，想学给老师看。等自己犯错误并受到老师的教育时，自己的小脾气也发出来，有那么一两天不想学了，觉得老师不会看重我了。事实并不是这样，她对我更加严格，这时候我明白了学习是给我自己学的。在那以后，我也进入了状态，以前跟我一个班的班长都说这个学期的我不大一样了，我受到了身边朋友的夸奖，我开始在晚上和课下学习。成绩下来的时候，我最不满意的是政治和生物，政治的知识点我都背得很熟，但是题目的技巧不会掌握，身边的朋友给我分析说我基础太差了，看我做选择题就可以看出来，做题速度太慢了。生物课也很认真听，记笔记也很认真，就是不会另外去背去看。遇到题的时候只能翻笔记才能填上空，并且选择题中有一些初中或者高一的知识，我并不是很熟悉，所以就不太会。其他的科目都是意料当中，毕竟付出多大努力得多少分。在期中考试之前，我付出了很大的努力，希望能提高，不求一次提高好几百名，能比上一次的成绩好就可以了。

　　总结：这段时间尽自己的最大努力学习，不管成绩怎么样，自己尽力了。

　　上面是桑晴的期中考试总结原文，看了她的总结，我也很动容：这份真诚的总结后面，有着一颗同样热血沸腾的少年心。我们前面的几次"斗争"，终于暖到了这个执拗的孩子的心。

　　在这次期中考试中，我们整个班级成绩非常不错，各个分数段的学生数都超额完成了预定目标。我准备专门开一节班会表扬考试成绩优秀与进步幅度大的同学。本来级部名次进步四十名不在表扬范围内，经与班委的同学商量后，我们决定把桑晴列入表扬名单，并且把她曾经送给我的那个本子（运动会奖品），当着全班同学的面，以奖品的形式颁发给她。

虽然黑皮本历经了这一圈轮转，它还是那个本子，物质上没有什么变化，看起来是"物归原主"，但是它在桑晴、班长、我，甚至是全班同学的心里留下了一股暖流，深深地温暖了整个冬天。

那天桑晴含着笑，大步走上讲台领奖的时候，全班的同学又一次给她响起最热烈的掌声。桑晴拿起笔记本在空中扬了扬，那一刻，我有点恍惚，这还是那个曾经学考五门未过的调皮冲动的体育生吗？在我们眼前的，是一个与同学和睦相处、认真学习、有着坚强心灵的孩子，她和其他取得优异成绩或者进步巨大的学生一样，是一个战胜了自我的优秀孩子。

12 月 23 日大休时，桑晴在网上给我留言："老师，我的手机不带了，已经跟妈妈商量好了。"坦率地说，我不是很相信她能不带手机，怕她因为元旦庆祝活动私自带来了不交给我，我又给桑晴妈妈打了个电话，确认手机还在家里，我便放心了。

（七）顶撞宿管

在高二快要结束的一天，我被领导叫到办公室，说桑晴的宿舍因为顶撞宿管被上报违纪了，其中桑晴是主要犯错者，需要回家反省。

我找来桑晴了解情况，她向我解释了一通，我说让她写一写，我收到了如下的文字。

> 晚上睡觉的时候，因为风扇关了被热醒了，正好宿管大妈来巡查，就问宿管大妈：为什么给关了电扇？厕所的灯也给关了？宿管大妈说这是学校的安排，她只是执行，去问学校领导就行了。
>
> 我觉得说不通就想关门睡觉，因为门坏了，所以关门的声音很

大，宿管大妈就生气了，推门问我：你怎么关门的？我说：我怎么了？（心想我怎么关门，我想怎么关门就怎么关门啊！为啥还管我关门？）她说：你这样关门就不行！我说：为啥不行？我们门坏了关不上，我这么关门怎么了？宿管大妈问：你几号床？我：你猜啊！宿管：那行，你们宿舍都记上。

很快宿管大妈下楼叫了另一个同伴过来，结果风扇引发的矛盾没有调解好，我们问宿管上一次我们宿舍中午吃饭就被记违纪了，隔壁宿舍也在吃你为什么不记呢？你这不明显向着别人、针对我们吗？

早上下楼的时候，宿管大妈看见我，又抓住（注：不让离开的意思，并非肢体接触）我，语气很强硬，说话声音很高地说（注：批评）了我一通。我在其间还好言劝宿管大妈：阿姨，你说话声音别这么大，咱好好说话行吗？宿管大妈说：我怎么就不好好说话了？我为什么跟你好好说话？

……

昨晚是因为我们的门不好关，所以才会这么大声响的。

她（指宿管大妈）不听没办法……

上面是桑晴的解释原文资料，反复强调门不好关，没有发现自己态度不好，更没有觉得自己的行为有问题。

作为一个曾经经历她摔门而出的人（至少我认为那次是摔门而出，她可能会解释为开着窗户、风大吧），我相信这次关门造成的分贝是不小的。我问她是不是有故意摔门的因素，她不承认，说："老师可以去宿舍亲自看看呀！门确实是不好关了呀！"我不上当。门好不好关有什么呢？能还原她当时关门的力度和态度吗？

桑晴整个宿舍的成员与宿管大妈的摩擦早就已经存在了。作为专门的体育生宿舍，她们的卫生整理、午休晚休说话等违纪情况也比较多，肯定双方已经互相看不顺眼很久了。

我调查完后去主任办公室继续走程序，主任问我怎么看的。我说："这孩子说话冲，让宿管大妈生气了是肯定的，还有多次卫生、纪律方面矛盾的累积爆发，我服从级部的处罚安排。这样也好，给她一点教训，她以后就能收敛点，把更多的精力用在学习上了。不过站在我个人的角度，我还是希望对她的处罚轻一点，因为我觉得她有点像我，心里藏不住事，脾气急、说话冲。要是可能的话，就轻一点罚她吧！"

主任没说别的，让我去把桑晴叫到他办公室来。

我不明所以，把她叫了过来。

主任音量不大，措辞严厉："你怎么做事情的，有没有感恩之心？自己一次次地违纪犯错，让你班主任低声下气地在这里给你求情！你住在学校，就要服从学校的管理，学校安排宿管员值班，平时晚上睡那么晚，给你们维持秩序你看不见，有点不满就冲宿管嚷嚷，你学习都学了些什么？学没学到一点感恩之心？学没学到一点处理事情的方法？有没有学到做人的道理？"

桑晴站在那里，一句话也说不出来。

⑧　像您一样的好老师

高三的时候，桑晴专业训练较多，在班里的时间比较少，我们的交流也不多。但是有一次桑晴告诉我，她的理想是当一名老师，像我一样的好老师。我很意外她的这个理想，之前以为她不喜欢学习，是迫于高中学习的压力和我的管控，才不得不学习的。她的这句话让我看到了一个"士别三日，刮目相看"的成长中的少年；我更意外的是她对我的认同——"希望成为像我这样的人"——对我来说，从没有被学生如此表白过，仿佛受到了一种最高的礼赞。

第二节　心理眼看故事：稳定的爱最有质量

一　斗智斗勇

多年以前，办公室有位同事是北师大毕业的高材生，年龄比我大一点，双眼皮，大眼睛，白白净净的，声调有点高，身材略壮。她反应迅速，说话特别准确、到位，在我眼里是个特别有个性的、让我羡慕的女孩子。

记得她常常上完课回到办公室后，一边把书放到自己的桌子上，然后转身去门后面的洗手盆洗手，一边咯咯笑着，嘴里说着："就是要和这帮孩子斗智斗勇，今天……"后面是一个上节课刚刚发生的故事。

可是在课上特别严肃甚至发怒的她，给我们描述起现场的情况时却开心快乐，不见丝毫愤怒与焦躁。因为她知道：我们面对的，是一群还没有完全长大的孩子。当场生气、威严是做给学生看的，课下当个笑话讲讲，就和大家一起一笑而过了。

这深深地影响了我，也觉得和学生斗智斗勇是件有意思的事儿。

二　严与爱的分寸

作为老师，从踏上岗位起，就被要求严与爱并存地对待学生。这有时会让我觉得为难，所以执行起来，总是难以兼顾。通常来说，过严就会古板，爱的比例会减少。和桑晴的相处却让我有了新的理解，我也获得了成长。

"严"就是当她犯错时，会毫不犹豫地严格要求、果断处理；而平时，一定会有温和善待她的一面。而且，这两者一点也不冲突。

（三）稳定的爱最有质量

在谈话之初，我就根据桑晴反复说到的"老师不管她"，先给了她一个小小的承诺——我会管你的——而这恰恰就是她需要的。如果能给到她想要的，就能拉近我们之间的距离。

在经历了两次手机事件之后，她也担心我会生气，会不再管她，但是在MP3事件中，我又一次地管她，在她看来，就是我对她的爱还在。

在运动会上，当她取得好成绩的时候，我会为她高兴，她感受到了我的爱，愿意以运动会的奖品来表达对我的爱。当她发现我一直都在，能够接住她的各种事件而不会被她气跑的时候，她的安全感的主体框架就算具备了。

其实中间也有一些小插曲。

有时她会去我的办公室，用她放在那里的手机给家长打个电话，或者查看网购的物品是否送达了。这个间隙我们会轻松地聊聊天，有种言语之外的默契。

有一天晚上，她说自己肚子痛得厉害，想要请假去宿舍休息。我没有同意，说这样不符合规定，但是她可以到我办公室休息一下。我给她沏了一杯滚烫的红糖水，叮嘱她趁热喝。她有点开心，因身体不适而有点扭曲的面容也舒展了，坐在我柔软舒适的办公椅上，手臂交叉放在桌上，头趴在上面休息一会儿；有时又皱着眉头按着肚子坐一会儿。大约二十分钟，她就说自己好些了，回到教室继续学习了。

我当着全班同学的面，把那个本子当作奖品发给她，可以说是她求学生涯中少有的高光时刻，她特别兴奋，对我和班级的初步认同已经形成了。

虽然后来她又因为顶撞宿管而受到处罚，但基本上是个真诚的、冲动的孩子的状态。在有关班主任工作的书籍中提到，学困生的反复是正常的。我认为，可能是她还没有把自己的自信和控制感拓展到生活的每个方面，所以我理解她，愿意帮她。

我遇到班级难题，觉得自己非常沮丧的时候，她也会跑来支持我，说有需要帮忙的话，尽管告诉她——有点朋友之间两肋插刀的感觉。

高考的时候，坐在车上，要出发去考场所在的考点了，她说肚子疼。我赶忙问她有没有带药，她说没有，但可以去医务室买她用过的某种药。我一边让司机稍微等几分钟再出发，一边冒着刚开始落下的大颗雨滴，向学校医务室冲去。好在医务室有那种药，我顺利拿到药，气喘吁吁地递给她，旁边的同学给她递上了一杯热水。

我一直对她没有那种骨子里的反感，只觉得她是个有缺点、易冲动但很真诚的孩子。所以，我能在平日的相处中，在一点一滴中，用我没有偏见的善良温暖到她。她也投桃报李，愿意约束自己。她向我表达要成为像我这样的人，是她对我完全的认同。

如果她的进步有我的一点原因，我相信是归功于这份稳定不变的支持。

我能坚持稳定不变地支持她，是因为我相信人本主义心理学"创设安全氛围"的重要性。

㈣　家校合作的力量

因在"QQ空间点赞"而被我发现带手机的事件中，幸亏赶来的家长代表是她的姐姐姐夫，因为当时一直是他们和我商讨所有和桑晴有关的问题。可能我预判到了他们会支持我，或者在某次交流中就授权我"好好管管这个孩子"，我顺着自己的感觉走，做出了现在看来的最佳选择——桑晴在学校得到了很好的发展。现在想来，当时的情况是有些冒险的——因为后来有类似事件时，有个学生强调别人会登录她的账号，不是她本人的操作，她没有带手机。

这个处理还有一个后遗症——后来她的相关问题是她的母亲和我联系。我根据她母亲的语气和说话方式基本上能判定，这个妈妈是不可能像姐姐那样地果断批评她的。我推测，她和姐姐姐夫的关系应该在这次事件之后发生了某种变化。说的再深一点，可能是以牺牲了一部分姐妹关系作为代价，置换到了我和桑晴良好的师生关系中来。姐妹关系有所动摇以后，桑晴的父母保持了中立，开始出面解决后面的问题。所以，现在想来，这件事情确实处理得有些冒险。

好在结局是好的，可我不敢轻易再用。

如果家长一味地庇护自己的孩子，帮着孩子来应付我，我就难以下台，这个孩子的后续工作也会很难开展。家长和老师同心协力，一起让孩子改掉某个坏习惯，有助于扫除学生成长道路上的障碍。

家校合作也要结合具体情况，切不可在孩子遇到问题时进行人格侮辱，让孩子觉得自己全然不被理解。要考虑孩子的承受能力和事件本身的性质。社会上报道的一些少年自杀的问题，有的是由这类事件的极端处理引起的。

第三章

从"追逃模式"中撤身

　　某种长期重复，甚至可能持续一辈子的行为，只为确认和支持自己的某些信念和预期，完成"自证预言"，这类行为就被称为心理游戏。比如"酗酒"就是一种心理游戏：你认为生活让你不快乐，不善待你，那么今天喝醉就是你用的方法，当明天你因宿醉造成感觉悲惨时，就印证了自己不被生活善待的预期。

　　"NIGYYSOB"（Now I've Got You, You Son of Bitch）的心理游戏，意思是"我抓到你了，你个坏蛋"。工作场合、机构组织里，上司把犯错的下属叫进来一顿训斥，小题大做，对下属大声咆哮。这种游戏能让愤怒的人找到看似正当的理由来发火，借此证明别人根本上都是无能而不可信的，接下来，他们会把斥责和惩罚别人视为己任。

　　　　　　　　　　　　——《蛤蟆先生去看心理医生》

第一节 进退有度——李贝、朱玉、夏宇、安宁的故事

李贝的故事

一 发现手机迹象

一大早，我在班里查看了学生的到校和纪律等情况。很快，英语老师来上早自习了，我从班级后门退出教室并打开手机。在一个新发来的消息对话框里，我收到了朋友发给我的一张图片。图片内容是李贝的妈妈在朋友圈感叹孩子晚上十一点给她打电话，说想她了，"小棉袄"（注：代指女儿）怎么一夜之间变得懂事了？还附上了孩子给她发的短信内容和打电话时间的截图。

李贝妈妈和朋友是微信好友，因而她发的朋友圈碰巧被朋友看见了。这本来是一个中老年母亲的"凡尔赛"（注：网络用语，通过看似抱怨、实则炫耀的方式表达内容），看上去和我们的工作不相关，但是孩子给她打电话的时间引起我们的关注，也就是这个孩子在晚的时间（大约夜里十一点）用手机跟家长联系。因而，我们的第一反应是李贝把手机带入学校了，因为学校的公用电话是不能发送短信的。按照相关规定，学生不能带手机入校园，如果确实需要带的，可以暂交老师保管。这个母亲不奇怪孩子哪里来的手机，说明可能是李贝自己带来的；另外，从截图看，这个号码并非只有一次通话记录，也可以看出李贝不是第一次打电话了，只是这一次，孩子说话措辞特别亲热，让这位家长暖到心里去了，才忍不住发了朋友圈庆祝（或者炫耀）一下。

（二）　那场不愉快

直接给李贝妈妈打电话，向她求证孩子是否把手机带入学校了，显然是不明智的。因为一方面，这样很有可能会暴露是朋友向我透露了这个信息；另一方面，之前的一件小事，也让我对她是否会全力配合心有疑问。

那是疫情防控相对紧张的时段，整个校园只有高三的学生返校了，高一高二的学生还在家里上网课。根据疫情防控要求，不允许家长周末进校探望，也不允许家长在校门传达室放东西。

有一天，李贝妈妈给我打电话说李贝身体不适，给孩子买了药，放在学校对面的商店里了，让我拿给孩子。我当即应允并照做。可我去商店后，店家给了我一个特大号的购物袋，里面装满了各种零食。如果不仔细看，都不会看到里面还有一个单独的小塑料袋包了一只小小的药膏。我当时觉得这么做不合适，疫情防控形势非常严峻，已经在班里、家长群里向学生和家长严肃强调：为了防疫需要，家长不要往学校给孩子送吃的东西。如果李贝妈妈当面让我带吃的进去给李贝，我肯定会以防疫规定为由让她把吃的带回去。可是李贝妈妈告诉我是药，我不能不给孩子拿吧？现在她放下东西就走了，等我见到包裹时，她已经走远了，我也就只能给李贝带进去了。这让我有一种被耍弄的感觉。试想，我把这么一大包东西拎到班里转交给李贝的时候，其他同学会怎么想？会不会觉得老师明明声称防疫规定不让家长送东西，却给某位同学用如此巨大的塑料袋带大量零食入校？这实在是让我为难。

一急之下，我立马把电话拨过去，问李贝妈妈在哪里，方便的话回来把吃的东西带回去，我只把药物给孩子带进去。李贝妈妈说走出去很远了，不方便回程，还说李贝给她打电话说校内的小卖部因为疫情没营业，很久没有吃到面包等零食了，馋得很。我说现在是特殊时期，暂时不让家长给孩子送食物，也是为全体孩子的安全着想。

李贝妈妈说："老师，这孩子就是尖馋（注：口语，嘴馋挑剔食物），老是吃不到想吃的东西也会情绪不好，影响学习，还是麻烦您给带进去吧。"我无奈了，你家孩子在学校买不到零食，家长送来老师给带进去了，别人家的孩子也嘴馋怎么办？也都让家长送来让老师带进去吗？但是这位家长心意已决，不会回来拿，还是一再请老师给带进去。我只好说那下不为例了，提着让我走路都要踉跄的一大袋子零食向学校走去。

我把零食放在班级所在的楼层，离班级门口大约五米远的地方放下，先去班里巡视并传达了级部刚提出的几点要求，然后把李贝单独叫出来，告诉她药和零食所在的地方，告诫她这事让我觉得为难，以后不要再这样做了。李贝不好意思地笑着答应了。

另外，这位家长也会偶尔在家长群里说一点不相干的风凉话，如果跟她较真又不值得，可是不提醒她，她还以为自己的观点正确得很，无人能反驳。

三 进退虚实

既然家长的路径走不通，所以我决定直接找李贝。李贝本人还是挺不错的——虽然学习成绩不是很理想，但是关心集体、爱护同学，为人处事也比较真诚、友善。

我把李贝单独叫出教室，先问她最近学习情况怎么样。她眨着细长的眼睛说："还可以吧。老师，虽然我成绩上没有多么大幅度的提高，但是我真的比之前认真、尽力了。"我说："好，只要用心学习，相信过一段时间就会显现出效果的，一定要持之以恒，才能有更大的收获呀。"她点了点头，把眼光投到了地面的脚尖上。

我说："你带手机来学校了？"李贝没防备我的问题突然转向，错愕地抬起头，看了我一下，嘴里说："没有啊，老师。"我说："不可能的。再说，我如果没有证据也不会随便找你谈这个问题，对吧？我怎么不找别的同学谈呢?"李贝还是声称没带,看上去一脸真诚。我放缓口气,说:"那好,我退一步,换一个表达也许会更准确,你最近用手机跟家长联系了,是吗?"她不作声了。

见李贝不作声,我当作默认,接着问:"是你的手机吗?"她连忙回答说不是她的,是一个同学的。我问谁的,李贝不肯说。我说:"那好,我还是退一步,换一个问题,是咱们班的同学带来的吗?"她又不说话了。我说:"我退了好几次了,你能不能给我一个答案?"李贝说:"不是我们班的。"我继续问:"几班的?这个问题你不要对我撒谎呀,我很好奇,但是我不会越界去处理这个问题。我只是希望你不要过多被手机影响。"她说是隔壁某班的。

我又问:"别人的手机怎么到你手里的?"李贝说借过来玩一玩。我说:"你跟机主的关系很好吗,他(她)会把这么私密的个人物品借给你?"李贝说那个手机上也没有什么隐私,另外这个手机是手机主人借给另外一个同学的,她只是暂时拿过来玩一下,和手机主人也不熟悉,没有说过话。不等我继续发问,李贝说:"老师,我知道我错了,您就按我带手机入校处理吧,我甘愿受罚。"

我心想我又没有当面抓住李贝玩手机,怎么能给她按违反规定处罚呢。我本想继续问是谁的手机,但见李贝心意已定,一副态度坚决的样子,我只好说:"那好,我再退一步,不再追问机主是谁,成全你保护同学的想法。可能在你和你的很多同学看来,告诉我是谁的就意味着对老师告密,说得难听一点,是对同学的背叛。"她连声说:"是啊,请老师直接处罚我就好啦。"我说:"那下午你把手机给我带来吧。"李贝说手机不在她手上。我说:"你是有办法拿过来的。因为这是对你们最好的保护,如果手机还留在你们手上,你们拿出来玩的话,影响学习是一方面,如果被级部里其他老师或者宿管员发现了,那就是严重违纪,是要回家反省的。"李贝不同意,说拿不过来。

看李贝不松口，我们僵持了一会儿。我突然灵光一闪，仿佛找到了问题的症结。我说："你在我心里的印象一直挺好的，虽然成绩上还有待进步，但是我对你这个人是非常认可的。你再仔细想想我的话，把手机拿过来由我保管，到大休的时候还给你，你让那个同学带回家并且不再带来，是这个事情最佳的处理方案呀！"

李贝好像喜出望外的样子，连连问我："真的吗？老师您说话算数吧？就是暂时放在您这里，等大休的时候就还给我吗？"我微笑着点点头，说："我什么时候食过言呀，一定说到做到。"她同意了，说给我带过来。我说："那好，谢谢你告诉我这些，也谢谢你对我的信任。我等你把手机送过来。"

（四）收交手机

下午的时候李贝没有把手机交给我，我问她，她说忘了。第二天一早，李贝就把一个用纸包着的手机交给了我。

我拿着回到办公室，手随意向上一滑，居然就打开了那个没设密码的手机。我随手点开相册，发现了隔壁班那个戴着蓝色窄框眼镜的男生和他家人——爸爸、妈妈、弟弟的合影。我笑了笑，心想还真是隔壁班的，就准备把手机关机——防止周末大休放假学生需要用的时候手机没电。在按住关机键的一刹那，我突然发现屏幕右上方显示未安装手机卡，心里偷偷地骂这些小人精，这些事上想得这么周到，怎么不把这些机灵劲儿放在学习上呢！然后继续按关机键，直到手机显示了一个图标后关机。我就把那个手机锁在了抽屉里。

后来我如约按时归还了手机，嘱咐李贝提醒同学不要再带来了。后来果真没有发现她再在学校用手机，而我发现的那个卸了卡只交手机的小操作，也成为我在和学生斗智斗勇的路上的新收获，后来帮我解决了另一个同学的问题。

朱玉的故事

朱玉是个双眼皮、戴着黑框方形眼镜、微胖略黑的女孩子，属于文静爱学习的那类。那天，英语老师交给我一个老年机样式的手机，并告诉我是朱玉带来的，我简直要怀疑自己是不是听错了。

事情的经过非常简单，上着英语课手机铃声突然响了。朱玉非常慌乱地拿出手机准备关掉铃声，这时循着铃声而来的英语老师伸出手来，她就把手机交给老师了。

我找朱玉来问她为什么要带手机来学校，她说那几天在办理全住改半住（住宿状况调整），想要调好之后给家长打个电话，让家长来接，就把手机带来了学校。手机一直在书包里放着，我在班里的时候并没有玩手机，但是没想到上课的时候手机会响。"老师，我知道错了，能不能把手机还给我？"朱玉一向沉稳的脸上有些慌乱，声音里有一丝颤抖。

我严肃地说："那是不可能的，你已经严重违纪了。校规要求不得私自带手机进入学校，而不是你把手机带来没有玩就不算违纪。另外，你的手机在老师上课时响铃，扰乱了班级的教学秩序，对班里的同学造成了不好的影响。"

她没想到自己的行为属于这么严重的情况，更加慌乱，说："老师，难道我要回家反省吗？您能不能看在初犯的份上，不要让我回家？"这项违纪处罚的规定我早已多次在班里强调过，且班里已有同学因为这项违纪受过处罚，朱玉是清楚的。

我说："不行，如果每人的初犯都不处罚，是不是要每个学生都允许先犯一次这个错，第二次带来手机才能罚？这项规定你是知道的，你带来了手机不觉得有问题，就想着凑巧不被发现；被发现了也不认为自己给班级和同学造成了影响，就以为可以不接受处罚？"

朱玉涨红了脸，想辩解却又不知道该怎么说，憋得她两边的腮帮都鼓了起来。

我先让朱玉回教室，接着联系她的家长，跟他说明了情况。家长的态度很好，但说孩子平时没有玩手机的习惯，这次也不是带手机去玩的，能不能不再处罚？

我坚持说不行，这是在班里被老师和同学们都看到的事实。如果不处罚她的话，以前被处罚的学生我如何交代？以后再遇到类似情况我还要不要处理？

当天有位主任找我，说这件事能不能通融一下。看来家长还是不死心，找了关系。我坚持说不行，因为这类事情的处理方式我不能破例。好在这位主任也没有再提要求，爽快地说："按你的意见来。我给家长打电话再解释一下，得让他理解并支持咱们的工作。"那一刻，我为有这样的领导感到很欣慰。

后来家长按流程顺利地办理了手续，这件事情的处理也算尘埃落定。在家长来学校的时候，我跟家长说："我们是以教育孩子为目的，做错了事就要承担相应的责任。"家长回答说，之前刚一听说孩子要停课，怕耽误孩子学习，有点接受不了，所以提出了不合理的要求，还希望老师见谅。

我说："第一，在孩子的学习问题上，是否到校上课和学习时间长短都不是最关键的。最关键的是学生的态度，或者说，有没有一种踏实投入学习的心态。虽然这几天她回家了，看上去耽误了学习的时间，但是如果能好好反省，以后严格自律，学习效果只会更好。这是所谓的'磨刀不误砍柴工'。第二，我保证，这件事会随着她回家反省点到为止，不会在班级或者同学们面前再批评她或者给她难堪。也请你把这话转告孩子并且好好安慰她，让她不要有心理压力。第三，告诉她回来后好好表现，一年后还有撤销处分的机会。第四，她在家期间，我负责把同学们的笔记、老师的作业要求拍照传给你，你和她安排好学习方面的事情。"

听了这话，家长还挺感动的。

我能遇到这样理解老师的家长，真的非常幸运。

夏宇的故事

印象中的夏宇身高接近一米九，双眼皮，背微驼，喜欢在上课的时候接话茬。好几次，我发现第四节晚自习课时大约有半节课不见他的人影。

后来我找夏宇问，他说是出去倒垃圾了。收垃圾的地方在楼下，有二三十米远，这个距离根本不需要那么长时间。我说倒垃圾的事要课间做，不能浪费自习课的时间，你花了比一般同学多的时间，去了哪里？有没有借机在校园里游荡？他听后非常不满，说自己本不是当天的值日生，纯粹是为了给班级做贡献。我说做贡献很好，但是也得在合适的时间做才行。

夏宇一气之下不再主动倒垃圾了，但还是多次在第四节晚自习课时长时间不在教室。我找到他问原因，他就说拉肚子需要蹲厕所。我说："你怎么白天上课一点事也没有，只要一到晚四就需要长时间蹲厕所？你如果情况这么严重的话，是需要去医院治疗的。"他还是不屑，说没事，不需要治疗。我说不需要治疗就要晚四也在班里，不能总是出去。他不满地点头，说好吧好吧。

我看夏宇态度并不真诚，就说我打算给他家长打个电话沟通一下。夏宇生气了，说"行行行，你打你打"，径直离开了我的办公室。

我给夏宇妈妈打去了电话，大致说明了一下情况。结果夏宇妈妈的答复是一连串的"管不了他"，说自己劝也劝了，说也说了，好听的难听的都用上了，可夏宇什么也不肯听。我说那他爸爸不能管他吗？夏宇妈妈说他爸爸出国了，走了快一年了，近期还不打算回来。家中还有一个正在上小学的二宝也需要照顾，她真的是力不从心。

我只好心情沉重地挂了电话，隐隐觉得哪里不对，却又看不出什么端倪。

后来夏宇又一次晚四时不在教室，我让男生去男厕所找也没找到。我以为他又去校园闲逛了，就一直在教室等他。等了半小时还是不见人影，我赶紧给夏宇妈妈打电话，问夏宇是不是提前回家了。夏宇妈妈说没回家。我到夏宇的座位上查看，发现夏宇的书包也没在教室，周围同学猜测"他提前离校了"。结果夏宇一直到自习下课也没回来。

我有些慌乱，担心夏宇离开学校不回家会有什么意外发生。大约到了晚上十点半的时候，夏宇妈妈打电话说他到家了，而这个时间，就是夏宇平时正常放学到家的时间。也就是夏宇提前离开了学校，在校外不知什么地方待到放学时间才回家。

第二天，夏宇来到学校，我问他前一天晚上是怎么提前离开学校的，因为平时需要有班主任的假条才能出校门。夏宇说，晚四上课之前随着那些不上晚四的人一起出校，那个时间出校门，保安不会过问。我说："如果你不想在学校上晚四，可以写一张申请，自己和家长都签字，就可以了。"夏宇说他妈妈不会同意的。我又跟他说明这件事情的严肃性：私自离校是旷课；在没找到他的那段时间，我一直非常担心他在校外是否安全；我给他妈妈打过电话说他不在学校，他妈妈也非常担心。

夏宇的不满脱口而出："她才不会担心我呢！"我说："怎么会呢？一个妈妈怎么会不担心自己的儿子？是不是因为弟弟需要妈妈更多的照顾，你觉得自己被冷落了？"听到这话，他几乎要红了眼睛，低下头连声说不是。然后跟我说他心里很烦，他爸爸妈妈离婚了，后来又说为了两个孩子复婚了。其实两个人过得很不幸福，自己也很不屑妈妈的一些做法。

我想了一些话语来安慰他，如"对你父母来说，这是很正常的。现实生活里哪有不吵架的夫妻。家庭氛围不好，那也是你的家。你得更努力学习，让自己获得更大的成长再回来帮助他们"之类的。我的劝说不是很有效，但我们第一次很平静地说了很多的话，这些话的深入程度，是他很少和别人说的。他平时在班里表现得嘻嘻哈哈，课间经常和同学在教室或走廊打闹，想不到心里藏了这么多事。我有点理解夏宇，却也帮不上什么忙。

因为这件事，我让夏宇妈妈来一趟学校进行面谈。我向夏宇承诺不会在班级公开批评他的这个错误，以后会关注他，希望他能好好表现。

当天下午，夏宇妈妈来到了学校，我才知道原来他爸爸不是出国了，而是正在服刑。夏宇爸爸因为和别人有冲突动手了，把对方打得非常厉害而被判了刑。夏宇爸爸的脾气很不好，夫妻两人过不下去就离婚了。可是离婚不久，夏宇妈妈发现自己又怀了老二，心想为了孩子，就复婚又在一起的。可复婚之后，两人感情还是不好。说实话，当时听了这些，我很震惊，也没有想到更多安抚她的话。毕竟，生活的苦她尝了那么多，很难用几句话温暖到她。

这位母亲明确表示，自己是管不住夏宇了。我说："也不一定要管住，你可以对他好点，多爱他。比如，他曾跟我提到，你从不给他做早饭。"夏宇妈妈解释还要照顾老二，自己很忙很累，所以早上就让夏宇自己在路上买点吃的。我说："我理解你很辛苦了，如果可能的话，你想想办法，哪怕一周早起一次，给他做一顿简单的饭，哪怕面条也好，也许孩子就会有不一样的感受。"

那次谈话没有实际的进展，我只是了解到了夏宇复杂的家庭情况，并提出希望夏宇妈妈尽量给他做顿早饭的建议。

后来夏宇又调皮，犯了别的错误，我找他来聊的时候，先尽量找一点他的优点，夸奖一下他再指出他的不足。可能我的态度变得更和善了，他对我没有那么抵触了，还告诉我他妈妈起床给他做早饭了，虽然不是每天都这样，但他觉得已经很好了。说话间，脸上浮出一抹细微的笑意。

帮家长用一个细节感动孩子，让我觉得，有时"撬动地球"，只需要一个"支点"。

安宁的故事

（一）　美好初印象

安宁梳着学生头，个子不高，薄薄的嘴唇略略突出，双眼皮笑起来像弯月一样好看，是个善解人意的女孩子。

班级组建之初，因为安宁曾有级部学生会和班级重要班委的任职经验，被我任命为某临时班委。一个月后的班委选举中，她高票通过，成为正式的重要班委成员。

我召集班委开会的时候，安宁总有很多奇妙的点子，能够照顾到班级的整体情况和同学们的个性需求。同学有需要帮助的，安宁总是及时伸出友谊的援手，同学们对她的工作也非常认可。

（二）　生日点歌风波

日子一天天波澜不惊，直到安宁私下找我说，想要通过级部广播室点一首歌，给乔乐祝贺生日。

乔乐是和安宁同一小组的男孩子，学习非常好，长长的脸很白净，戴着厚镜片的眼镜，冬天时会搭一条格子围巾，显得知性温和。他获得了周围几乎所有男孩女孩的好感，人缘特别好的一个原因是——他课间给同学们讲题时，特别认真，特别有耐心。

安宁说，下周正好轮到我们班负责播放整个级部的英语听力，可以利用这个权限，给乔乐放一首歌曲，祝他生日快乐。

这样做我是不太赞成的，听力时间本来就很紧张，听完听力差不多马上就要上自习了。再说，这样播放歌曲的话，整个级部的学生都能听得到，会在级部造成不好的影响。我不反对听一首歌，比如下午上课之前，我们班常常会拿出五分钟来听歌、跟唱。我把我的顾虑告诉安宁，听力时间这么做不合适，可以下午上课之前，在我们班的歌曲播放时间，专门为乔乐点一首歌，庆祝生日。

安宁边晃动身体，边撒娇地说："不会吧，就是放一首歌嘛！求求您了，老师，我想在他生日送他一份特别的礼物嘛！求求您了！"

我从没遇到过这样的撒娇，也一时慌了神："我先了解一下情况再说，你先去上课吧。"

我找来乔乐，问他快要过生日了吗。

乔乐明显露出吃惊的表情，说没有呀。我说："怎么会没有呢？有同学听说你快过生日了，要给你送礼物呢！"他说："老师，我真没有要过生日，您那里不是有学生的信息登记表嘛，您查一下，我的生日在上学期呀！"

我脑子里闪现无数个问号，沉吟着说："哦，那倒不必查了，只是你没有要过生日，为什么别人却要给你过一个'假'生日，专门把某一天安排给你作为生日呢？"

乔乐稍微沉默了一下，说："我初中有个特别要好的同学，关系好到他过生日的时候，我就跟他一起庆祝，我的真正生日就不过了，我和他一起过我们两个人的生日。"

我对这个回答非常意外，反复确认了好几遍，才说："实际上，你每年都是现在这个时段和你朋友一起庆祝生日的，是吗？"他说是的。我说："安宁要在级部广播室点歌给你庆祝生日，这事你怎么看？"他说不用呀。我说我觉得这样做（级部）影响不好，听力时间还是以学习为重。他说："我去跟她说不用点歌了。"

我以为这件事就这样过去了，想不到安宁还是来找我，要点歌。我说："同学关系好，如果他过生日的话，你可以精心准备一份特色的小礼物，那是你的个人行为，谁也不会说什么。但是你这样做的话，就不是你的个人行为了，对别的班级的学生就有影响了，你去点歌的时候代表了我们班。如果你去专门的点歌台或者电台，我也不会有意见，但是这样用学校的公共资源完成私人心愿，这样的行为我是真的不认可。这件事情还是算了吧。"

安宁见我不答应，一开始还是不死心，让我再考虑一下。我说我真的考虑过了，这样做有点越界。她一脸不开心的样子，最后抿着薄薄的嘴唇说："那好吧，就按老师的建议吧。"

后来乔乐生日那天，安宁真的没有点歌。我偷偷观察到，乔乐收到了几份小礼物，一件尺子套装，一块巧克力，在他抽屉里还有一个小小的礼物盒，我不知道里面是什么礼物。

我对安宁的美好初印象，因为这件事有所影响。现在想来，安宁可能也对我的不肯通融非常生气。

（三）突查宿舍

每年元旦的时候，学校会安排各班在 12 月 30 日晚上举行联欢活动。那晚学生吃着带来的零食水果，欣赏着同学精心准备的节目，笑着闹着。联欢临近结束时，他们放着音乐在教室里蹦迪，灯光变幻闪烁，他们的脚步进退自如。这些我看见了，却只是在一旁等待，算是默许。我觉得好不容易让孩子们放松一次，只要不是太出格的事情，就不要让他们扫兴了。

活动九点半结束，我叮嘱住校的同学回宿舍按时休息，不要因为太过兴奋，再在宿舍打闹或者庆祝了。可能是因为蹦迪，他们都很开心，答应说老师就放心吧，一定不会的。

我和学生一起清理完了教室卫生，看着教室关灯锁门，却没有回家。级部要求当晚班主任去学生宿舍看看，劝告学生好好晚休。

我在晚休前十五分钟进入女生宿舍，在宿舍门口还碰到了刚刚回来的两个学生，打过招呼后，她们就上楼了。我出于让她们早点安静下来的想法，没在楼下停留，直接去了我班女生宿舍所在的四楼。我悄悄地挨个宿舍查看，没有和任何人说话。这几个宿舍临近，当我走到第二个宿舍的时候，我发现了新的情况：安宁在用插着耳机的手机打电话，同宿舍的另一个同学李馨正在用手机玩游戏。我立刻走过去，把两部手机收了过来，放入兜里，脸上的表情也迅速地严肃起来。

我继续巡视其他宿舍，有的在吃零食，有的在洗脚，有的在洗头，有的在聊天，没有发现其他异常情况。我故作平静地嘱咐她们准备睡觉，好好休息，心里已是翻腾不止。这是我第一次抓到学生违纪带手机入校，并在宿舍玩游戏、打电话，我非常生气。

等宿舍熄了灯，我站在门口看到同学们都躺在床上了，心里却一片烦乱。

安宁和李馨在自己宿舍的门口站着等我，低着头，一脸沮丧。见我查完了宿舍，她们过来先跟我道歉："老师我们错了，我们认罚，请您不要生气。"我看到她们站着等我有些心软，加之她们来道歉，还担心她们当晚会做出过激行为，我定了定神，缓和了口气说，先睡觉吧，不要多想，这事明天再说吧。

第二天，我按照带手机违纪进行了常规处理。最后，我还是没忍住，对安宁说："你怎么这么糊涂呢？身为重要班委，你怎么能带手机来学校，让周围的同学怎么看你？"安宁一脸自责："老师，我错了。"我也不好再多说什么，模糊觉得这事是不是和"点歌"事件有点关系。

此刻，我心里开始对安宁这个班委成员有了一丝不满。不是能力上的，而是品质上的。

因为身为重要班委的安宁严重违纪，我动了撤换她的念头，跟当时的班长商量。班长不同意，认为安宁还是非常关心同学、热爱班集体的，撤换的话非常可惜。我也就作罢了。

（四）进退之间

安宁在一些细节上的表现差强人意，我也曾尽到提醒义务。

比如，校服的裤脚肥阔，级部学生会检查发现有同学在上面做文章，下通知说不要把校服裤脚私自改成小脚裤。就在这个要求提出后不久，我发现安宁的校服裤脚是挽成小脚裤的样子——好像不是找裁缝改了裤脚，只是用一定的手法像系蝴蝶结一样弄出了类似小脚裤的形状。我第一次提醒安宁的时候，她伸手抚了抚裤脚，裤脚就恢复正常了。但是过了几天，我又发现了她的小脚裤，提醒时她就会在我面前放下来，我不知道什么时候又挽上去的，也不确认是不是我没看见的时候已经维持了很久。我多次提醒，她却一直在这件事上和我做表面文章。

比如，她所在的宿舍违纪扣分非常严重，我每次都在违纪后给予提醒，请身为班委的她和舍长一起把宿舍的风气带好。但是我发现，连续三周，她们宿舍的扣分一直居高不下。我找安宁和舍长再谈，给她们宿舍的全体成员开会，希望她们重视这件事。相比通报批评，对她们而言：影响了休息，就影响了白天学习的精力。这事的责任不全在安宁，可我对她的能力有着很高的期待。

比如，级部要求周一到周五要穿校服，我常常看到安宁没有穿校服，过去问她怎么不穿校服，她不回答，然后伸手从抽屉里掏出校服披在身上。下个课间再去查看，还是她没有穿校服。也是多次提醒，但收效甚微。我甚至因此跟全班同学说：级部是要求我们穿校服，不是带校服来放在抽屉洞里。

比如，课间跑操的时候，要快速下楼集合。整个级部那么多人，难免先跑下去后会有等待的时间。她几乎每次都是体委喊"楼下站队集合"的时候，还在握着手里的笔，继续做题或者思考，直到班里剩下两三个人的时候，才起身出门。这件事情我不能批评她，也不方便提要求，因为班里总要有人是最后出教室的，但是几乎每次都是她，在这个时间点上，我没法表扬她对学习的投入。

比如，为了更好地提醒学生们高效利用时间，我提了个要求：晚上读报10分钟的时间里，读报3~5分钟后，做晚自习时间的安排规划，写到纸上。要求他们有计划、有落实，对于做到的项目用不同颜色的笔标注，可以避免重要事情漏做，完成后还可以提高成就感。

为了提高执行率，我会不定期地收计划本，然后进行反馈，计划列得好并且执行得好的，点名表扬。做得不好的，我会私下找机会关照嘱咐几句。我把做得不好的情况归类（比如，有的好几天不做计划，有的好几天做的计划一样，有的做了计划根本没有执行结果，有的项目又多又杂，有的又少得只写一行，有的时间安排不合理等），告诫同学们不要这样，但不点名批评。

多数学生用便签本当作计划本，我收完后也不把它们带回办公室，而是立刻查验、记录信息、准备反馈内容，然后在下一个课间下发，以免耽误学生按照自己的计划做事情。

安宁常在本子上写几行关于情感的文字，有的有点低俗，有的又显得高深。我找她来问，说是歌词，可是到网上搜，却又找不到相应的歌曲。

也正是通过便签本上的这些文字，我看到了与平日不一样的安宁。那个一直微笑的女孩，有她的脆弱和孤独。

我不再事事提醒她，不再被她的细微信息扰动，我想，给她时间和空间，让她慢慢成长。

五 磕掉门牙

高三到三轮复习的时候，考试渐渐频繁起来。因为不同学生的选科组合不一样，会出现有的学生在考试，有的学生在复习的情况。有的科目考到中午十二点半，以便与高考的时间安排同步。想不到这个安排让安宁发现了漏洞。

一天中午，十二点半监考完，我回到家随便吃了点东西，刚刚躺下，就接到安宁爸爸的电话，说安宁磕到门牙了，掉了两颗。我吓了一跳，还以为是学校的台阶太陡了，她不小心踩空了。安宁爸爸说不是，在校外磕到马路牙子上了。我说不可能呀，今中午十二点半刚考完试，她也没跟我要出校门的请假条，她应该在学校才对呀。家长说是校外，但因为他不是本地人，说不清具体的地点是哪里。好在有个同学看到了，回家让她妈妈开车把安宁送到附近医院了。

我一看时间是一点多，心想立刻出发的话，差不多一点半赶到学校，就会有早到的学生了，可以了解一下情况。到校时正好张莉刚到教室，我问她是不是知道安宁的事。张莉说就是她让妈妈把安宁送到医院的，自己也因此没能睡午觉。她所知道的事件经过是：在她放学后骑电动车回家的某条路上，看到安宁和李瑞。当时安宁已经摔倒了，嘴里出了很多血。

张莉是通校的，中午回家吃饭很正常。但是，住校的安宁和李瑞，不打招呼出校做什么呢？

我疑窦丛生，却没法让张莉给我解答。好不容易挨了接近二十分钟，我才看到李瑞一瘸一拐、神色不安地进了教室。

我把李瑞叫到一边，问她发生了什么事。她说中午考到十二点半时，宿舍不锁门，宿管员也不会像往常一样查宿舍。校门口也有很多考完试回家吃饭的通校学生，门口的保安也不拦着。这样她们在考试结束后就轻易地绕开了平时的两道管理屏障——宿管和保安。安宁借了一辆半住宿学生的电动车（半住宿学生中午不回家吃饭，不用骑电动车），就和她一起出了校门。安宁载着她过了一个红绿灯左转后，好像有一个挺大的下坡。"安宁越骑越快，虽然我提醒她慢一点，但她好像没听进去，最后就撞到路边的石阶上了。"李瑞回忆道。结果就是安宁磕到了两颗牙齿，李瑞则磕伤了小腿外侧。我问李瑞伤得严重吗。她说还好，就是挺疼的。我让她卷起受伤的那只小腿的裤管，看到了两块淤青——一块荸荠大小，一块桂圆大小。我看到还有两条划痕，问李瑞是否需要包扎一下，她说划痕不深，不用去了。我忍住心疼和恼怒追问："你们考完试不乖乖回宿舍休息，出去干什么呢？"李瑞说："听说那边有个书店，想去买书。"我说："买书的话学校对面的读者书店是最全的，何必跑那么老远？"她说也想出去吃点饭，换换口味。我从鼻孔里大大地出了一口气，又长叹一声："哎！"这里面有生气，有不满，也有心疼。

大约过了一个小时，安宁从医院回来了，我把她叫到办公室，问她情况。我在椅子上坐下后，她才慢吞吞地进了办公室。我很生气，用食指和中指的指节敲着桌子，问她怎么回事呀！我明显地看到她往远离我的方向挪闪了一下，其实我完全没有要打她的意思。看到她的躲闪，脸上的苍白，还有高高肿起的嘴唇和一道划痕，我还是由生气变成了心疼。我的眼泪在眼眶里打转，问她疼不疼。她说现在好多了，不过还是挺害怕的，缓不过来。

安宁和李瑞的描述差不多。她平时骑电动车也不多，加上是借别人的电动车，对车不熟，对下坡的路况也不熟，自己个子矮小还在后座载了一个比她还重的人，车子在下坡的时候就把控不住了。她也意识到下坡车速快，想要减速，但是刹车片似乎也没起到很大的作用，她就只好往下冲了。本来就是偷偷跑出去的，怕被老师发现，心里是慌的，没想到造成了这种结果。

我让她靠近一点，看看她的牙齿。除了牙龈略肿，前面的两颗上门牙几乎齐根断掉了，说话也一直在漏气，这让她看上去更加弱小和狼狈。我捂着自己的嘴不让难过过多流露，更不忍再多批评她。

安宁说她爸爸在校门口等她，她想拿着书先回家休养一下，我同意了。

想不到她一走就是很久，大约有两周。中间我也放心不下，给安宁爸爸打电话询问情况。他说安宁身体好些了，这几天亲戚们都来看望她，她情绪也有所好转，还是想再过几天再去学校。

本来还想着安宁这样私自出校，等她回来后和她好好谈谈。可她迟迟不来学校，时间一久，加之临近毕业，我也就放下了这个想法。

安宁回校后，我简单询问了她的情况。她说恢复得不错，牙也咬了牙印模型，等义齿来了安上就可以了。

最后她高考发挥了正常的水平，顺利毕业了。

我也因此觉得，好的班委还是要看品性态度、立场、行为习惯，不能只看处理事情的能力。

第二节　心理眼看故事：从"追逃模式"中撤身

一　故事中的进退

从主观感受来说，我更喜欢李贝的故事，最难过的是安宁的故事。

李贝的故事中表面看是我进进退退，事情无法推进就换一个角度，慢慢取得了我想要的进展——不让她们在宿舍用手机，不要带手机到学校。支持我敢于这样冒险的，还是这个孩子给我留下的好印象和我们之间良好的关系。没有这份把控，我可能对同事的信息一笑而过，不采取行动。

这个过程表面看是我赢了，学生被没收了手机，但其实是双赢。站在学生的角度，可能只是"同学在玩手机自己也忍不住"的好奇，可能是"自己也想玩"的不自制。当老师作为一个严厉的禁止者出现的时候，达成了这个孩子至少暂时收敛的效果，也让她明确了学校是有规则限制的，要去遵守，一有异常行动会被老师发现的。

我以退为进，最终前进；李贝在手机的问题上退让，在对学习的关注上进步了。

朱玉的故事因为全班同学有目共睹，所以一进到底进行惩罚是必须的。但是这里我也退了一步：不再对她施加心理压力，还让她家长劝她并给她发送笔记、作业来帮助她跟上学校的课程进度。这种逼进，既是依规行事，也有一份关心。把这件严重违纪的事情影响降到最小，维护学生对在校学习的热情，不因一次犯错而将之打倒在地。

夏宇的故事中，他多次因细节违纪被我发现。随着他犯错的次数增多，我对他的了解也多了起来，反而能体会到他的难处。我改变了自己的态度，用几句话影响了夏宇妈妈的一点行为，夏宇就很受触动，行为上也收敛了一些。我庆幸自己没有追着夏宇的错误不放，而夏宇也愿意停下犯小错误的脚步。

安宁的故事中，我们一开始的关系要比普通同学亲近，因为她是我班委的重要成员，也对班级做了一些贡献。

安宁对我的不满，在手机事件后我想撤换她的班委职务时就埋下了伏笔。我们依然每天见面，依然会共同商讨班级事务，但是我们之间交流的深度、坦诚的私聊却极少。临近高考，她更是漠视我的要求，私自出校，给自己造成了严重的不良后果。

我不会亦步亦趋地因她的行为苦恼，也因高考在即，没有机会好好地跟她深聊。

安宁毕业半年后，我们在某电影院再次相遇。

入场的时候，我和孩子借着昏暗的灯光刚刚找到座位，恰在邻座的安宁站起来打招呼，同时站起来的还有当时班级的另外两名同学。当时环境嘈杂，电影很快开始放映，我们便先坐下看电影。

出了影院门口，我们聊了起来。

趁着另外的同学和我孩子聊得兴奋的间隙，安宁说："老师，当时我特别希望你能多关注我、管着我。我爸爸妈妈分开后，我跟着爸爸一起生活。我当时挺想有个人，能像我妈一样，对我严格一点，甚至凶一点、唠叨一点。所以我做了那么多调皮的事情，甚至私自骑车出校摔坏门牙，你都没有斥责我。"我停顿了一下，笑着反问："像猫抓老鼠？还是像警察追逐小偷一样？"我再次稍作停顿，说："我原以为，我不过度反应，你就会停下来。你摔伤后，我其实特别心疼你。"安宁眼圈湿润，伸出双臂，抱住我。那一刻，我们的心再次走近。

(二) 师生关系中的"追逃游戏"

类似心理学上提到的"心理游戏"——"我抓到你了，你个坏蛋"，师生中经常玩的是"追逃游戏"：如果老师发现了学生的错误，站在权威的制高点一顿训斥，大声咆哮，你会发现，越吼，那个孩子的问题越来越多了。学生不断犯错，老师跟在后面不断批评、惩罚，那将是学生和老师的悲哀。老师花大量时间来处理学生的违纪，做的都是后知后觉、亡羊补牢的事情，难免会越做越累。学生会设计层出不穷的方式来逗弄老师，根本不会把心思放在学习上，班级风气也会被带偏。

学生一批批地毕业走了，老师往往会换一批学生继续玩"追逃游戏"，对老师而言，这就成了一种"追逃模式"。

"追逃游戏"尽量不要玩，老师要从"追逃模式"中及时抽身。

如果把学生的情绪处理、行为纠偏提前一点来做，很多问题就可以避免。青春期的学生虽然较为冲动但也十分真诚，有时他们很容易陷入那种"士为知己者死"的状态里，犯了错误而不自知；有时他们也会为了不想让老师辛苦而主动约束自己的行为，这大概也是先贤们宣称的"亲其师，信其道"。这两极表现的把控，微妙之处就在"师生关系"上。

良好的师生关系，要求老师要做好把握，进退有度。

(三) 关系是最好的教育

自体学派精神分析师科胡特说，父母是什么人比父母怎么做重要。人格健康的父母，可能不按育儿宝典上的要求去做，却能培养出一个人格健康的孩子。

著名心理学家李子勋说，亲子关系大于一切教育。这里不是要家长一切顺从孩子的意愿，委曲求全，卑微地讨好孩子来换取好的亲子关系，而是把孩子当成一个独立的人去尊重，创设有安全感的、被爱的环境，孩子才会把关注点放在如何发展和解决问题上。

师生关系也是一样，如果老师能创设安全的、被爱的、被理解的环境，师生之间、学生之间的关系融洽，学生就会花更多的时间和精力高效学习，而不是在追逃的惴惴不安和处心积虑中白白耗费了宝贵的光阴。李希贵校长在他的《学校管理沉思录》中提出：教育学其实首先是关系学。

师生之间互相的信任和成全，是彼此一生的财富。

第四章

松绑"完美主义"束缚

　　认知完美主义和行为完美主义是两种常见的自我攻击信念，自我攻击信念会在人们遇到事情时产生许多消极想法。认知完美主义认为：如果自己不够完美或表现得很脆弱，其他人就会不喜欢自己，也不会接受自己。行为完美主义认为：我总是应该尽力做到完美。这两种信念都有利有弊，一方面，这一信念会让人努力工作、不断进取，维持有能力有智慧的形象；另一方面，在失败时，他们会面临巨大的压力，产生沮丧、焦虑等情绪或造成人际关系困难等情况。

　　行为完美主义信念修正如下：尝试出色地完成每一项工作并没有什么不对，但如果我努力想要追求完美，我就必须为自己的压力、担忧和失望做好准备。当我犯错误或没有达到既定目标时，我不需要感到羞耻或觉得自己毫无价值，我总是有很大提升空间的。我可以把我的错误视为学习和个人成长的机会。

——《伯恩斯焦虑自助疗法》

第一节 辉煌难续——李露、罗杰和张豪的故事

李露的故事

一 分班不见人

高一学年临近结束时，级部按照学生的选科重新分班。分班第一天，我对照学生与名单，发现有一个学生——李露没有到校。我很自然地想到给她的家长打电话了解一下情况。电话很快接通了，李露家长说想要来学校一趟跟老师说明一下情况。对此我感到意外，看来不是普通的感冒或者小小的身体不适。但令我更意外的是，李露的父母双双来到了我的办公室。

两个人的穿戴都很整洁大方，比同龄的家长显得年轻些，谈吐举止也很得体。通过交流，家长反映孩子有抑郁情绪，已经一个月没来学校上学了，期末考试也没有参加。李露初中的时候学习成绩很好，性格也阳光，可是进入高中阶段，总觉得学习压力大，睡不好觉，以至后来就不想来校上学了。家长已经带李露去看过心理医生，但是李露比较抵触，不想继续进行心理咨询。家长目前还没有找到合适的方法解决孩子的问题，所以想在第一时间跟老师反馈一下情况，听听老师的建议。

鉴于当时还没有见到学生本人，通过和家长的充分沟通所了解到的信息来判断，我认为情况还不是特别糟糕。我和家长讨论商定了基本的方向：1.暑假先带孩子出门旅游，放松她的心情。2.不要再对孩子提过多学习上的要求，以尊重、鼓励为主。3.开学后如果孩子情绪不好，可以短时间请假，不要有心理负担而不给孩子请假，让孩子保持对上学的正向情绪。4.开学后，我会不定期找她谈心。

（二）　见面谈心

高二开学的时候我见到了李露，她是特别文静的一个小姑娘，皮肤白皙，梳着低马尾，常常伏案做题或思考，课间很少闲下来。跟她深入聊起来，她说初中的日子特别快乐，学习上也特别带劲、特别轻松，成绩也好，每天都是阳光灿烂的。到了高中以后，学习的内容特别多，进度快，有时候熬到很晚才能写完作业，觉得越来越累了，越累就越学不进去，越学不进去就越不想学了，所以就不想来参加期末考试了。想想将来的高考，更是一点信心也没有。

在我们聊天过程中，我慢慢发现李露有完美主义倾向，怕自己学不好，怕自己做不到。我让她把目光放长远，告诉她即使高考考砸了（注：口语，考得很差）也没什么。本科上不了可以先上专科，再考虑专升本；本科能考上但不是什么名校也不要紧，后期还可以考研。周围这样的人并不少，甚至大学考不上的人，也有很多做出了杰出贡献。

"所以，亲爱的李露，你面前的路不是唯一的。只是，如果能走通考上好大学这条路，可能后面的路会好走一些。不过，不是也有名校毕业甚至出国留学的高学历人才，不肯认真工作而回家啃老的情况吗？所以，在长长的人生路上，我们的主观态度才是最重要的。面对高考任务，我们就全力以赴去备考，争取考出最好的成绩。如果考不上，即使将来去做保洁工，我们也要做那个最负责任、干活最认真的保洁工，这样就够了。人生里有很多选择，现在我们还太小，也看不太清楚。我们就把关注点放在当下，想想自己现在可以做些什么。"

李露对我频频点头，咬住嘴唇，一副要把我讲的话记到脑子里的样子。我们的面谈进行得非常顺畅，她可能没从这个角度想过这些问题，也可能是老师说出这些话给了她很大安慰。我知道她是真的听进去了。

（三）我的朋友考得比我好

上次谈过之后，李露的表现特别好，上课认真，作业仔细，完成任务且保质保量。因为优秀的英语水平而任英语课代表的她，也能很好地为老师、同学服务，及时收发作业本、提醒同学按时完成老师布置的作业，将同学的问题及时反馈给老师等。她和周围的同学相处也很融洽，常常给他们讲题。她偶尔会请假早走或晚来一两节课，但这并不影响她在老师和同学们心中的美好形象，一切平静如常地进行着。期中考试的时候，李露的成绩排名很不错，我也暗暗松了口气。

直到有一天，我又和李露随意聊天。可能李露对我比较信任，愿意把心里的话说给我听，于是谈到最近的一个苦恼：有一个初中同学，中考时考得不如李露好，进入了另一所普通高中。初中时两人数学水平差不多，这次考试，这位同学的数学成绩居然比李露多考了十几分。李露很难过，不能接受自己的数学成绩比那个同学差那么多。

我一开始觉得惊异，别人考好一次也值得这样大的情绪反应吗？通过进一步了解情况，我发现李露的认知还是不成熟，有需要调整的地方。

等李露想说的话都说完了，表达的兴趣降低，我语重心长地说："第一，你谈到初中的时候，你们的数学水平差不多，所以这次考试，你们无论谁考得高一点或者低一点都是正常的。不能因为你进了相对好一点的高中，你就在数学成绩上输不起！第二，你们将来的发展趋势是不能确定的，也不会因这次数学考试的成绩受太大影响。或许你们在数学方面的天赋本身就不一样，只不过初中的知识比较简单，成绩没有明显差距；又或许你们的数学天赋差别不大，但是努力程度有别。你觉得自己在数学这方面很努力了，但是你又有什么证据能说明对方没有全力以赴地学习呢？你觉得特别难过，是不是担心自己再也拿不到比她高的数学成绩？第三，就目前来看，这样比较成绩是毫无意义的，不要执着于一个已经发生的不可改变的事情，而是要想一想下一步你可以做什么。是好好利用时间，提高效率，争取下一次考试能超过她，如果不能，就再下一次。或者，从此不再和这个同学比较，也不再和班里的其他同学比较，你需要比较的对象，其实是自己。备考就是一个不断提高自己的知识水平和应对能力的过程，是不是这一次比上一次考试更沉着应对了？是不是上次考试犯的错误这次考试得到了纠正？是不是平时的学习更加积极自律了？是不是对问题的思考更加深入了？是不是对知识的整合拓展上做得越来越好了？记得，重要的是我们要超越自己，而不是在盲目的攀比中迷失自己。王阳明说的'破山中贼易，破心中贼难'，就是这个道理。第四，这次的问题与我们之前谈过的问题是一类问题，或者说是那个问题的一个变式题。之所以说是之前问题的变式，因为都是一种思维角度的问题。你对事情的发展设定了自己认为应该发生的唯一路线，当实际情况和你的预设不符时，你就不能接受，情绪出现波动。你怎么可能为未来所有的事情都设定它必须的发展方向？如果是这样的话，那句出名的广告词"一切皆有可能"就是一句谬论了。生活不会完全按我们预想的发生。生活的美好之一就在于，永远有值得期待的事情发生。"

这次，她听得依然非常认真，表情严肃："我知道了，谢谢老师。"

后来的日子，李露虽然成绩还是会有一些起伏，但她一直做得非常好。当成绩下降明显的时候，李露的脸色会变得有些苍白，表情有些忧郁，看上去像没睡好精力不足的样子，甚至黑眼圈很浓，偶尔也会请假回家。但我知道她在努力调整。

就这样，李露顺利毕业，高考成绩和一本线有两分之差，家长觉得能考出这样的成绩就很满意了。李露觉得虽有遗憾，但能顺利参加高考就是胜利。她说："老师时时的陪伴劝慰，让我明白，自己安定下来就好，稳稳的、像一棵树一样存在于天地之间，呼吸、随风摇摆就好。至于成绩，要在过程中努力，但不执着于结果。"

罗杰的故事

罗杰的妈妈打电话来给罗杰请假的时候，我没感到任何异常。她说孩子感冒了，需要在家休息三天。我同意了。可是三天以后，罗杰还是没有到校。

我打电话了解情况，罗杰妈妈这时才说："其实前几天请假不是孩子感冒了，而是他不想上学。昨天罗杰已经去医院精神科确诊为抑郁症了。"

我感到事发突然，回想罗杰上一次离校的时间是元旦放假，元旦晚会上他还表演了节目呀！虽然称不上获得满堂彩，但节目质量也不错的。他在班级里没有特别调皮，成绩在中游偏下一点。同宿舍的舍友说他比较冷漠，不喜欢别人用他的东西，也从不借用别人的东西。我没有察觉平时他有任何异常的表现——没有迟到、与人争吵等，怎么就突然出现了这样的情况呢？

罗杰妈妈说罗杰读初中的时候，在学校是风云人物，是众星捧月般的存在。他学习成绩好，各项文体活动都能参加且能获奖，老师喜欢他，同学也喜欢他，罗杰觉得自己是能力超凡的。可是读高中后，却发现自己是再平常不过的"素人"一个，原来拥有的所有优势都不存在了，心理上产生了巨大的落差。他不再认为自己能做好什么事情，心情烦躁，经常失眠，这种情况已经有一段时间了，一直没跟老师说。孩子突然说不上学了，家长感觉天都要塌下来一样。罗杰妈妈说着说着就哽咽了："真的希望初中的时候，他能再普通一点就好了。"

因为罗杰家住得很远，我不方便去家里探望他，就一直通过电话保持联系。一开始，罗杰妈妈帮他请短假，后来办理了因病请长假手续，并收拾了他的书籍物品带回家。我一直没有见到罗杰，听他亲口说一说自己的情况。

后来，通过罗杰妈妈的叙述我才知道，他们给罗杰服用某种国外进口的抗抑郁药物，剂量小、吃药次数少、副作用小，病情控制得很不错；给他请了家教，每一科的老师都请了，帮他在家里继续学习，以免落下学校的课程；家长调整了工作节奏，父亲在工作上多做一点，维持家庭的高收入，母亲减少工作量，多花时间陪他；还把姥姥接来住在一起，给他做饭，陪他散步、聊天。我知道，这种安排背后的经济投入，不是一般经济条件的家庭能承受的，好在他们家的条件还不错，给了罗杰他们所能提供的最高待遇。

在这种家庭的强力托举之下，罗杰的生活渐渐有了起色。罗杰妈妈为他在家的附近找到了一所学校借读，这样他就能天天见到家人，得到家人更多的关怀和照顾了。

学业水平考试的时候，罗杰回校来参加了。那天早上进考场之前，家长把他送了过来。罗杰穿了一身黑色衣服，和往日的打扮没有什么两样。眼神里有一丝疲惫，他解释说前一晚上没有睡好。我安慰说不要紧的，学业水平考试的题目难度不会太大，一定能通过考试的。罗杰笑着点头，然后和相熟的同学聊了几句。那个同学问罗杰为什么一直不来上学（这类消息我不可能公布），他听了明显地沉默了一下，说："我去别的学校了。"那同学说："你怎么不告诉我们，也不和我们联系？"罗杰笑了一下，露出亮白的牙齿，没有正式回应，就岔开了话题。

我为罗杰的情况感到高兴，能来参加考试，能正常跟同学打招呼交流，都远远好过我的预期。考完试后，罗杰说家长还在校外等着接他回家，我们没有机会深聊。

璀璨难长久，平凡细水流。生命里最重要的人，陪他朝朝暮暮，陪他起起伏伏。

张豪的故事

一　成绩好的瘦弱男孩

在新分班学生的成绩单上，张豪的成绩大约是班级第二或是第三。我带着几分好奇，注意到这个个子不高、身形瘦弱的男孩，戴着无框眼镜，脸上有几颗青春痘。

在相处过程中，我发现张豪逻辑思维好，理科能力强。在我所教的生物课上，他几乎是唯一一个每次都能考九十分以上的孩子。我把他任命为我的生物课代表，希望能有多接触他、支持他的机会。

张豪在学习成绩上很给力，经常考班级第一，考不好时，一般也不会跌出前五名。开家长会的时候，我还让张豪妈妈作为家长代表发言。

张豪最让我担心的，是他那瘦弱的体质。他会在上课的时候，把自己的连帽衫、防晒衣或是轻羽绒服的帽子戴在头上。也就是说，除了很热的夏天，他的校服里面，几乎一直会有一件戴帽子的衣服，以便常常把帽子戴在头上。从讲台上看下去，戴着帽子的同学会比较显眼。我就走过去问张豪，为什么在教室里还要戴上帽子呢？他说怕头吹风引起头疼。这更加剧了我对他身体状况的担心。我给张豪妈妈打电话，希望她能安排一点时间陪张豪多运动一下，张豪妈妈同意了。张豪家就住在学校对面的小区，张豪妈妈说晚上张豪放学时，她来校门口接儿子，会在回家前陪他在小区里步行一圈或两圈。我对她的安排赞不绝口。

我依然记得那年的体育测试，张豪从一千米的跑道上下来之后，直接倒在了终点线旁的草坪上。当时天气寒冷，快到下午五点了，天也有些黑了。我给张豪妈妈打了电话，在操场上等她来接张豪。为了尽快把张豪送出学校，有个学生建议去车棚骑他的电动车来，把张豪送到学校门口，我同意了。我焦急地等待去骑电动车的同学，俯身看到额头满是汗珠、双手捂着头部的张豪，心急如焚。不忍心看到张豪这样痛苦，我便用手给他揉按前额、印堂和太阳穴，希望能减轻他的痛苦。按了一会儿，张豪觉得有些缓解了，而我的喘息声也越来越重了。张豪说自己好点了，老师停下来休息一下吧。我不停手，继续给他按揉："如果按揉有效，我愿意给你按，你走了我再休息就可以。"寒冷天气下张豪额头的汗珠和那样漫长又担心的等待，是我一辈子也不会忘记的。

（二）历史老师针对我

张豪妈妈对张豪的学习特别关注。

有一天张豪妈妈给我打电话，询问历史老师的情况，我不明白她的问题指向，就问是有什么事情吗。张豪妈妈说张豪回家很生气，抱怨历史老师对他不好，故意针对他。我说那应该不至于吧，是有什么细节让张豪得出了这个结论呢？

原来历史老师要求，每次听写如果被判为不及格，就会在期末考试的时候扣掉五分，本学期的扣分相加，记录到期末的考试成绩里去。张豪已经两次被判为不及格了，他一方面担心分数，另一方面觉得自己写的和别人的也差不多，可老师就偏偏给别人及格，给自己不及格，这不是老师有意针对吗？

我不了解情况，也不能听信家长的一面之词，就挂了电话去向历史老师了解情况。原来老师为了让学生们重视听写，才和学生们这样说的，不是一定要把期末成绩记录为不合格的。而且张豪的答案，并不是张豪所说的"他写得和别人差不多"，而是用词和描述有偏差，老师才给了他低分。

我打电话解释给张豪妈妈听，她也接受了老师的说法，说："看来孩子这方面确实不强，需要想想办法。"我说，张豪有什么问题直接问老师就好，历史老师人很好的，专业素养也高，家长帮忙嘱咐孩子，不要不好意思问就行了。后来她要了历史老师的电话号码，进行了私下交流。

（三）你是想发泄情绪还是想让妈妈帮你解决问题

经过观察，我发现张豪不善于沟通解决生活中的小问题。考虑到张豪身体较弱，小组长在安排值日的时候专门给他安排了擦黑板，作为对他的一种照顾。可是干了一段时间后，张豪就来找我，说组长给他安排的擦黑板，还觉得照顾了他，但是他觉得擦黑板的工作特别辛苦，根本不是什么轻松的任务。我问张豪他认为什么安排最轻松，他说除了擦黑板都可以——扫地、拖地、倒垃圾都行。我问他有没有跟小组长说过他想换一个，他说还没有。我问张豪："你觉得这件事我跟组长说比较好，还是你自己跟她说比较好？"张豪咬了一下嘴唇，脸上浮现一丝腼腆的笑容，说："我自己跟她说吧。"我说："好的。我不出面，不是不想帮你做这件事，一是这件小事你自己出面沟通就可以解决，二是担心如果我出面，你和小组长的关系可能要更难相处一点。当然要是出现什么新的问题需要我出面，你也可以再来找我。"

此外张豪妈妈的电话还是比较频繁，都是一些班级中常见的小事。某某同学的什么话刺激到他了，某某老师讲课的进度快了抑或慢了，级部的某项安排不合理了。当张豪回家抱怨时，他妈妈就会给我打电话想了解是怎么回事。我向班内的其他同学了解情况，却发现这只是张豪的观点。

我渐渐看出了一点玄机。我问张豪："你回家后是想向你妈妈抱怨一通、舒缓一下情绪，还是想要让你妈妈帮你解决掉让你烦心的问题？"

张豪听了，沉默了一会儿，说："我一直没有想过这个问题。"我说："没关系，你可以现在想想。"他说就是随口抱怨一下。我说："从你妈妈的反应来看，好像要给你扫清环境里所有让你不开心的障碍，让你把所有心思都用在学习上。所以，你随口的抱怨她承受不住、分辨不清。你是不是能在向你妈妈表达情绪之前，自己先分分类，到底是向妈妈求助解决问题还是随口抱怨几句减压？如果是求助，你就明确和妈妈说；如果是减压，你就告诉她你只是随口说说的，不用担心。"

可能这几句话对张豪产生了影响，张豪妈妈后来就很少跟我说这类事情了。听懂孩子言语背后的需求，才不会被孩子的情绪带偏，产生更多无效应对行为。

（四）　想要调位

张豪妈妈又给我打电话，说无论如何有些事要当面说。

我们见面后，张豪妈妈说非常不好意思，想让老师给孩子调个座位。张豪知道这个要求对老师有点难，不让妈妈跟老师说。

调座位是有点难，因为我当时的座位安排有规则。和张豪相同选科的，班里只有九个孩子，他们是一个学习小组，需要走班，到别的教室去学习某些科目，所以张豪不方便调到别的小组。这九个学生中，有五个女生，在前面一排，包括张豪在内的四个男生在后面一排，张豪的座位靠近走廊，旁边挨着张翰。他不想挨着张翰坐了。张豪问靠窗的男生能否换座位，对方说不想换。按照当时班里的换位规则，需要换位双方和小组长同意。如果对方不同意换位，我一般是不会给他们强行调换的。所以张豪觉得此路不通。张豪又不能对张翰说"我不想挨着你，请你自己把座位换走吧"。所以，张豪只好回家和妈妈抱怨，说张翰不好，不想挨着张翰。

张翰是班委成员，据我观察，为人虽称不上豪爽大气，但总体还不错。每次张豪身体不舒服想要回家的时候，张翰会帮张豪背着书包，搀着他的胳膊，陪他下教学楼，走过楼北高高的台阶，一直送到西门，把书包递给张豪的家长后，张翰再返身回教室上课。这是我从走廊窗户不止一次观察到的，一直都有印象。

张豪妈妈也说见过张翰送张豪去学校门口，有一次张翰还去家里玩过，也没觉得张翰有什么不好。但是张豪现在遇到困难，自己无法解决，家长又不能不和老师说。

张豪和妈妈说张翰借了他十元钱，很久之前借的，张豪提醒了一次张翰还钱，张翰答应还，却一直不还。张豪的书找不到了，以为丢了，很难过，结果一段时间以后，却在张翰的书架里发现了那几本书。张翰还多次说"自己家里有钱，你学习好又能怎么样，将来还不是得给我们这些有钱的人打工"之类的，借机嘲讽张豪，学习好也没有用，不如自己，家里有钱才好。

最让张豪不能忍受的，是张翰说他缺少男子气概。张豪当场表达了强烈的不满，但是张翰还是当面说过他几次。

听了张豪妈妈的话，我和她商量，孩子确实对环境有些不满，我会尽量协调解决座位问题。接着我们一起分析，看看哪些是能让别人改变的，哪些是需要张豪自己适应一下的。家长和老师达成共识，教育的效果才会最好。

我找张翰谈这些事情，提醒他把欠张豪的十元钱尽快还了。张翰还解释说，在他书架里的张豪的书，不是他故意放的，他也不知道，张豪的书怎么会出现在自己的书架上。这是可能的，毕竟书多，又是同桌，偶尔也难免拿错放错。

说到取笑张豪有点"娘"这个问题，我的表情严肃了下来。虽然这一点班里很多同学也这样认为，尤其是当他把帽子戴在头上挡风，以免头疼的时候。加上张豪常常会走到风扇旋钮旁把风扇关停，同学也不太敢开张豪头顶上的风扇，这使得坐在旁边、同为男孩，感觉热而需要开风扇的张翰非常不舒服。在热气不能被风扇吹散时，张翰的怒气升了起来，想要说些让张豪不舒服的话，让他也不开心。最刺激张豪的话就是取笑他的柔弱。至于什么家里有钱、爸爸是老板、给自己家里打工之类的，是男孩们之间课下的笑闹，也是为了发泄不满。我表示能理解张翰的"因为不能吹电扇而心有不满"，但同在一个教室，大家难免会对温度有不同的需求。可这样取笑张豪也太过分了，这是伤害到了人格的层面，问张翰能不能就这个方面向张豪道个歉。张翰解释说，自己取笑张豪有点"娘"的时候，张豪当时就很生气，发脾气了，自己已经给张豪道过歉了。我说可能这件事对他的伤害特别大。站在我的角度，我觉得有点欺侮同学的意味，能不能当着我的面再给他道个歉。张翰同意了。

至于调座位，我想到的办法就是把张翰换走。经过这番谈话，张翰知道自己和张豪之间的关系出现了问题，换走对两人都有好处，也同意调换。

我把张豪妈妈提到的每件事分类，抓大放小，结合张翰的解释，给张豪妈妈提了几条处理建议，张豪妈妈觉得非常满意，就说多谢老师了。她可能又觉得不好意思，说知道是自家孩子心胸小，别人说的话容易当真，有些人的玩笑也看不穿，才自己给自己找了这么多苦恼。我隐约觉得，张豪妈妈爱子心切，对孩子的保护有点过度。

五　不来上学

调位之后不久，张豪妈妈连续几个早上打电话给张豪请假。刚开始我以为是家长叫孩子起床晚了，孩子迟到不想来之类的。张豪就这样有时来、有时请假不来，持续了几天。

张豪妈妈又一次打电话请假的时候，我忍不住问道："我知道张豪被风吹了头会痛，是不是他最近头痛、不舒服？"

张豪妈妈这才说，孩子不想来学校上学了。我说为什么呀，不是调好座位了吗？

张豪妈妈说调好座位之后，张豪也高兴了几天。"他有一天晚上学到凌晨一点多了还不睡，我就提醒他去睡觉，他说睡不着，还想再学一会儿。也不知道那天晚上张豪学到几点才睡的，早上叫张豪起床的时候，他就说什么也不起床了。我没有办法，只好给他请假。后来，有的晚上能早睡，早上就能起床去上学，但这样的时候越来越少了。张豪晚上学习到很晚，躺下却睡不着，导致早上起不来。白天在家的时候，张豪睡醒了，也不看手机、不看电视，会继续学习。只是学一会儿，如果头疼了，就需要躺下来休息。"我推测张豪的睡眠出现了问题，不是主观厌学，劝慰说："张豪是个爱学习的孩子，他基础那么好，头脑又灵活，在家休息几天，调整过来再来学校，不会有什么大问题的。"

后来，张豪来学校的时间越来越少了，有时一周都不见人影。有时来了一上午，中午回家吃饭了，下午就又请假了。张豪前几次回学校的时候，他妈妈会专门打电话来嘱咐我："老师不要专门跟孩子谈心了，也请通知其他上课的老师不要提问他，不要问他最近为什么没来上学。"总之，就是尽量让孩子来了之后，不要再受到老师的要求和问询，以免被刺激到了。我理解家长的担心，便在我们班级老师的群里跟老师们说明了家长的这个要求，就当作张豪每天都来正常上学一样。

张豪的家住在学校对面，我三番五次给张豪妈妈打电话，想去探望一下他，可是每次都被张豪妈妈回绝了。我刚开始以为是人家客气，不愿意让我麻烦，我就说："张豪是我的课代表，我也非常关心他，就请您不要客气了。"张豪妈妈坚决不同意，说还是不要来了，她觉得这样对孩子会更好。我只好放弃这个想法。

时间从年前转到年后，三轮的复习都进行完了，还是几乎见不到张豪的影子。济南市第二次模考的时候，我给张豪妈妈打电话，问张豪要不要来考试。她说和孩子商量一下，然后回复说来。但张豪还是没有坚持考完所有的科目。

后来，张豪也是偶尔到校，待的时间很短，好在他基础不错，也能自己在家里坚持学习。

高考的时候，张豪全程坚持了下来，考了五百八十多分，远远低于他分班时的水平，去了省内一所海边的大学读书。

六　如果

高考过后，偶尔闲聊，张豪说，如果高三的时候心态不崩，肯定考的比这个成绩要好多了。

我完全相信张豪的话，但是，路就是这么走过来的，我们没法假设一个如果。现在回想起来，那段日子真的特别的难，尤其是对张豪的爸爸妈妈而言。张豪妈妈说，经常是晚上和张豪约定好了第二天到校上学，可第二天早上做好饭去叫张豪起床，张豪就是不肯起床。有时起床了，吃完饭送到了校门口，张豪又说头痛，要回家。如此多次反复。"听到他答应上学，觉得有了一点点希望，接着就是希望破碎了，孩子继续留在家，我们还得做饭、伺候着，还不能发脾气。可把我们两口子折腾惨了，真不是人过的日子呀！"张豪妈妈说。

好在张豪坚持完成考试，还过了一本线，也算可以接受吧。

人生里的那些如果，让我们觉得可惜、难过却又无可奈何。

第二节 心理眼看故事：松绑"完美主义"束缚

(一) 完美主义惹的祸

一些比较爱学习、初中表现很好的孩子身上，很容易出现完美主义的倾向。进入高中后，学习压力变大，不能实现自己的完美期许时，有人会产生严重的心理问题。几乎每届都会遇到几个这样的学生，有的甚至严重到不能到校上学。

(二) 期许埋下的种子

"Good，better，best. Never let it rest. Till your good is better and your better is best." 这句绕口令，直译就是"好，更好，最好，绝不停歇！直到好变成更好，更好变成最好"。

这种情况很熟悉吧? 孩子的成绩考好了，有了进步，很多家长和老师就会以督促孩子进步为由进行谈话或者输出这样的观点。

"这次进步了，考了班里第三十，那我们要保持住，争取下次考试进前二十!"

"这次考得不错，班里第一名，但是不要骄傲，在级部的名次还是不乐观呀，下次争取进级部前二十!"

"这次考得不错，级部第一，但是你要把眼光放高，不能满足于这个成绩，后面要更进一步，争取全区第一名啊!"

如此不断提高期许，全区第一还有全市第一，全市第一还有次次全市第一名。

期许是好的，但对于孩子来说，考好后还没来得及在愉悦的心情里沉浸多久，就被压上了更重的一座大山。

如果下次考试失利，可能会打破了家长、老师完美要求的倾向，他们转而说这个孩子的成绩不太稳当，起伏不定的。可如果下次、下下次，接连几次都考得够好，孩子会慢慢地把这些内化为自己的要求，认为自己永远可以处于顶峰或者更进一步，完美主义的倾向就埋下了种子。

那些初中路程走得顺利的孩子，更容易沉浸在这样的思维定式里，维持优秀是他们的骄傲，也是他们的动力。

（三）现实的成绩波动

以我多年的观察，现实中学习成绩的波动，像股市一样复杂。

考试名次的起伏，简直是必然的事情。考试的内容范围不同，试题难度不同，临场状态不同，等等，许多方面都会造成成绩的起伏。每次考试都进步的状况极少发生，一般会发生在那些基础极为薄弱，学习成绩极差，但是突然惊醒、全身心地投入学习的孩子身上。如果孩子之前已经兢兢业业、认认真真地在学习了，那么这种直接逆袭、不断前进的爽快事件发生的概率是极低的。多数孩子的成绩稳定在一定区间，或者慢慢有了一定程度的进步和提升。

对于那些有完美主义倾向的孩子来说，成绩不能达到预期是非常可怕的，尤其是在自己调整状态，又进行了一次、两次的尝试却依然无果之后，现实的打击会让这些完美主义倾向的孩子无处可逃，特别沮丧。他们特别想要回到过去的名次，回到过去那种投入学习、认真备考的状态，回到那些学习效率极高的日子。事实却是，当完美主义倾向的孩子对自己有了要求和期待以后，也会不自觉拿出很大的精力来担心失败，他们效率逐渐下降，好成绩的取得日渐艰难，他们就会出现不想来学校的情况。其实，这个蛊毒早已在之前埋下了，在那段曾经春风得意的日子里得到了强化，不能接受自己的失败了。

这种情况发生时，家长、孩子需要做出巨大的调整。

四　家长如何陪伴这样的孩子

（一）充分认识自己

孩子出现了问题，家长需要先反思自己。

有没有给孩子塑造一个"无所不能"的完美父母的形象？有没有不愿示弱、不敢示弱，让孩子觉得一切尽在掌握、一切都可以掌握？自己的完美主义是来自哪里，如何形成的？有没有对孩子过度保护，而剥夺孩子感受挫折的机会与能力？有没有从小就教育孩子追求卓越，全力以赴？有没有过高的期望和没有止境的要求？有没有一旦孩子做不到、做不好，犀利的批评和严格的管教随之而来？最终把孩子逼入完美主义的死角，孩子最后累积的结果就是以心理问题抗争，直接把整个要求体系全部毁灭掉，这中间伴随的是家长和孩子的极大痛苦。

心理学上，温尼科特提出"足够好的母亲"，也有人译为"60分母亲"。"完美的母亲""完美的孩子"，都可能隐藏着巨大的危险。

家长是可以犯错的，有完不成、做不到的时候，有情绪积累爆发，需要家人体谅的时候。在这些真实的情境下，孩子才会发现并接受自己的不足，从而变得敢爱敢恨，而不是成为只朝"成功"这个单一目标迈进的"空心人"。

完美，只不过是刻意追求的幻象。

（二）引导孩子放下对完美的期待，投入现实生活

世界并不完美，理解、接纳真实的不完美的世界，这是家长需要让孩子

去感受、去接受的。把对完美的追求，改为合情合理的卓越。比如，尽心尽力地把作业做好，不强迫自己改了又改；协调好学习时间，不要过度熬夜而影响睡眠；允许出现失误，并停止为此通宵达旦；也可以反复告诉孩子"良好就足够了"。

适度的挫折可以帮助孩子区分理想和现实，通过忍受挫折来实现成长。随着遇到和处理越来越多的挫折，孩子会逐渐接受自己的局限，也会慢慢理解父母及他人的局限。这个过程也是一个丢掉一部分自恋的"去理想化"的过程。能忍受自己成绩上暂时的不如意，直面现实，才能想出更多办法来解决现实中的问题，在现实水平上尽自己的最大努力。

逃避不能解决问题，我们要接受世事的不可预料，相信这个世界因为有变化而更加神奇。如果我们只做一个旁观者，坐等变化的发生，因而变得"佛系"，或者"躺平"，逃避学校生活，逃避自己的家庭责任和社会责任，那我们生命的意义又在哪里？是绫罗绸缎、珍馐佳肴吗？是宝马香车、美人在侧吗？可以有，但不应该是全部。

正如阿德勒在《自卑与超越》中提到的那样，人在为他人、为社会服务的过程中忘却自我，"人生的意义，是奉献、关注他人和协作"。

（三）给出更多的爱和赞美

家长的影响造成孩子追求完美，属于"社会期许型完美"，孩子内心缺乏安全感与认同感，特别期望获得来自外界的肯定。这时，父母需要及时改变过去挑剔和指责的模式，更多给予孩子认可、肯定、鼓励，给予孩子无条件的支持与爱，让孩子尊重自己的内心和节奏，不被焦虑追赶着前行，那么，就会在一定程度上避免孩子走入更大的成长误区。

错误也可以帮助人成长，失控一样可以给人生带来惊喜。

(五) 无条件爱孩子，先要好好爱自己

家长做到以上几点并不容易，需要不断进行自我心理成长。很多人要求孩子完美，对自己的要求也非常苛刻。因为自己不曾被无条件地爱过，也很难给孩子无条件的爱。

(一) 无条件爱孩子

无条件的爱是，当孩子说脏话，你没有骂他，而是告诉孩子，如果表达自己很生气，可以直接说出来。

无条件的爱是，当孩子考了很低的分数，你没有失望，而是关心孩子失不失落，并鼓励他把没有学会的知识学会。

无条件的爱是，当孩子在众人面前犯错，你不会责怪他丢人，而是接纳犯错的他，然后告诉他要承担责任。

无条件的爱是，当孩子撒谎，你没有羞辱他，而是让孩子知道，犯错不可怕，比撒谎更好的解决办法是勇敢承担责任。

无条件的爱是，当孩子屡教不改时，你没有勃然大怒，而是和孩子一起讨论犯错的原因。

无条件的爱是，当孩子打了别人，你没有把孩子打一顿给别人看，而是鼓励他过去道歉，带他习得正确的行为方式。

无条件的爱是，当孩子没有达到你的期待，你没有失望，而是认识到，孩子有自己的节奏，他也想做好，只是暂时还缺时间、缺方法、缺实践。

无条件的爱是，当孩子失败时，你没有数落他没用，而是默默陪着他，告诉他不轻易放弃，直到再次做成它。

无条件的爱是，尽管孩子看起来有点胆小、懦弱、无能、自私……你也不会轻易给他们贴上标签，而是允许孩子不完美，并关心他遇到了什么困难，观念里出现了哪种偏差。

无条件的爱是，不拿孩子和别人比，顺势而为，静候花开。

（二）无条件爱自己

无条件爱自己，前提是自我接纳。

接纳自己的不完美。自己不可能让所有人满意，也不可能让别人一直满意。对于现实，我们真正能控制的部分远比我们认为的要少得多。

接纳自己的负面情绪。在痛苦悲伤时，不认为自己脆弱；在恐惧害怕时，不责备自己懦弱。

自我接纳之后，还可以自我取悦和自我关怀。

当有机会陪伴另一个生命的成长时，请放下内心壁垒，和孩子一起成长。

（六） 当你没有变得更好，你还会爱自己吗？

当心处于黑暗的谷底的时候，有时候你真的怀疑是不是还有机会能见到阳光。但比这个更艰难的是，你是否能够接受此时此刻看起来糟糕透顶、毫无进步的自己。

很多人以为，安慰、鼓励一个人最好的方式，是告诉他："你行的，你会好起来的。"殊不知很多人在苦苦追求的一个确认是："你可以不行，也可以不变得好起来，你可以就是现在这个样子。"当我们一直在说，"你行的，你会好的"，背后的潜台词还是不接受那个退行（注：弗洛伊德提出的心理防御机制之一，指当我们遇到难以克服的困难时，会选择用退回到孩童时候、放弃成人处事原则和方式，来回避现实、摆脱焦虑，保护自己的心理防御机制）的、反复的、看起来有些糟糕的人。

有时候，我们也会这样劝慰自己。我们会给自己打"鸡血"，强迫自己阳光、积极、不断进步。但是这样的我们，跟童年记忆中那个不断要求自己更高、更强的严苛父母，有什么区别呢？

就像当年我在操场问某位长者："我这样，可以吗？"那也是在表达一种试探和担心："如果我一直没有进步，或者我退步了，您能接受这样的我吗？"原来当时的我，对自己颇有怀疑。我更需要的不是技术上的指导，而是关注和接纳此时"糟糕"的感受和状态，并且告诉我："是的，你可以不用变得更好，甚至可以退行回到从前。"

当我们发现，没有办法永远意气风发地一路向前的时候，可能也会被这样的问题困扰。深入思考也好，找专业人士做心理咨询也好，如果我们能很好地获得这个问题的答案，那么，我们仍然可以拥有对自己的接纳和爱，这才是最强大的支撑和托底。当有了这样的承托之后，退行虽然一再反复，但渐渐地你会发现，已退不到原来的位置。比如，你仍然会情绪冲动或者低落，但会恢复得越来越快；仍会抱怨和自责，但可能也会容易看到其他的角度……

原来，允许自己不变得更好，才是真正成长的起点。正如一粒种子允许自己落入春泥，萌芽才会开始。家长、老师、学生本人都允许这种不变好、反复、甚至退步的状态发生，无论哪种情况，让他都可以获得支持，他才会在一次次的跌落中，慢慢爬起来，一次比一次爬得更高，即使没有更高，也没有关系，一直有充足的爱在围绕着他。这才是真正无条件的爱。

华东师范大学心理咨询中心主任叶斌说："人会因为恐惧或诱惑改变，也会因为想要、爱与被爱、被尊重与被允许不改变而改变。"

是的，人会因为"被允许不改变"而改变。

第五章

才智未满，幸福不减

人生的终极财富是幸福，而不是金钱或声望。金钱或声望能带来快乐、幸福的体验，但不意味着这是幸福、快乐本身。若把手段（赚钱）当作目标（获得幸福），就有些本末倒置了。科学家发现，对幸福影响最大的因素是美好的人际关系，是至爱亲朋的支持，是社会交往的技巧。

中国积极心理学发起人、清华大学心理学系主任彭凯平教授认为：幸福是一种有意义的快乐。"有意义的快乐"离不开目标与创造，当我们为生活设定积极的目标，勤于创造而非消耗时，我们就可能在向目标前进的过程中体验到温暖而持久的幸福。

第一节　拨云见日——李明的故事

（一）认真负责的男孩

李明是班里的卫生委员，平时话不多。如果给他安排了什么任务，你就可以放心地等着验收了。班里没有明确分工到哪个小组的卫生任务，基本都是他来处理，无论什么脏活、累活他都不逃避，甚至抢着干。遇上有的同学值日做得不达标时，李明也会主动把没做好的地方改进到合格。

李明的这份耐心细致，与家庭教育有关。李明妈妈是小学老师，对李明的要求比较严格，把握了爱孩子却不纵容孩子的分寸。

有个冬日的晚上，九点四十左右，我在门外观察学生情况，听到走廊里涮拖把的地方有很大的水流声，还纳闷这是谁呀，这么大噪声不影响同学们自习的效率吗？我走过去，想看看如果是打扫楼道的大姨，就提醒她一下。结果我看到的是穿着单薄而头上冒着大颗汗珠的李明，正在用一把刷子刷班级的垃圾桶。

班里的白色大垃圾桶特别大，平时也会要求值日生给垃圾桶套上塑料袋，慢慢地，学生们疏忽、懈怠了，后来就不再套袋子了。天长日久，垃圾桶的桶壁上斑斑点点的黑色越来越多，尤其是桶底上，有些湿垃圾粘住了，越粘越多，甚至堆了几层。

看到是李明，我欣慰地点了点头，没有打扰他，继续我的工作——找另一个学生谈心。

等我们谈完，准备从教室后面的储物间门口离开教室时，我突然发现了被刷得干干净净的，像新买来一样、闪闪发亮的垃圾桶。不仅如此，它还被倒扣在一个大扫帚上——这样底部会因为水很快流出而变干燥，可以尽快投入使用，而且不容易再粘上新的垃圾。旁边是那把李明自费买来的、刚刚用过的、崭新的马桶刷。

我很感动，在后来的临时小班会中"狠狠地"表扬了李明，一并表扬了班里的很多同学，他们对班级自发做出的利他的高尚行为，令人敬佩！

同学们因为生活在这样温暖的班级而庆幸；为同学服务的人，因为自己的善行被看见、被认可而高兴。班级的氛围更加温暖、和谐了！

（二） 不肯入团的男孩

到高三的时候，班里不是团员的孩子不多了，李明是其中之一。级部每年会有入团名额，但名额较少，达不到每班分得一个。每个班报上去推荐人选以后，级部再整体衡量，人选有时能通过，有时不能，需要参考学生的综合情况。

按照这个条件，为提高推荐人选通过的概率，高二时的班级推荐机会，我最先想到的是李明。和李明沟通，他却说不想报，也不肯解释原因。我只好推荐了另外一个同学，可他没有通过级部的筛选。如果李明肯报名的话，通过的概率是很大的。

高三的时候，班级推荐名额又如期下达了，我知道直接找李明又有可能会被拒绝，我就先联系李明妈妈。李明妈妈特别希望他能同意，说可以让李明给她回个电话，劝劝李明。等了一个晚上，留出李明妈妈劝他的时间后，我才找李明说入团的事。他紧咬着嘴唇，说要不报上吧。我说："好呀。你这么优秀，又常常为班级做贡献，这个荣誉应该属于你。"李明还是垂着眼皮，点了点头，目光落在他大号的白色运动鞋上。

过了几天，李明又来找我，说还是不想报名入团了。我说名单已经上报给级部了。"再说咱们班里其他的非团员同学，可能达不到级部的要求，很难通过，你通过的概率很大。"李明叹了口气，说报上就算了吧。我追问他为什么又不想报了呢，李明不肯跟我解释，一副闷闷不乐的样子。

我私自猜测，难道这是一种逆反，又或许是与过往的经历有关？李明不说，我也无从得知。

李明后来通过了级部的评选，搭上了中学入团的末班车。

(三)　自习课看课外书的男孩

近期李明有些闷闷不乐，上课也是一副心不在焉的样子，仿佛精力也不充沛，完全不是往常的认真劲儿。我在心里画了一个大大的问号，开始留心观察他。

有一个晚上第四节课，我还是老办法，悄悄在门外观察班级的情况。我看到李明长时间低着头，身体一动不动。当我从后门推门进去，走到李明桌前的时候，他已把双手放在桌子上，右手松弛地握着一支笔，眼神呆滞地看桌上一张《英语报》上的题目——那份题上，一个还没做。我伸手到李明的抽屉，取出了一本打开的课外书。我取出来后先拿到了我的办公室。他没像其他学生那样立刻追上我来要书，我也没有立即和他谈这个问题。

第二天晚饭的时段，班里的人很少，李明也不在教室。我经过李明的课桌，往他的抽屉洞一看，里面满满的排着六本大部头的课外书。我大体翻了一下，全是名著，国内外的都有。这还是让我很吃惊的。

因为桑晴的事，我很早就在班里强调：如果累了，最好的休息方式是课间和同学去教学楼下散步，呼吸一下新鲜空气，不想走动的也可以趴在课桌上休息一下。实在想看课外书的，可以买本杂志，上面的文章一般短小精悍，不需要太多时间就能看完，不耽误上厕所、接水这些必要的准备活动。反对课间或者自习看大部头的书，因为课间时间很短，自习需要复习、预习和做作业，时间宝贵得很，一旦陷入大部头的书海，就很难控制自己从情节中抽身出来，时间判断感下降，容易对学习造成很大的负面影响。

一下子在桌洞里发现这么多大部头著作，还是第一次。想到李明那疲惫的眼神，我估计他应该回宿舍也看，以至于影响了休息，精力就跟不上了。我打算找他谈谈。

我的观点还是那些陈词滥调——时间宝贵，不用在学习上太可惜了。我尽量控制自己的这些话语脱口而出，问李明之前不这样带大部头的书呀，怎么最近带了这么多。我想表达的是我想要试着了解他。李明叹了口气，说最近心情不好。我说是什么原因心情不好了，不是上次考试还进步了吗？李明说，觉得自己最近很认真、很用功地学习了，这次考试成绩虽然也有进步，但进步幅度不是很明显。他怀疑自己努力有意义吗，会有效果吗？所以心情很不好，就想通过课外书放松一下。

我听了一阵心疼。高中的孩子确实辛苦，早上很早到教室，晚上很晚才下课，这中间持续不断地上课，内容晦涩难懂不说，还有不同科目的不同作业要完成，真的是对身体和心理的巨大挑战。这样的坚持不是某一天，而是每一天，真的是太辛苦了。最让人意难平的是，即使这样努力，你的成绩还是有可能毫无起色，或者波动不定。那种通过努力，成绩一点点不断提高，只是家长的一厢情愿或者极少发生的事情。成绩不一定随着主观能动性的提高而有所提高。尤其有的孩子狠狠地努力了一阵子，发现成绩还是提不上去，难免会有沮丧甚至放弃的想法。所以我听了他的话，特别理解他，也特别心疼。如果不是被现实狠狠地拍上几巴掌，谁会有如此大的情绪反应呀！

但谁又能保证，每次你只要努力做了什么，就一定能得到自己想要的结果呢？这种不确定性是让人痛苦的根源之一。

自习课分心看课外书，是不努力学习的表面现象。我看到的是：李明内心对"努力的意义"的怀疑，这片"微云"遮住了李明"继续好好努力"的"太阳"。

唯有拨开这片云，找到努力的意义，才能让他的生活艳阳高照。

（四）劝慰

有理解、有共情，就是交流的最好基础。我一点点地开导李明。

首先，学习上努力了不一定有进步，但不努力一定不会进步。现在整个级部的所有学生都在全力以赴地学习，出现大幅度赶超别人的概率也是有限的。就像在路上开车，你加速了，别人也在加速，所以如果比级部名次的话，你不一定会比别人高多少，这样容易产生挫败感。所以你有挫败感我是很能理解的，特别是你的那种疲惫感。学如逆水行舟，不进则退，如果你放弃努力，就会被一群加速的人很快地、狠狠地甩在身后，这你可想到过？如果你委屈，那又有谁敢保证他的努力就一定会换来名次的大幅变化。所以，不努力一定是不行的，努力的话，就会有希望。如果能努力到超过别人，那你不就是赚到了？复习还在继续，你不付出最大程度的努力，怎能预知未来的情况变化？

其次，改变参照的坐标系。不要用级部的排名来让自己不开心了。你的高考竞争对象是整个山东省的考生，你录取的时候是按山东省排名的，也许我们级部的学生都进步了呢？你们一起进步不好吗？放弃对级部排名的关注，转而关心自己的状态会更好。今天是不是比昨天更注意书写的工整了？更加关注答题的步骤与逻辑了？弄清了原来没弄懂的知识点了？这样的一些小进步加在一起，你就会对自己充满正向的评价，心情也就慢慢变好了，你就没有时间再关注之前那些让你烦心的问题了。

最后，直面困难不要逃避。遇到不开心的事情，逃到故事书里，可以短时间放松一下，绝不可以沉迷其中不能自拔。这就是我平时经常讲的，不再多说了吧。

听了我的话，李明深深地呼了一口气，似乎想说什么，又抿了一下嘴唇，才说："我知道了，谢谢老师。"我说："那你把大部头的书先放到我的办公室，等大休的时候就带回家可以吗？"李明同意了，把书交给了我。我也如期在大休的时候把书还给他，叮嘱他带回去。

虽然后来在储物间的书橱里，我无意间又看到了那几本书，知道李明并没有在那次大休时，如他承诺的那样把书带回家，但是我没有再在教室看到他把时间花在这些大部头著作上，他还是班里那个勤快、温暖、稳重的男孩。

五 好成绩并不绑定幸福

几周后，再聊起来，李明平静了许多。"那阵子我就像钻了牛角尖一样困在里面，因为努力没有得到好成绩而全盘否定自己。"他顿了顿，继续说，"我知道我有很多优点——勤快、诚实、能干，老师和同学们也很欣赏我。所以，我的未来即使学习成绩不那么突出，我也是接受的，我只要尽自己的所能就好。我虽然平凡，但可以获得自己想要的幸福——宁静、温暖的日子就好。"

是的，幸福是一种主观感觉，有不同的表现形式。幸福不只是李明要的这种，也不只是世俗要求的那种。关键在于，得到自己想要的就好。

第二节　心理眼看故事：才智未满，幸福不减

(一)　沉默的大多数

打个不恰当的比方，如果上一个故事提到的完美主义，就像一个曾经在阳光照耀下生活过的人，不能接受回到暗淡的生活，那么这个故事中提到的一类人——暂且称为"才智未满"——就像一个从来没有冲到最明媚的阳光下过，在暗淡的光线里一直前行的人。他们的生命并非无光到把自己湮灭，他们的希望一直在，却不知道何时能冲出这片暗淡。

这些人是沉默的大多数。

"才智未满"不像那些完美主义者，爬得高，摔得狠，很容易被人发觉。他们默默努力，却不一定收到成效，如愿进步；有时有效，却又不能用多次的成功证明自己彻底来到了阳光下。这可能也是一些孩子成绩起起伏伏的原因——除了知识本身的难度和个体对某部分内容的理解深度不同之外。有的阶段特别喜欢投入地学习，却无法到达高手层次，日积月累，慢慢地被磨掉很多棱角和冲劲。

因为在金字塔顶端的人，永远都是少数。怎么可能所有人都站到顶端呢？这个大多数的出现是难以避免的。

这些"才智未满"的人构成了班级的主体，是班级最稳定的因素，因为平时没有引起什么大的事件，很少被老师注意到，但他们内心的起伏与挣扎一样也不少。

（二）幸福最重要

我知道李明是个特别善良、负责、有爱心的人，我对他的人品评价非常高。

我深深理解李明的那种求而不得的痛苦，我知道我的语言劝说作用有限。

李明这种无力感，是放在高中生活以学习为根本的大框架下的。若把时间轴拉得足够长远，你会发现一些学习上"才智未满"的人，将来发展也不错；而一些学习很好的孩子，踏入社会后却泯然众人。

当我们以主要由智力因素决定的考试成绩衡量一个人的时候，我们的参照物就是排名，这是一种非常僵化和功利化的角度。它不等同于社会生活的复杂多变。现实生活中，可能曾经成就你的因素，也会成为未来你人生中的限制因素，这就是所谓"经验的牢笼"。

所以，成绩是暂时的，人生在世，幸福最重要。

无论身份、地位、金钱、身材样貌、一切的一切，你觉得够好就是最好。

身为老师，在高中阶段，不可能鼓励学生"躺平"，因为的确有很多天资平平的孩子，凭借自己的努力和良好的习惯而在学习上越来越顺利了。所以我们提倡奋斗，也相信奋斗能改变一个人的人生。

在不同的人生阶段里，我们有不同的目标，此刻读高中的孩子，请你隐忍、努力，接受生活的锻造和锤炼。生命的早期以奋斗为主旋律，我们也该同样意识到：一个人的人生只剩下奋斗也是一种悲哀，我们不是来受苦的。

所以，我们需要给孩子的心理扩容，保持孩子心理的弹性。这需要老师和家长的细致观察，一旦孩子陷入了焦虑的泥潭，就要及时提醒甚至救援。我们不能让孩子"积懒成笨"，也不能让他迷失了幸福的方向。

（三）平凡之路

我记得在网上看过一个观点：你费尽心思"鸡"出的娃（注："鸡娃"是网络用语，指的是父母给孩子"打鸡血"，为了孩子能读好书、考出好成绩，不断给孩子安排学习和活动，不停地让孩子去拼搏的行为）多数将归于平凡，活成芸芸众生中的普通一员，掌握一项技能或者参加没有技术含量的辛勤劳动，养活自己及家人，就像他们的父母和祖辈一样。一代过去，一代又来，这就是生命的真相。

所以，我们多数人的一生就是在不断接受平凡的过程——接受自己的平凡、接受父母的平凡、接受孩子的平凡。

平凡与幸福，并不冲突。成功与幸福，也并不总是相伴。

这中间的追求过程，就是沿着希望前行。正如电影《流浪地球》中的台词——"希望是像钻石一样珍贵的东西；我们决定，选择希望"。

（四）小心"鸡汤"里的毒

网上有这样一段文字：平凡者害怕挑战，优秀者迎接挑战，卓越者寻找挑战；平凡者等待机会，优秀者把握机会，卓越者创造机会；平凡者做完，优秀者做好，卓越者做到极致；平凡者坚持一下子，优秀者坚持一阵子，卓越者坚持一辈子。

如果你想要优秀、卓越，不断促使自己去奋斗，那么相信上面的话吧，它会让你的勇气和动力增强。

但细细想来，这些道理的实现是有条件的，条件就是所有人的天赋、环境都是一样的。不成功就是因为不够努力造成的，这句话忽略了人和人之间天生的巨大差异。即使是同一个人，赵子龙七进七出曹军，在长坂坡之战中无人能挡，后来却在凤鸣山兵败，原因何在？是他不努力了吗？时间变了、形势变了，人也会变。所以，英雄有气短，美人有迟暮。

切换的关键在于选择。

今天，你需要鸡汤暖心、激情奋斗的幸福，还是需要享受悠闲、慵懒平凡的幸福？

才智未满，幸福不减。只要曾经努力拼搏过，问心无愧就好。

做个努力的普通人，挺好的。

第六章

开放式家庭会谈达成共识

　　家庭是一个系统。开放型系统和封闭型系统是两个基本的家庭系统类型。

　　在封闭的家庭系统中，输入和输出的信息都非常有限，人们以环形和自动的方式对事态进行反应，并且忽略环境中的任何改变。在开放的家庭系统中，人们的反应和交流都受到环境变化或新信息的影响。

　　封闭系统的后果是，通过恐吓、惩罚、内疚和控制，其成员保持无知状态，受到限制和控制。由于他们不断地需要通过外界的强化来让自己感觉良好，因此他们越来越怀疑自我的价值。随着时间推移，由于系统中一些成员丧失了应对能力，系统必然崩溃。当这种情况发生时，一个或多个成员就会产生症状。

　　一个健康、开放系统的关键特征是随环境变化进行改变的能力，以及认识到需要改变。

　　　　　　　　　　　　　　　　——《萨提亚治疗实录》

第一节 抑郁浓雾——张山的故事

(一) 那个三年级被打掉四颗门牙的小男孩

高一时我就注意到了，张山是我们级部的双胞胎兄弟之一。两人长得几乎一模一样，从生物老师的角度难免会推测：应该是同卵双生的兄弟吧。他们穿着一样的衣服，经常课间时一起在校园里散步。看来，他们兄弟的关系很好吧。

高二开学后大约两周，张山在班级门口外面找到我，说他自己有点问题。我不太明白。张山说就是心理方面的。我还不是很明白，问："是抑郁还是其他什么？"张山说："差不多。我在高一下学期曾经因为这个休过学，也去看病治疗过，吃了一段时间药。但是药物会有一些副作用，父母就给停了药了，让我必须自己坚持住。"

"哦。"我略微有些吃惊，班里已有一个心理有点问题的学生，家长还来学校专门跟我说过。"你的家长没有给我任何沟通说明呢？""是的，家长觉得这件事挺不光彩的，要我忍着坚持来上学。""哦，现在我有了初步了解了，你有什么不同于其他同学的特殊要求，以适应你的特殊情况吗？""没有的，老师，我就是想跟您说一下。""好的。现在我有点了解了，咱们再找个时间好好聊聊吧。"

几天后的体育课时间，我和张山进行了一次深入的聊天。话题先从他的双胞胎身份开始。我问他："你是哥哥还是弟弟呀？""我是弟弟。""你哥哥现在在几班呀？""在十班。""高一时你们都是在十八班的，对吗？""我在十八班，我哥不是。""哦，我当时看你们一起走来走去的，还以为你们在一个班里呢。""不是的。我哥会过来找我，陪我出去走走什么的。""哦，你们之间的关系挺好的。""也不是，因为我早就有这个问题了，所以他会专门过来找我，陪我一起走走。"

因为张山主动提到了他早就有这个问题（指他之前提过的抑郁）了，我也跟着把话题转了向。"你说的这个问题，是从什么时候开始的？""小学三年级吧。其实小学的时候，我的成绩比我哥好，后来上了初中就慢慢不如他了。中考的时候，本来我哥的成绩是可以去某重点高中的，那样我就得去读技校什么的了。后来父母发现，我们的分数报这边的话可以一起过来，就报了这边。"

张山的叙述清晰条理，我也听得饶有趣味。可是，我还是要把我们谈话的正题再次拉回来。"哦，小学三年级发生了什么事情，让你觉得对你产生了很大的影响？""就是有一次打篮球的时候，我们几个朋友一起玩，包括我和我哥。然后有一个同学骂我哥，我就冲上去跟他打架，结果被打掉了四颗门牙。当时和那个同学关系还挺好的，之前也经常一起玩。他也没想到下手会这么重，他家长的态度挺好，当时也打了120，把四颗牙拿到医院去种植，最后活了两颗。他家长负责了所有的医疗费用，并且赔偿了四万元钱，说是一次性赔偿，以后有什么问题都不要再去找他们了。"

听到这里我暗暗心惊，牙齿掉落是不能靠自身修复的，好可惜。"哦，那就是一次意外呀，这种磕伤碰伤对小男孩来说是难免的，只不过你这个严重了些。""是呀，可是我觉得我很没用。尤其当时在救护车里，我满嘴是血地躺着，我妈妈在那里号啕大哭，我就觉得自己好没用。家里人开始觉得我是为哥哥出头，没说什么，但后来又埋怨我为什么要逞强替哥哥出头，甚至我哥也这么说我，说我是自讨苦吃，自找的。"

事情的转折让我猝不及防，种种变化都是岁月的变迁与打磨。"那么从这以后，你就很少与别人交流了吗？""还好，那时候也不是很严重。后来上初中的时候，有一次辩论赛，我说着说着，一着急突然说不出话来了，他们就起哄喝倒彩，从那以后就严重了。"

又发生了新的刺激事件，我的眉头紧紧地皱了皱。"也许当时那些人也没有恶意，只是觉得好玩，笑一下，过后也就什么都忘了。""是呀，道理上我是知道的，可老是忘不了那个情景，自己会不断回想起来。再加上小学时被打掉的门牙，于是我就越来越严重了——睡眠不好，上课不能集中精力，总觉得有人嘲笑我，学习成绩也慢慢地下降了。"

张山对这个过程的认识非常清晰，应该是经历了无数次的"咀嚼"吧。

"看来这两件事对你造成了很大的影响，虽然时间过去了很多年，但是你一直没有从那个阴影中走出来。你觉得自己在其中是怎样的角色？"

"就是很傻很笨，很没用，没有把别人欺负我的打回去。"

"嗯，这是你的感受，老师能理解。你要是想说还可以再多说一点。"

"没有了，老师。我想了无数次了，有时觉得都怪自己，有时觉得自己也很委屈。最终想来想去让自己也很累，还没有结果。"

"好的，老师更了解你一点了。找个时间，我再换个方式和你聊聊。"

"好的，老师，谢谢您！让您费心了。"

（二）卡牌揭开心里的那个秘密

因为之前的心理学学习，我基本上掌握了心理学 OH 卡牌的用法。恰巧，我当时还买了一套卡牌。

于是，我把张山叫到办公室，把卡牌拿出来，在他面前展示并解释：这是一种画牌，每一张牌的牌面并不清晰，所以每个人看到的、理解的画面会有不同，也就没有正确答案。你可以自由地表达自己的感受和想法，这些源于你的感受和解释，都是被允许的。我带着试试看的想法，说："你先总体看看这些牌，看到哪一张特别有感触的，就把它先拿出来。"

张山一张一张慢慢地翻看着，看得很仔细。我在一旁不出声，慢慢地等待着。大约十分钟后，他浏览完毕，并选出了有感觉的几张牌。我让他再挑选一遍，只留下三张最有感觉的牌。

我把张山选出的牌摆在他的面前，一一讨论每一张牌带给他的感受。

第一张牌，是个模糊的人脸形状，只有线条，张着大嘴、眼神空洞、背景惨白。张山说很像他现在压抑绝望的样子。

第二张，是一张配色不协调的红蓝主色的牌，粗线条拧在一起，交错上升，像是宇宙某个角度的幻象。张山感到这像是生活中迷茫的状态。

我们探讨最多的一张卡牌，画面上有两个人，分别沿着呈直角的两条路，背向而行。我说："你觉得图片里的两个人是什么关系呀？"他说是兄弟关系。我说："如果其中一个人是你，你觉得自己是哪一个？"张山说是能看见面孔的这个，表情很难过，但是看不清另外一个兄弟的表情，也不知道他的想法。我继续问："如果有机会，牌上这个你认为是你的人能跟对方说说话，他会说些什么呢？"

张山沉默了一小会儿，说："过去的事情不全是我的错，虽然我也有做得不对的地方"。我问："如果可能的话，你是不是还希望可以继续和他一路同行？"他说："好像不可能了，因为我觉得自己渐渐地要跟不上他了，而且，很多时候我感觉他不想和我在一起，不会停下来等我。"

结合我了解的现实情况，我逐步引导，他也表达得更深入。总结起来，一方面，是对一起成长了十八年的兄弟感情逐渐疏离的不满；另一方面，还隐隐感受到母亲对哥哥的偏爱，虽然母亲极力平衡，表面上一视同仁，但自己也很难过。

我觉得到了引导的时机，就告诉他：

"第一，人是要独自一人走自己的人生路的。你很幸运，有一个十八年的同行者，朝夕相处。但是，一年以后，你们可能被不同的大学录取，去不同的城市，你们就会有不同的生活。将来参加工作，各自成家，也会在时间空间上越来越远。所以和父母兄弟的朝夕相处，主要是在我们人生的初期阶段，等我们长大到一定年龄，不可避免的就是分离，包括生活上的和精神上的。

"第二，你对曾经的那件打架事件还是非常介意，你和你哥哥所处的位置不同，认识角度是不一样的，所以很难契合。站在他的角度上，他并没有要求你为他出手打人，当然更是预料不到别人会把你打伤。所以这应该是一个意外。但是你遭受了损失，他也备受煎熬。煎熬到一定程度，他就会通过为自己开脱来保护自己。所以，当你不断地要求深层的相互关爱和交流，他难免会有抵触情绪，而他的抵触会进一步加剧你的不满。本来你们在心里还是相亲相爱的好兄弟，但是看问题的角度不同，这个问题没法达成你想要的共识。既然这样，我希望你能做出调整。认识到是自己的一时冲动造成的意外，承认给自己造成了很大的影响，接纳这件事情，然后让它翻篇。没有不甘，没有为兄弟两肋插刀的侠气，不要求他的任何一点感激与回报。这样你才能在情绪上平静下来，接受损失，让心里腾出空间，从头再来。陷在泥潭里，遭受更大损失的人只能是你自己。

"第三，接受父母对孩子会有所偏心，从深层更理解父母。就像没有完全相同的两片树叶，左右手也不会完全相同，在父母眼里，难免有的孩子说话、做事更合他们的心意。只要在大的方面一碗水端平了，没法计较每一个细节，比如，父母和他说话时满是笑意，和你说话时冷冰冰的。事实上，这可能是你曲解后的感受。在平时的生活细节中，难免有的问题会有不同的观点，产生不同的意见，但这不是父母不爱你，千万不要做出这样的解读。如果你在这些细节上过于介意，那么它会渗透到你生活的每一个细节里，让你的生活彻底变了味道。

"如果你能听明白我的表达最好，如果不明白，我也希望你能接受之前的损失，不计较怨恨，这样是放过你自己。"

我让张山重新从卡牌中找出三张，来代表自己过去、现在、未来的生活，他选了一些画面冲突、压抑的牌。张山在这里已经陷得很深，言语间充满对自己的不满和攻击，我劝告也不见他改变措辞。这不是几句话能够劝回来的，经年累月地沉积，形成了难以改变的巨大的"意识坚冰"。

我知道自己没有能力为张山彻底化解心中的痛苦，对他进行一番劝慰之后，又在底线层面跟他约定，不可以做自伤或伤人的事情。张山同意了。他说，之前有一次请假回家，有过很极端的想法，但是自己还是不敢，所以放弃了，以后也不会这么想了。我听了略微宽心。

（三）痛苦的煎熬

张山在班里还是独来独往，很少与人交流。

五月的一天，张山在听写本上给我写了一封信。原文如下：

> 吕老师：
>
> 　　我知道您平时很忙，于是我将想和您说的话写在这里，浪费您的时间去阅读，真是抱歉。
>
> 　　首先，感谢您自去年到现在为我的付出，包括您对我的心理开导，您批准我似乎并不那么合理的请假，您对我不断降低要求以减轻我的痛苦等。您在我身上付出太多的精力了，我对此真的从心底里愧疚和感激。您辛苦了，您给予了我特别大的帮助，支撑我走到现在这一步。
>
> 　　但我自己真的是……或许"度日如年"这个词可以用来形容我的痛苦。吕老师，我从去年就断药了，到现在已经一年了，不吃药熬到现在，我为了家人还在坚持着。真的，平时不发作的时候只是心境低沉，悲观厌世，愤恨自己的无能，可发作的时候真的想不出什么词来概括那种难受了，尤其是我在假期时似乎也比常时要缓和许多，以为自己可能好了，可再来上学就像从天堂坠到地狱一样。

这样的极端，我可是再也不想经历了。

我知道我是一个应该受歧视、被唾弃的、多余的、一文不值的人，但您没有放任我自生自灭，还积极帮我走出阴影……我爸爸说我有福气碰到您，我也一直这样想。我和他商讨过休学的事，他竟然和我说："千万不能进精神病院住院，否则引人议论，在家里也是。"我虽然可以理解，但这的确是个伤人的现实。您也说如果现在是在熬生活，不如学考以后离开这里另寻道路，我深以为然。但我自己却无法决定自己，我竟无路可退，我是真的真的真的真的不想坚持下去，但我怎能让家人逼疯？

所以……我一直坚信，我的存在一定是个灾祸。如果当时我不存在，您现在和我的家人一定会少许多压力和烦恼。活着真的是一件有意义的事吗？您可能也知道我有过一些极端的想法，但毕竟我还活着，想法也只是想想，我没有勇气离开人间。起码我会活着，但是真的很难。

看到所有老师对我的关心照顾，我无法表达我诚挚的感谢，我……我的存在，真的给您添了不少麻烦，真的对不起，这也是我致信的目的。今晚实在是难受，心里话无人可诉说，于是就只好麻烦劳累您了，抱歉。您的帮助真的很多。最后，我竟也不知道该说些什么了，可能我真的很多余，谢谢您。

祝您家庭幸福美满，工作快乐顺利！您是最优秀最负责的好班主任。（我不知道还会有多少个难熬的日子等着我，我没有办法了，只好继续吧！）

上面是原文录入，只想反映学生当时的思想状态。信上面还有我留下的日期：2019 年 5 月 9 日。

看到张山写的这段文字，我的心情非常难过。因为在收到这封信一周以前，张山也在作业本上给英语老师写了一封大致相同内容的信。英语老师给张山写了半页纸的回复，表达了她的鼓励和期望。英语老师拿着写好回信的作业本过来找我。我读到了相关的内容，并在第一时间和张山的家长联系，要求家长一定多抽时间陪孩子，多听听孩子的想法。即使没有什么突破性进展，能让孩子感受到家长对他的关心也好。

除了联系家长，我也把张山叫到办公室，进行再一次的谈心交流。具体的谈话细节已经不记得了。主要有以下几点：1. 看你在教室里实在痛苦（就是打开书本后对着书本发呆，不听课，不记笔记，不做题，几乎不和任何一个同学有任何交流，仿佛外界的一切与他无关），可是你家长一定要让你坚持到底，如果觉得有必要，我愿意出面和你家长谈一谈，看看能不能同意你坚持到学考结束，拿到高中毕业证后休学的想法，或者同意给你找一所职业学校就读，学一门技术，将来你有一技之长，可以安身立命。2. 你要答应我，将来即使不在我的班里，也不能有极端的伤人或者自伤的行为。你在我眼里，一直是个好学生，虽然你现在身处困境，但是我能理解你。3. 为自己负责，至少学好一技之长，过普通人的正常生活，不啃老，虽然收入可能不是很高，但是能安然地过好自己的日子。

"会的，老师，我明白的，这些我都想过了，我之前也想过永远离开，可我实在没有那个勇气，以后更不会了。""那好，先好好学习，准备学考。学考完了，你再想这些问题。你最好能做通家长的工作，如果实在不行，我可以出面和你家长聊一下，但也不能保证一定可以说服你的家长。毕竟，他们的一些想法也是很难改变的。"

四　约见家长

高二时张山的情况还不错，至少是维持住了，没有变得更差。

上高三以后，张山明显不在状态——上课不听讲，作业不交，天天上课时桌上放着一本《水浒传》，呆呆地坐着，几乎不见他继续往后翻，也不和别的同学交流。我非常担心张山的状态，经过和级部领导的请示之后，我约谈了张山的家长，并进行了长达两个多小时的连续讨论。家长离校后，我已经头痛欲裂，心跳过快，心想这个过程真的太难了！太耗费心理能量了！下面就把我当时的谈话进行一个系统的梳理。

时间：2019年9月7日下午3:00~5:00。

三点约见家长，二人准时到场。张山爸爸穿了一件暗红色运动T恤，张山妈妈则是一袭红色的长裙。

我先把张山写的一份文字稿拿给家长看，解释来由——几天前，我让全班学生写"高三上学期的目标、计划、奋斗措施等"，这是张山的那份。耐心等两位家长分别看完后，我说："孩子不只给我写了，也给新换的历史老师写了，内容大致是说自己情况特殊，完不成老师布置的各项作业任务，但不是想要顶撞或为难老师，自己确实是不能专心学习了。这是我找您来谈的第一个原因——孩子学不进去。"

"我找您谈的第二个原因，就是孩子这学期开学以来，状态与原来相比差多了。具体表现就是，原来上课时还会有半节课在听讲，现在已经几乎一节课都不听了，作业什么的也不交了，像我面前的这摞听写本，也没有他的。他上课以后就一直在看小说，好像是《水浒传》。"张山爸爸插言道："这个问题跟他聊过了，这样做是不对的，上课不能看小说，影响不好。"

我点点头，继续我的内容："我说这一点不是批评他不遵守纪律，重点是张山的状态变得更不好了。您要对我的描述有疑问的话，我可以每天发一张他没有在学习的照片给您，当然那样您可能会更生气。还有一种方案是，您亲自来学校待一晚上，亲自观察孩子的学习情况。您要是觉得怕别人说闲话，我可以在班里说有一个这样的家长体验活动，先安排别的家长来待一晚上，您第二个来，看看孩子具体是个什么样子。他基本上是打开一本书放在那儿，然后一动不动地坐一节课，也不见翻页。我这个描述一点也不夸张，如果有必要，您可以亲自来看看。"张山爸爸说："这个没有必要了，我能想象他的样子，我也完全相信老师。"

"好的。"我继续说，"第三个原因就是，现在班里的学习压力非常大，我担心张山情况变得更糟。高三了，周围那些原来调皮捣蛋的孩子也开始认真学习了，张山是能发现这个变化的。对于一个孩子来说，如果他的心思在学习上，可能孩子的智力水平有差异，学习基础不同，但是只要孩子一直在努力，我们做老师、家长的就要全然接受。想想咱自己上学的时候，不也是百般辛苦，最终没有考上清华、北大嘛。但是，当一个孩子的心思不在学习上，那他会把这些心思花在别的事情上，比如调皮捣蛋、交往过密、旷课睡觉等，那是一般的普通孩子。咱这个孩子还跟别的普通孩子不一样，他心思不在学习上。他就安静坐在座位上发呆，这是很可怕的。我担心他之前患过且还没好转的抑郁会进一步恶化。与单纯的学习成绩相比，孩子的健康成长才是第一位的。如果继续这样下去，我担心他会发生别的事情，所以这些情况需要和家长好好地沟通一下。"

"第四，学校的学生安全问题。您虽然不从事教育工作，但也能从一些新闻媒体、广播电视里知道，安全稳定是压倒一切的大局，学校方面尤其如此。另外，级部逐班排查不认真听课、不交作业的学生，这个情况我也需要对级部进行说明，要求特殊处理。级部领导指示，需要和家长进行充分沟通，把这些问题跟家长讲清楚。所以，这也是学校安全工作的一个部分，有些程序要走，希望您能理解。"

张山爸爸说："理解理解。"

我又说："从高二我给这个孩子当班主任以来，我们已经进行了多次交流，站在老师的角度，休学是最好的选择。"张山爸爸说："今中午我跟他聊来着，他不想休学。现在我们在校外租房陪读，他的双胞胎哥哥也在高三。如果他休学，他哥哥就得回宿舍住，高三这种关键时刻，他哥哥也嫌住宿舍不方便。他休学的话，我要上班，他妈妈照顾他，他哥哥回宿舍住，如果哥哥被影响了，高考也没有考好，我这不是鸡飞蛋打吗？手心手背都是肉啊！"我点了点头说："理解理解。咱们今天就是把这个事情好好梳理一下，我不是非要让他休学或者让他离开教室。"我沉默了一下。

张山爸爸接着说："今天中午他说愿意参加高考，但是平时不来学校学习，要出去打工，这样也能提前适应一下社会，就是不知道能不能这样。"我很吃惊，说："不在学校学习，还要参加高考，这有什么意义呢？"张山爸爸说张山是这么想的，就是不知道学校这边会不会同意。我说："请假的话倒是不难，两天以内，您或他妈妈跟我打个电话或者发个短信就行了。超过两天，一周以内，要写正式的请假条，我去找级部领导签字批准。要是再长的时间，就需要医生的诊断证明了。如果确实有必要，我们可以考虑。我先把孩子叫来我们一起好好谈一谈。"

家长同意了。我收起张山写给我的信，快步走向教室。这时，大约是三点四十分。

五 三方四人的共同探讨

张山来了以后，家长露出了欢迎的姿态，搬凳子让孩子坐在两人中间。然后我们开始对话。

（一）老师的角度：休学调整

我先对张山说："桌上的听写本有你的吗？"张山说没有。我说："嗯，最近的学习状态很是不好呀，上课也不认真听讲，是不是各科作业几乎都没交？"张山说是的。

"我去教室的时候，十次有八次能看到你在教室对着书本发呆，我真的很难受。我说这些话，不是要指责你、为难你，而是让你父母明白你现在在学校的状态。"

"站在老师的角度，我只考虑张山同学，我不考虑他的父母，不考虑他的哥哥，我就单纯是张山同学的班主任，我觉得休学是目前最好的选择。为什么呢？首先从时间上看，休学一般一年，还保留学籍，一年之后，再随着新一届的高三重新准备，冲刺高考。现在办理休学，提交材料，可能需要一两个月的时间才能办好手续。如果现在不休学，假如到了高三下学期，你再申请办理时，很快就高考报名了，也有可能到时候想休学也休不了了。其次，通过这一年多的接触，我觉得张山的智力水平和知识基础还是不错的，高二时学习不是很投入，在班里大约四十五名吧，浮动不大，也不是最差的。所以，如果你休学，好好地调整一年，重新准备冲刺，应该也会有个不错的结果。所以，站在我的角度，不考虑其他，只考虑张山的话，我建议休学。"

张山稍微沉思了一下，说："我不想休学。因为我本来就受不了高中紧张、压力又大的生活。如果休学的话，只是暂时的放松。一年以后，如果我调整的状态还是不好，我到时候还会做跟现在一样的选择，那么也只是多耽误了一年的时间。而且，现在我哥也在高三，他还会时不时地安慰我、开导我。如果我休了学再复学，到时候我哥也去上大学了，我就得一个人面对高中生活所有的压力，身边缺少共同奋斗的人了，我的压力只会更大。所以，我想还是参加高考吧，这样我爸妈也不会太失望。我希望请假出去打工，先积累一些经验。"

（二）父母的角度：全力高考

我问："你参加高考，到底是为了你自己还是为了你爸妈？"张山思考了一小会儿说："还是为了我爸妈。他们也不容易，我不想让他们太失望。"

"如果不参加高考，你希望怎么样？""我希望就是上个技校，学个一技之长。我不再在学校里这么熬着了，将来能挣够我和我的一家之用，过平凡的日子就可以了。"张山妈妈忍不住打断道："我就是技校毕业的，根本就不分配工作。"

我说："现在社会不一样了。别说技校毕业，正规的好大学毕业的，也有找不到工作的，分配工作更是很久之前的事情了。现在谁也没法保证，考上大学就保障就业了。"张山爸爸说："我还是觉得上技校不行。我就是工人，一天到晚很辛苦。加上张山你的身体，还有强直性脊柱炎的毛病，你根本受不了的。你要通过考学，考一个好一点的职校，然后走向管理岗。管理岗位上不太累，才最适合你的身体状况。"

张山说："我觉得我只要付出劳动，拿到工资，过很平常的日子就可以了。我没觉得技术岗有什么不好，将来也不会往管理岗这个方向想。我就是想平时不来上课、学习，而是出去找个工作，边工作边学习。也许换个环境我还能多学一点儿，高考考个高点的分数，到时候上个大专什么的。"

我反问："如果不在学校，你能确保考上大专吗？大家都在一个环境里学习，也许不容易看出差距。可你一旦不能坚持学习了，你会很快被在学校学习的人拉开距离。到时候可能更不容易追上，你的预期分数也不是那么轻易拿到的。近年的趋势是高考题变得更难了，在这里经历了辛苦复习的同学拿到的分数，应该会比你的要多一些。你也没有办法保证自己的这个预期会实现的。"

张山妈妈说："就算是上技校，也是要天天学习的，也是有各种考试、春季高考什么的。"我说："也对。不过，技校学习的时间跨度不这么大，要求低，压力会小很多。""可是技校现在也已经开学了呀！"张山爸爸说，一副此路完全不通的样子。

我说："也可以再多打听打听，收集相关信息。"家长没有再说别的，但我感觉这番对话不是很契合他们的心思，赶紧把这个不能统一答案的问题换掉。

我说："好吧，现在我们暂不讨论技校的事。我们就想如果不参加高考，家长能不能接受呢?"张山爸爸说:"我觉得特别难。"说着,右手用力抚了抚额头,并深深地叹了口气,又说:"我还是希望你能正常念完高中。即使高考考的不好,咱走个好一点的职校也是可以的。""好,家长的想法就是让你全力以赴去高考。能做到吗?"我问张山。张山回答说:"就算我参加了高考,上了大学,我还是不会按照家长的意愿,可能还是会回头走我想走的这条路。"

我说:"好的,我们现在简单梳理一下。如果你顾全你爸妈的感受,参加高考,那么,咱们再想得深入一点,你爸妈让你参加高考,只是希望你在高考的时间出现在高考的考场上吗?如果不够清楚的话,我们可以分为两种情况:第一,就是希望你出现在高考考场上;还是第二种情况,让你考一个还不错的成绩,拿到某个学校的录取通知书?"张山说,当然是第二种情况。我说:"是的,这是这个问题家长方面的答案。你爸爸妈妈的角度——全心高考——可以吗?如果可以,就按照一个高三学生的正常要求来做,认真听课上课,好好完成作业,好好备考。"

家长觉得这话很合心意,立刻说:"是呀,好好参加高考,将来才有好的出路。"我说:"如果你不参加高考,将来某天,比如三十年后,会不会后悔?""我想我不会的,我觉得重来一次的话,我还是会做出和现在一样的选择。"张山的回答迅速又直接。"你确定你不会后悔吗?比如说许多年以后,你的孩子想买一个什么吃的,结果舍不得买;将来媳妇想买件漂亮的衣服,结果钱不够多;老人年龄大了,生病了,需要钱治疗,你拿不出医院要求的那个数额,你会不会后悔?"我把中年人思维方式里的困境一一说给他听。

"老师,我还是觉得我不会后悔。将来好好地努力工作,养活一家人正常的运转应该是可以的。"张山的话异常坚定。我说:"也对。但是,作为你的老师,作为你的家长,更希望你将来有一天,不被这些问题困扰,希望你能过上更好的生活。"

家长又开始滔滔不绝地给孩子讲,现实生存的压力很大,不上学、不多学知识是没有很好的出路的……

（三）学生的角度：压力恐惧

看到张山紧紧抿着嘴唇不说话了，我找准时机打断了家长的话。我说："这些道理相信孩子也是懂的。如果他是一个不那么特殊的孩子，我今天也不会请您来了，我会直接管教他，该批评批评、该惩罚惩罚。但是，他现在的状况不是这样的，他不是不想学，而是真的学不进去了。这就像你不能控制你的心跳快慢、瞳孔收缩一样，现在他处于一种自己不能控制的状态。如果我们给他讲这些道理，对于这个孩子是行不通的。所以，我们来探讨第三个层面，就是站在张山你本人的角度，对高中生活中的压力，你有什么感受？"

"我就是觉得太不容易了，每天拼命在做这些毫无意义的事情。"张山爸爸立刻开口纠正："这怎么是没有意义的事情呢？高中生活就是这个样子的，你得认识到，并且去适应。"我说："我需要打断你一下，张山爸爸。感受就是自己的感觉，比如，你觉得桌面它是坚硬还是柔软，你觉得一杯水是凉还是热。同样的天气，不同的人可能感受是不一样的。孩子的感受本身没有什么对错的。请让他继续说下去吧。"张山爸爸不再说话。

张山改口，回答我刚才的问题说："就是压力、恐惧吧。"我说："这个词和你表现的行为是一致的。"

（四）调整家长认知

我又对张山家长说："感受应该是允许被表达的。比如，他就是觉得这杯水特别凉，你得允许他和你感觉到的不一样。我们教孩子，更多的是告知什么样的行为不被允许。但是，感受应该允许被充分表达、得到接纳。比如，追星以致父亲跳海，这样的追星行为是不可取的，需要管教；但是我们表达自己的感受，认为某明星'长得帅、演技好、有魅力，很喜欢他'都是可以的。表达类似的感受是完全没有问题，也应该被允许。不顾家庭条件，非要去看明星演唱会，非要去和明星合影，非要怎样的偏激行为出现，是不对的。希望你们回家以后，这方面也可以做出一些调整。听听孩子的想法和感受，不要急于否认他。"家长听了若有所思，点头称是。

其间，张山妈妈有几次试图给儿子喝水，打断我们的思考和讨论。第一次，我看到了，没说话。第二次，我指出了这种行为不太恰当，最好不要用这样的小事打断孩子的叙述和思考。我感觉这个妈妈试图通过劝孩子喝水表达的是：我是多么关心爱护你呀，你怎么说出这么多我不想让你说的话呢？这确实起到了打断的作用，让我们从当下的思考当中抽离出来，去关注那一杯水。第三次，张山妈妈又劝孩子喝水时，我直接对张山妈妈说不要打断他。张山爸爸也说了类似的话让张山妈妈停下来。这就是为什么张山老是觉得家长避重就轻，逃避问题，这几次让他喝水，给了我相同的感受。

张山爸爸的应对还是非常从容的，有几次张山的话都引发了他深深的思考，并且当时就表示愿意在一些方面做出让步。张山妈妈很少说话，只是目不转睛地盯着儿子，有时会拿手里的纸擦擦额头上的汗。她说话的速度很快，声音很高，内容深度上明显有一定程度的欠缺。

张山反复提到不想让家长伤心失望，家长会受不了的。我说："为什么你会觉得家长受不了呢？他们是成年人，承受的能力可能比你想象中的要好一些。"张山说觉得他们接受不了变化，接受不了事情不按自己的想法进行。

后来的谈话中，我又问："为什么你在学校会觉得很有压力呢？"张山说，他接受不了一些事情不能按照自己的设想进行，如果那样，就宁可不要做了。我说："这一点上，你和你刚才描述的你的爸爸妈妈很像。当然注意我的表述，你印象中感受到的爸爸妈妈，不一定就是你爸爸妈妈真实的情况。这里面肯定有很多是重合的，但是，也会有很大的一部分不重合，也就是你以为的爸爸妈妈想法，和爸爸妈妈真实的想法之间有差距。这是其一。其二，你还要明白，变化不等于变坏，变坏只是变化的一个可能的方面。变化一直发生，我们是阻止不了的。就像你们在课上学到的：静止是相对的，运动是绝对的。那么变化也是绝对的，它一定会发生，但是好坏未定，我们也不能随意让它停止。所以，不要凡事往坏处想，好好接受变化。"

（五）达成一致

反反复复谈了这些之后，我总结说："前面的时间，我们分别从三个角度探讨了这个问题：老师的角度，休学调整，明年全力以赴；家长的角度，继续坚持备考；孩子的角度，摆脱学业压力，去学技术，不在教室里混日子、熬日子。在这三种选择面前，我们到底何去何从呢？一个是按下暂停键，一个是继续现在的生活节奏，一个是解脱痛苦的高中生活。我们再好好想想。"

"如果，我们把'人'放在最重要的位置，有没有'休也可以学、不休也可以治'的方案？"我的脑海里闪出了这样的念头。不过，我没有直接对他们提出这个问题。

经济上，考虑到张山妈妈全职在家照顾孩子、张山爸爸在一家效益不好的企业上班，工资微薄，一家四口的生活本不富裕，他们还在学校附近租了房子，如果休学再请家教辅导或者到培训机构上学是不现实的。休学在家自学更不能保障效果。精力上，家里还有同样上高三的张山哥哥需要照顾，保证他的物质供给和舒心的备考环境，让他好好备考，父母留给张山的偏爱与调整也不会太多，张山爸爸也明确表示"不想鸡飞蛋打"。所以"休学中学习"的条件不具备。

那么，"不休学，同时治疗"呢？我问张山爸爸："要不给孩子找专业的医院，继续进行治疗？"张山爸爸说："不行的，老师。我们也去过专业医院，治疗也没什么效果，而且他们开的药副作用还很大，我不想再让孩子去吃那些药了。"我不想放弃:"我们多换几家医院看看,或者我们不吃药,找专业的心理咨询。""心理咨询也去过,一小时好几百元,费用高还没有效果,咱咋花得起那个钱啊!关键是不管用啊!"张山爸爸的焦急与抱怨明明白白。(注:可能只是没有遇到匹配的心理咨询师;也可能还没有坚持到一定治疗次数,张山爸爸就得出了"治疗无用"的结论)

"学校的心理咨询是免费的,可以联系学校的心理老师。"在张山爸爸的实践结论面前,我再退一步。"还是让他自己坚持一下吧!"张山爸爸有些无奈地说。我转向张山:"你觉得呢?"张山点点头:"老师,谢谢您为我想了那么多。我,我坚持一下就行了。"

我们都不再说话。

客观现实如此,家庭能做出的调整非常有限,张山能得到的支持也有限。坚持,是要求、是答案、是家庭共识。

短时间的沉默后,张山爸爸表示通过今天的对话,理解了儿子也是真的不容易,在学校这么辛苦地坚持着、煎熬着,表示同意休学。张山却说,不休学,也不外出打工了,还是坚持学习,参加高考吧。不想让父母因为自己过多操心,还是希望这个家庭安宁稳定,过平静的日子。

想不到,每个人把自己的想法全部说出来,展开充分交流以后,他们的选择都变了。最后张山和父母达成一致:张山退一步,坚持认真备考,不再考虑外出打工;家长退一步,不施加压力,对孩子的成绩不再提要求。

我说:"为你们点赞!你们都跨出了特别难的一步。这一步,是基于对对方的理解才实现的。以后还要创造机会进行这样充分的交流。"

在这个看似完美的选择背后,双方还是让渡了一些非常重要的权利。家长对孩子的成绩不再有要求,但是内心特别希望张山能考好。孩子继续在学校熬日子,度日如年,但是不再坚持自己通过外出打工摆脱痛苦的方法,继续用理性的声音劝服自己。而这一点,恰恰是会让张山的情况变得更加严重的隐患。因为,第一,人在学校,却学不进去,还要天天熬着,心里肯定是非常不舒服的。这样无所事事、不能投入，会更容易导致疾病的产生或者加重之前的症状，这是他们需要考虑的。也就是这个看似完美的共识后面，可能会面临着孩子考得一塌糊涂，什么学校也考不上，身心遭受更大损伤的情况发生，这也是让我反复忧心的。

第二，这种情况下，孩子虽然顺从了家长的意愿在学校，但是也可以是一种隐性的攻击和反抗。之所以说是隐性的，因为张山完全可以说，你看，你让我来学校我就来了吧？我可是听你们话的呀！但是，如果来了学校不学习，只是熬日子，实质上是没有实现家长的愿望（家长希望张山来学校好好学习），来的是一个人，却不是一个带着心思来完成各项学习任务的人。所以，站在这个层面，表面是顺从，内核可以反抗，这是毫无疑问的。

第三，张山和家长达成了一致，双方都能接受。那么，学校这边呢？如何交代？张山可以不完成任何学习任务，但增加了潜在的安全风险，希望和学校这边也有一个安全协定。至少，老师已经把这些情况和家长做了说明，对可能出现的问题进行了提醒。

我把事先准备好的协议书递给他们每人一份，并且说这是我草拟的，如果有什么措辞不当的话，我可以修改重做。家长看完，说没有什么问题。

我说："关于路径方法的这个协议也就不需要签了。并且，这学年我们不会再针对这个问题做如此深入的讨论了。该想的能想的路径方法，我们都一一讨论过了，利弊还是要靠你们衡量。

"还有，张山同学，这件事情的底线是：将来无论出现什么样的情况，都不要伤人或自伤，都要好好地生活，因为生命总会在一段时间之后出现新的转机；都不要后悔我们现在做的这个决定，因为这是我们反复考量过了的。"

张山爸爸说："一定要记得老师对你的好，要懂得感恩。"我说："记或不记我的好，我倒不在意这个。只是这个孩子品行很好，看着他那样在教室里煎熬，我也非常难过和担心，不知道怎样才能更好地帮到他。在孩子的成长中，我观察到他已经很不适应了，我很担心将来有严重的问题，需要和家长好好沟通。毕竟孩子的健康成长是第一位的，高于学业成就。"

（六）我的总结

我说，我还想总结一下今天下午的会谈。

第一，张山同学今天下午的表述，条理一直很清晰，措辞也很顾及父母的感受，非常适当，这真的是一个很好的孩子。他在很多方面的表达都是毫无破绽和矛盾的，这应该是张山反复思考的结果。我推测张山很理性地想了很多，也想了很久。

第二，事情的发展是有一个区间的。我们可能考虑了他最好或者最坏的一个方面，但事实不一定如我们预测的一样。就像我对休学是比较乐观的，张山同学对休学是比较悲观的；张山同学对打工是比较乐观的，我和家长认为是比较悲观。可能真的走了某一步，也不会出现我们想象中的那种严重情况。其实，事物的发展是有多种可能性的，或者，至少有一定的可变区间范围。

第三，今天我们花了这么长的时间，进行了非常深入的交流，相互之间有了更深的了解，表达了一些自己最真实的想法。家庭成员之间的互动方式上可以更加灵活，能够倾听对方的感受，再在行为上做出进一步的规划。希望你们回到家里之后，能够再多想想，增加一些更加有益的良性互动。

第四，家长和孩子之间最基本的爱的感觉还是有的，家长、学生、老师三方之间最基本的信任还是在的。这是今天下午最最让我松了一口气的地方，我觉得只要这个信任还在，事情就不会发展到最坏的程度，还请你们相信我的判断。

家长反复表达谢意后离开了办公室。我感到头痛欲裂，心跳过速，动弹不得。噢，这两个小时，大脑飞速旋转，真的是非常非常不容易。

（六）稳定维持到毕业

经过这次会谈以后，家长、学生和我算是达成了一个小小的共识。孩子让一步，不再考虑其他的方法路径，安心地把高中念完，正常毕业。家长退一步，不对孩子学业上成绩上有过多的期待和压力。虽然后期张山也有一段时间不是很稳定，来找我请假，我还是像之前一样和他家长沟通后，尽量满足他的要求。经过几次请假调整后，张山一如继往地坚持来上学，虽然学习上还是做不到专注。

再后来，班级调座位，班长跟张山成为同桌，张山才慢慢地有了一点变化。张山的脸上偶有阳光掠过，对班长的工作也非常支持和配合。我后来听班长说，张山在政治和历史方面还是挺有一番见解的，也会特别认真地听班长对他说话。

高考过后，张山家长还专门发短信过来感谢我，说孩子过了本科线非常高兴。这对我来说是最好不过的一件事情。分班以来，心理状态最不好的，也拿到了大学学习的入场券。心理出现问题是我们不想遇到的，但是张山最后能有一个相对好的结果，离不开他对家长的尊重和自我克制。张山心里有委屈，但一直发泄不出来。后来张山看到了家长的体谅和支持，感受到了爱，所以才会顺利穿越漫长的苦熬岁月，希望他以后的日子会越来越好。

第二节　心理眼看故事：在三方会谈中澄清

（一）品德打底，大路不偏

张山是一个令我特别心疼、特别想帮的孩子，看着他在教室里空洞茫然、不能学习的样子，我总想为他做点什么。

后来我又想，我想为他做点什么，是因为这个孩子违反纪律的事情不做；对老师也非常尊重有礼；班级里的事情需要他劳动、出力的时候，也毫不含糊；非常想和老师沟通的时候，也会给老师写一段长长的文字，表露自己的想法。

在进一步的交流中，我了解到他为了父母，即使在自己的状况已经非常艰难的情况下，也愿意克制自己。

而这一切，都源于父母早期的教育和要求。能体谅别人，能按规则条例做事，这些良好的品质，让他在这条路上虽然很痛，但也好好坚持着走了下来，最终过了本科线。

有好的品德打底的孩子，在大的道路选择、人生方向上也不会偏离太远。

（二）接纳孩子的感受和情绪

张山表现出的是一种深深的压抑。因为小时候为哥哥强出头，被打掉门牙的事，身上的伤口虽然愈合了，但是心里的痛一直存在。环境里某些事件的发生和刺激，让这道伤口更加疼痛，而又不能放到阳光下好好检视。

他对哥哥有很深的感情，希望能和哥哥并肩前行，但是，他慢慢发现自己赶不上哥哥的步伐了。兄弟之间交流的细节不得而知，但对张山而言，希望得到哥哥的理解和支持，却没有得到，或者还不够多。

这场交流中，有问题刺痛了我：妈妈不停打断孩子说话，根本不给孩子回应，不认可、不相信孩子处在巨大的压力之下的感受，让孩子的不良情绪找不到好的出口。我只是听到了只言片语和几个细节，回想孩子的一些描述，还是能判定：妈妈对孩子生活上关心的多，比如，按时做饭、按时送孩子上学等，但是在与张山的交流，体会张山的感受方面不是很好。张山也说过，他哥哥说话，妈妈会眉飞色舞，很开心；自己说话，妈妈就闭口不言，冷漠不回应了。我没有要批评这个母亲的意思，也许在过往的生活里，她已经听到了太多张山的"不当"言论，无力应对而不自觉地发展出了自己的一套防御方法。

家长要允许孩子表达，给孩子的不良情绪一个出口，只有孩子把情绪的负担卸掉，才能更好地面对生活和学习中的挑战。这是母亲的涵容功能。在这样的时刻，有的家长不知该如何回应，表现得冷漠；有的家长甚至基于自己过往创伤的基础上，产生了更大的情绪，反过来指责、咒骂孩子。这些情绪不全是孩子引发的，还与家长自身的成长经历和生活状态有关。当这些情绪反复发酵，争吵或冷漠不断持续的时候，家庭的氛围就会发生改变，进一步影响孩子的情绪。

有时，面对孩子，我们真的要好好想一想：除了生活保障，我们如何才能给到青春期的他们真正的爱？

三 会谈中澄清

在三方会谈的情况下，每一方把自己的观点和理由清晰、充分地表达出来，把自己的担心和压力表达出来，把对事情的预判和当下能做的事情表达出来。这样清晰明确的带有觉察的表达，让每个人都明白了自己，也更清楚地了解了对方。

在这个场域里时，家长那些劝孩子好好高考的话，在孩子眼里才不是唠叨；在这个场域里时，孩子表述自己的压力和痛苦，才不会被家长有意或者无意地忽略；在这个场域里时，老师的担心和建议会提供一个不一样的视角，让他们重新审视亲子关系。某种程度上封闭的家庭系统得以打开，过往的想法和情绪可以被重新看见和聆听，某些方面新的视角和经验有所突破。

这是一次真诚的敞开，每个人都表达了内心的需求，结合现实情况我们找到了不同角度参与者的平衡，找到了内心与现实的平衡。

我毫不怀疑父母和孩子之间彼此的爱，但是，有多少爱被争吵和冷漠压住，不能进行顺畅表达？

父母和孩子之间的相互不满，有多少可以得到聆听和解决？

无论如何，请立场坚定地相信，即使亲子之间有很多不满，也不是不爱了。当我们真正了解对方的立场，哪怕是退让一小步，向着事情的解决多做一分努力，也会在时间的日积月累中，得到不一样的结果。

这样，慢慢融化厚厚积累的坚冰。

任何时候，都不要怀疑真爱的力量。

第七章

心理治疗不必禁忌

心理治疗的原则、目标、技术、评估等不同流派各有侧重。我喜欢德国治疗师吕迪格·雷茨拉夫在《游戏空间》一书中的比喻："治疗师是来访者的登山向导。向导根据之前多次实地考察的经验、对这片领域的专业知识，知道哪些路容易哪些路费力，他们认识捷径和弯路、观光点和危险路线，知道哪些准备和装备必不可少。登山者是想继续前进还是原地不动，想走完全程还是满足于登上一个小台阶，或者行至半途宁愿折返，都取决于他们自己。想要前行，来访者必须亲自一步步走下去。有些目标，必须有耐心和毅力才能抵达。"

通过学习，我懂得了，心理治疗是有个专业的人陪你走一段特别崎岖、艰难的心理之路。不要被一开始的不顺利所迷惑而失去信心，走，慢慢走，也是好的，尤其是在心理状况已经影响到身体，出现一些躯体方面症状的时候。

第一节　妄想迷途——李艾的故事

(一)　上课翻白眼的女孩

李艾的入校时中考成绩挺好的，具体是班内第几名我忘了，应该在前六名吧。安排班级课代表的时候，我想到了她。几周后，我收到那科老师的反馈，说这孩子怎么有些话她都听不懂呢？觉得她挺奇怪，也挺别扭的。我让那位老师再从班里自己选一个课代表，作为增补，不要影响工作的开展。

我就这样开始关注到了李艾。恰巧调换座位，李艾被换到了中间一行的第一排。这时我发现，上课的时候，李艾的眼睛总是往上翻，黑眼珠下面的白眼珠会大面积露出来。翻眼珠的时候，李艾会伸手抓住桌子对侧的边沿，几下以后，她就再盯着老师听课。我心里想不通这是为什么，从早上自习的时候李艾主动站起来背诵推测，不该是上课故意走神、睡觉那种情况呀！

不久，又有老师反映：李艾的作业没交。我就找她聊。李艾态度很好，很诚恳地承认了错误，然后承诺某个时间之前补完交上。我同意了，也没有多想。

(二)　四处诉说

开学大约一个月的时候，级部通知，允许学生改住宿形式（通校、半住、全住）。李艾从全住改为通校。后来我才知道，李艾妈妈在附近租了房子，让李艾的姥姥、姥爷过来住，照顾李艾的生活。我觉得家长挺明智的，从心里为这种能替孩子着想的家长点赞。

有一次，我给各科课代表开会。开完以后，李艾留下了，说要单独和我谈谈。我说好呀。李艾就开始说她的事。具体怎么说的，我的印象已经很模糊了。核心意思是：李艾妈妈管束李艾特别严。李艾假期没有上辅导班（当时未执行"双减"，很多学生利用假期上辅导班），所以现在她理科的内容会听不懂。李艾为了能听懂，晚上熬夜预习、复习。熬了夜白天就会困，就会翻白眼。

李艾翻白眼的情况初中就出现了，一般这时大脑就会短暂休息一下。李艾向她初中同桌了解过，会持续大约几分钟。几分钟后清醒过来，李艾就会继续听课。不过，大脑休息的这几分钟根本听不进去，老师讲的一些内容就错过了，后面就很难跟上老师思路了。初中时还好一点，内容简单，自己再补补，多下点功夫就行了。可是高中内容太多，知识又深，自己是没法补上的，这样落下的就越来越多了，李艾非常着急。我一边心里暗暗吃惊，天哪，原来她翻白眼的问题是个躯体化的症状；一边安慰她，做自己力所能及的就好，保证白天的学习效率是关键。

后来我在楼梯上踩空，把脚踝崴了，挺严重的。大约有十天在家静养，这中间学生的运动会我也没能参加。回来上班后，我陆陆续续收到了好几个同事的反馈：李艾找他们聊天，根本停不下来。她和地理老师聊了一个上午，近四个小时；和体育老师聊了一个半小时，当时正在开运动会，那个老师还有很多事情要处理，实在没有时间等她说完了；和丁主任聊了一个多小时；和李主任聊了一个多小时。几天后，我接到邢主任的电话，说他在楼下签到处，我班里一个学生非要和他聊聊，他有事要忙，要让这个学生来找我。我根据外貌描述，推测是李艾。那就来和我聊吧。

我在办公室等李艾。李艾到后，我问她今天想聊些什么呀。李艾说她想告（注：起诉的意思）她妈妈。我大吃一惊，妈妈不是刚给李艾办理了通校，方便她的学习生活吗？我问李艾打算告她什么呀。李艾说妈妈虐待自己。我问："妈妈怎么虐待你的？"李艾说妈妈会打她，李艾学习时只要超过晚上十点半不睡觉，妈妈就会跺着脚吼她、骂她等。我说如果你告了妈妈，谁来照顾你的生活呀？李艾说她的姥姥、姥爷。

我继续问："我了解到你妈妈租了房子，让你姥姥、姥爷来陪读，妈妈在那个房子住吗？"李艾说不在。我说："那你告她做什么呢？本来就不在你的生活范围里，你又何必告她，把这段关系弄僵呢？何况她肯为你在附近租房子，对你应该也是不错的吧？"李艾说妈妈不在租房处住宿，但是晚上会来学校门口接她。我被弄糊涂了，就重复了一遍，说："不在一起住，妈妈晚上还来学校门口接你吗？接了你她再回自己的住处吗？"李艾说是的，会来接，让李艾吃些东西，等李艾开始学习了，妈妈就回她的住处。

我还不是很明白，说："那爸爸呢？"李艾说平时几乎见不到爸爸，但是周末爸爸会来看她。我说："那也不错呀，你就回你们的家了。"李艾说："不是的，爸爸在租的房子里看我，给我送点吃的。"我说："那你们怎么不回自己的家呢？"李艾说她父母早就离婚了，在她还没有记忆的时候，可能是幼儿园吧。后来四五年级的时候，他们又复婚了，说是为了李艾。可复婚后他们也很少在一起。我说："那你主要和你妈妈在一起，很少和你爸爸相处吗？"李艾说是的，所以她受不了妈妈了，想要和爸爸在一起，想变更抚养关系。我还是被绕得直发晕，说："你爸妈复婚了，他们都是你的监护人，你怎么可能变更这种关系呢？再说，你的愿望是和你爸爸多在一起，那你可以表达给你的爸爸听，希望他多来看望你就好了，不需要那么复杂地变更什么呀。"

"对啊。"李艾的表情掠过一抹兴奋。她好像也想通了似的，觉得直接向爸爸要到更多的关爱应该是可行的。

（三）不一样的妈妈

印象里，和李艾妈妈的第一次接触是开学半个多月后，因为我们班的数学老师，我们有了一次电话联系。

数学老师是刚刚参加工作的男老师，名校研究生毕业，但对教材内容不熟悉。他又当着一个班的班主任，可能备课时间也不充分，加之普通话不是很好，有点外地口音，课上起来有些不顺畅。这些我在开班委会的时候也是了解的。也有另一个孩子的家长通过钉钉给我留言，表达了对这个问题的担忧。毕竟，数学占的分数很多，内容又难，落下了也不好补。我一边安抚家长，一边找更多学生继续了解情况。被我问到的学生中，只有极个别反应听不太懂，绝大多数学生说还可以接受。就在我想着怎么把这个问题报告级部，怎么和数学组长沟通的时候，我接到了李艾妈妈的电话。

先说打电话的时间，快到一点了。我忙了一上午，中午想好好睡一会儿充充电，所以这段时间对我来说很珍贵。可是，家长的电话也要认真对待不是？我都不记得我说了什么，就只听耳里家长急切又刺耳的声音：这个老师教不好得集体备课呀，得让老教师给他指点呀，得让他去听别人的课呀，等等，给了一大堆建议。我说这（听课、集体备课、老教师指点新教师）是我们学校一直安排的事情，可能这个问题的解决还需要一些时间。请再等一等，再给他点时间吧。李艾妈妈后来还说了很多看似很专业的东西，记得那次电话打了得有三十多分钟吧，我就像一个乖乖的听众，听人做了一篇宏大的电话演讲。

第二次的电话，起因是李艾妈妈也觉得孩子上课老是翻白眼是个问题，就带孩子去市里某大型医院精神科做了检查。检查完了，医生说孩子没有大问题，给开了点药。我还清楚记得，李艾妈妈说："我孩子很优秀的，请老师相信我，也相信她。从小我带她去了很多地方旅游，这孩子很有见识也很有想法。"我不置可否，因为我这边没有发现这种迹象呀，那该怎么回答呢？只能笑着答应了。再有印象的就是，我问她做什么工作的，上次对老师的教学说得头头是道，是不是老师呀？李艾妈妈说不是，在某乡镇单位，平时要应对各种层级的领导检查呀，多少年来，练就了考虑全面、随机应变的本领。我心里觉得，家长里面真是卧虎藏龙呀，这个妈妈可真了不起。这个电话依然打了半个小时以上，留下印象的内容不多，看来我的大脑还是为我屏蔽了很多信息。

第三次电话是我崴脚以后在家接的，李艾妈妈非要来看望我。我说不需要。李艾妈妈不肯，变着花样地劝我。我说有什么事可以在电话里说清楚，她再这样劝我必须让她来的话，我就要挂断电话了。她还是在她的逻辑里，继续劝……我把电话挂了，李艾妈妈接着就又打了进来，说："老师你总不能关机吧，我做什么事情就一定得办成的。"我反复说真的不用了。对方根本听不进去，说："自己孩子出现了情况，就特别想找懂得的人聊一聊，周围又没有合适的人选，您也正好请假在家，有时间，不能拒绝一个学生家长的、你的大姐的学习热情呀！你只是脚受伤了，别处又没事，我去找你聊聊，学习一下怎么教育孩子，你不能捂着、掖着的，深藏不露呀！"

我真是接不上话来了。如果我不同意，就是不肯发挥余热，脚伤了、头脑和嘴巴却趁机休息。而且，如果我不让她来，就是违逆了人家把事做成的愿望呀！李艾妈妈反反复复劝说，那通电话也得四十分钟以上，磨了很久，我终于松口了。

和我的猜测差不多，李艾妈妈四十多岁，穿着冲锋衣，风风火火的样子。她说带李艾去过市里的医院了，孩子的情况没问题。我不好明确告诉她，孩子已经出现了躯体症状，不容乐观。我只好说，还是进一步观察吧，先不要太乐观。

李艾妈妈说到了和李艾的冲突，说知道自己不对，也想改。又说李艾老是和她闹别扭，本来打算让孩子住校，孩子住了一小段时间又不肯了。虽然给孩子办理了通校，还是很想让她回去住校。我提醒了李艾妈妈一句：如果觉得自己做得不对，自己想改，那就得真的拿出实际行动来改正。还能因为自己想改，就让孩子去住校？那到底是自己改了，还是把孩子的利益推到一边，让孩子适应你了？

李艾妈妈猛然顿悟似的说："对呀，怎么成了让孩子改了呢？老师的想法真是不一样呀，这个我之前可没注意到呢。"

又聊了一会儿，大约半个小时吧，李艾妈妈说有事情以后还是要咨询老师，让老师多出出主意，又说让我好好休息就离开我家了。这让我长舒一口气，要知道在她来之前，我可是慌得不得了，真不知道她来了我能不能应付得了，一度有锁门离开、避而不见当逃兵的想法呢。

有了和李艾妈妈的这些接触，我对李艾的担心更加重了。都说"冰冻三尺，非一日之寒"，有这样一个说起来没完，全然关注自己还以为无私奉献，有事情时会大惊小怪、小题大做的妈妈在身边，长期叨叨而不觉察，伤害孩子而不自知，恐怕孩子的心理问题已经比较严重了。

㈣ 调位风波

在国庆假期返校之后，我们进行了第一次摸底测验。考完后，我按正式程序，让同学们选举了班委，也调整了学习小组。李艾所在小组的成员几乎没变。按常规这是一个好现象，说明大家相处得还不错。

有一天，李艾爸爸给我在钉钉上留言，说想要给孩子调个座位，让她和刘妮（另一个小组成绩优秀的小组长）同桌。这个事情一般来说是很简单的，就是把李艾和刘妮旁边的王莎换一换就行了。不过，之前我公布的班规是：同学们可以自由选择同桌。所以，他们挑选同桌的意识很强，王莎坚决不同意换。我又找刘妮旁边的另一个同学，这个同学也坚决不同意换。问他们原因，他们就说想和刘妮挨着，方便讨论问题。我碰了两个钉子，可这件事情还是要做的。因为李艾的情况很不稳定，如果能给她挑一个她喜欢的同桌，也许情况就会好一些。没有人同意跟李艾换，刘妮又是那个小组的组长，不能换出来，只能把李艾调过去。最后我发现，刘妮小组的前排有个座位空着。我就问李艾同意去那里吗，这样和刘妮是一个小组，前后桌，可以吗？

　　李艾的反应现在我也没想明白。她很爽快地同意了，说可以，还说跟谁同桌她都是可以接受的。我问李艾："你不是希望挨着刘妮同学吗？"李艾说："没关系，谁都可以的。我好好学习，别人不会影响我的。"我都怀疑我的脑子记错了，李艾同学对座位这么满不在乎，为什么她的家长一而再地多次要求调座位这件事呢？

　　到了新的小组以后一个多星期，包括刘妮在内的四个同学（刘妮小组共六个成员，除了李艾还有五个）来找我，说李艾同学能不能不在她们小组了。我对这种集合起来找老师告状的形式很不赞成，就问其中座位离着李艾最远的那个同学："你要说什么事？"她说："我没有要说的事，因为是小组的事，我就跟着一起过来了。"我说："那你回去吧，其余同学留下。"

　　那个同学离去后，我听到了漫长的诉苦环节。她们纷纷说李艾的不是，说李艾同学的桌子抖动，影响了她们学习；说李艾背诵时声音大，影响了她们学习；说李艾需要帮助的时候，自己帮了她，但是自己忘记带书需要帮助的时候，李艾却不肯出手；说李艾让她们下课不要高声说笑等。全是一些鸡毛蒜皮的小事，她们说起来，义正词严。听得我都来气了，这是些什么同学呀！她们最后提了个要求是，能不能"不让李艾同学来我们小组了"。因为李艾是从另一个小组调到她们小组的空位上，她们想让李艾别过来了。

　　这当然是不可能的，李艾想挨着刘妮才调过来的，而且她特别需要包容和关注。我说："我不能只听你们的一面之词，我得先找李艾同学核实情况。但是从你们的这种处理方式来看，我不是很赞成。首先，你们小组的空位是任何一个同学都可以坐的。这个空位属于你们小组的同时，也属于这个班。如果班里其他同学有不合适，需要调位的，肯定会考虑这样空着的座位，你们小组的利益也要服从于班级之下。其次，不同同学之间有些差异是很正常的，有些摩擦也是难免的。出现了问题可以解决问题，有不满意的地方可以商讨或者找老师来评理，这些还没做，就想把别的同学驱逐出小组，这算什么方法呢？同学之间的互助和包容呢？最后，你们的意思我听清楚了，我会找李艾核实。你们前面所说的有没有不诚实的地方，有的话现在就改口，不要满口的虚假夸大之词。"她们被我说得没了脾气，也没再说什么，就回去了。

我找李艾了解情况。李艾说，那次同桌没带课本，其实她是往旁边推了，给同桌看的，只是因为她推的幅度不大，被同桌误会了。李艾说自己没有影响她们，反而经常受她们的影响。她们有什么话题要聊，比如明星什么的，自己不参加她们就一直进行，只要自己开始参加了，她们就打断李艾的话，不再说话了。这样好多次了，自己主动和小组里的同学说话，人家也不多回答，好像被孤立了一样。

我觉得李艾的回答基本可信。小女孩的心思是特别难猜的，但是不喜欢一个人，就一起来孤立她，是她们常常采取的方式。我很同情李艾，但也无法责怪她周围的同学，只能告诫她们要与李艾和平相处、互相帮助、互相包容。我认为，一定是周围的同学跟李艾沟通的时候，出现了信息上的不对称，才使她们一致对李艾有了如此强烈的不满，慢慢磨合一段时间，也许就会有所改善。

我没有立即给李艾换座位。一直到下一次班级重新大调位时，李艾去了另外一个男生多的小组。这样的好处就是，旁边的人不会再给李艾孤立的感觉了，但是对她而言，也很难建立更深的友谊了。

我也曾建议李艾去找学校的心理老师，但不知道她有没有去。后来中科院心理研究所的专家来我校驻校，可以给班里需要帮助的学生报名面谈。我给李艾报了名，她也如期去了。这种咨询是有保密原则的，在学生没有明显的伤人自伤的情况下，咨询师是不会向第三个人透露什么的。所以在这个方向上，我也没有得到更多的信息。

（五）那封信

某节体育课的时候，李艾上课之前又来找我，说不想去上体育课了，要跟我聊聊。我们又聊了一节课，我更加难下判断了，因为她说她的姥姥姥爷在隔着门缝监视她，偷听她，还有上初中的时候她的同学怎么迫害她，母亲怎么打骂她，她想和父亲一起生活等。

我一时真假难辨，只能尽力帮李艾梳理，劝慰李艾过去的事情就过去了，我们要向前看，着手现在，把学习搞好。

我还告诉她："你把这些情况写写吧，有些信息也让我很迷惑。你明明之前跟我说，你暑假没有上辅导班，怎么今天又告诉我，你暑假一直在上辅导班都没休息呢？这两个信息是完全矛盾的呀，是不是还有别的你反映给我的信息，前后两次就会不一样啊？这实在让我很难判断，也不容易找到相对好一点的方法帮你呀。你把你最想表达的写出来给我吧。"

隔了一天之后，我收到了这样一封信——叠成方形，用普通的画线记录本纸包着，纸外面还用透明胶布粘了不留缝隙的一整层，好像要做防水一般。全文如下：

（注：因原文录入，只是理顺了一下标点符号。如果意思不通，恕我未作修改）

> 爸爸：
>
> 在刚升入高一的军训期，我的同学脸上都涂上了防晒霜，而我没有防晒霜，在军训第三天，我曾给妈妈打过电话，但无人送来，我晒了整整一个军训从无任何办法，感到晕眩。但我妈妈却突然说，你爸爸醒悟了，这不给你买鞋，我们俩一起给你挑的鞋子。
>
> 但我又累又疲倦的军训之后，你对我的是恶语相向，军训完，我打算再看书，我妈只是非拉着我去买鸡蛋，去买黑猪肉，我一直在拒绝，她自己淡淡看了看我，不顾我的拒绝。因为我想要看书，但她骑着电动车带我回某小区（注：她们一家三口的住处），路上不

让我看书，回到小区电梯口，我想拿出英语单词书背单词，你将我的单词书一把夺过，并对我耐心说路上看书伤害眼睛，爸，可我即使是在军训时因脸部剧痛根本无法看书，单词只背了三个单元，回家你又不让我学，还帮我妈妈欺负我。

高一的开始军训后第一个月，我的学习根本无法跟上化学、物理、生物老师正常 PPT 内容，政治、历史我没有时间背，我的同桌郭同学我一看她，她就瞪我，并在早自习、晚自习大声闹，令我根本无法学习，下课时高同学也与郭同学分享明信片、有关明星的内容，并且郭同学也对我说她和周同学同一个班，就是上课听听，下课狂玩就行。我上课因没预习好，暑假报了学而思培优，新东方 9 天免费课，又上了爱智康一对一，但我妈要求我必须 10：00 睡，我白天刚听了三节正课（网课），晚上必须 10：00 睡，根本没有时间记忆知识点，学而思网课一节课内容量巨大，但初三升高一的暑假我妈给我报了新东方数、理、化、语、英，学而思网课，问某某（注：应该是一个亲戚的孩子的名字）的数学，郑某（注：应该是人名）语文及英语。我因初中数学，包括小学数学很多点不会，她又给我报了爱智康一对一，李某老师，但我完全消化不了，我一天最多消化一节爱智康一对一，她又不断要求我 10：00 必须睡，并在我学习时，1 小时出现 5 次，并对我不断吼叫，比 KTV 声音还大，像狮子一样。

整个暑假我过得水深火热，要用高考纪录片提神，但笔记记了一大堆，知识点几乎没有任何记忆。所以高一开学时，我十分崩溃，在班里有时确实乱，我根本学不到知识点，回家必须 10：00 睡，过了 10：00 她像疯了一样不断拍击我的门，令我一整晚睡不着。第二天又是学校学习，英语老师康老师也不断激励我们，我整个人要跳楼的状态。后来我由军训后住校改半住，因为在学校军训期及后面与室友根本无法学习，军训期室友、同学除了宫同学都没有学习的，都投入军训中，所以我由住校改为半住，我对姥娘姥爷哭述，姥娘姥爷哭了，说我妈太坏了，他们俩要照顾我到大学，但姥娘姥爷说他俩出钱租房。我在操场痛哭，遇到了晓明老师，一位很好的女老师（注：学校的晓明老师是妥妥的帅哥一枚，体育老师，跟我反馈过李艾同学找过他，此处应是笔误无疑），甚至级部的两位领导。

但他们的方法只会逼死我。让我妈照顾我，后来我豁出去了，向电焊工借电话给我小姨打电话。我与我姨除了过年时，我姨和我姨父除了每年给我500元，及小时候给我和王某（注：小姨孩子的名字）买了1000元的衣服外，几乎无联系，但经常看我，但我姨在我上幼儿园时经常带我去买山楂片，对我很好。我二年级时吃了半年的清水煮挂面，连酱油也不加，见你时，见你家的抽纸都想偷拿几张，夹在英语课本里，偷带回家给我妈、姥爷、姥娘。在我二年级前从不知道你的存在，我只知道看书、看电视，邻居家的小朋友都不和我玩，一次我给王某（前文孩子的名字）洗了个头，我姥娘把我拉到家门前，当着邻居，隔墙的邻居打我的臀部，一位本村的奶奶说别打了，她不就撞了我家小孩一下吗？

我上五年级时，我妈说你知道不该重男轻女，后悔了，想与我妈复婚照顾我，我不想你们复婚，但我妈说你哭了，我妈哭着对我说你爸也不容易，爸，我真不想让你俩复婚，但在我妈伤心与我听说你的哭泣声时，我心软了，答应了！

但迎接我的是生不如死，我对你很爱，因为你有一次弯腰给我系了鞋带，但我每次给你的反映是我真实的心扉。

我爱你，也爱我妈，包括同学。别人一哭我就心软，但受损的只是我。我五年级我妈给你、我做了道菜有肉，我就惯性狼吞虎咽。但你也不断不让我夹菜，甚至你让我去看爷爷奶奶，我因恐惧及我去了真的想利用时间看会儿书，不是我想看书，是因为在学校老师、同学对我很好，我也就该玩就玩，但我的态度是端正的，我只想把考试过了，考上初中、高中、大学，但我的精力在五年级，你对我说老师们看好我，我几乎疯了的学，一上初中，又是新环境，我完全不适应像一个流浪狗，对老师态度也一直是问题，对同学强烈竞争，但不是我想竞争，我在小学、初中、高中不竞争是真的会死！爸，我喜欢学习，也不想给学校抹黑，但我的精力真的达不到了，我是真想跳楼了，精神要活在抽象中，看抑郁症的书，不是防抑郁，而是真的精神高度紧张。我甚至认为某某（注：父亲的名字）爸，你不是我亲爸，爸，我是清白且真想学，你救救我吧！

　　昨天凌晨4：00的消息是我发的，真实生活啊。

　　爸，我真不想这样下去了，人不人，鬼不鬼。

　　我的精神状态学校的老师、同学有目共睹，这封信无人逼迫，是我的真实想法。班内全体同学、班主任及级部主任都看着我写的，信我会密封。

　　你直接报警，让警察看指纹，或是字迹等都行。

　　直接带我深度催眠吧，爸，救命！

女儿：李艾

　　我本以为这是向我说明情况的一封信，就打开看了，没想到是李艾用直接的语气写给她爸爸的。整封信里面逗号很多，句号很少，有几处的逻辑也不通顺。有好几处错别字，我试着拼凑出来，希望不要落下重要信息。我看完后心情异常沉重。

这里面有屈指可数的几次疼爱，和一个女儿对母亲的天大不满。李艾失眠不能继续学习是真，但这是周围的人能够救得了她的吗？她对事情原委的分析及提出的解决问题的办法，是能够有效的吗？

我怀着特别惴惴不安的心情给李艾爸爸打了个电话，说孩子跟我交流了很多次，但是涉及一些家务事，我不辨真假也不方便评价。李艾的情况很不好，希望李艾爸爸能好好关注一下，多给李艾一些耐心和爱。李艾爸爸语气很和善，痛快地答应了，说周末会好好开导开导李艾。

我还没来得及再次找李艾谈心，她就找我说不用把信给她爸看了。我问为什么，李艾说她爸晚上来看过她了，她都跟爸爸说了。我点点头，嘴里那口气呼出的还是不那么顺畅。我也暗中盼望这位爸爸真的能够力挽狂澜，让李艾不要这么痛苦，毕竟李艾说，他是位校长呢。

（六）数学课上的意外

快到学期末的一天上午，十点钟左右，我突然接到教室旁边的数学办公室老师的电话，让我赶紧过去一趟。我不明就里，但还是快速地往数学办公室的方向走，刚走到三楼的楼梯口，就看见班长冲着我快步跑过来了。一见我，她就叫起来："老师，你快去数学办公室吧，李艾在那打电话呢。"班长平时一向稳重，处理事情不慌不忙，这是怎么了呀？我还是一头雾水，问："打什么电话，给谁打电话？"她说："不清楚这些，但是刚才李艾在班里行为很反常。"

原来上午第二节数学课的时候，老师讲完一个题后停顿一下，让大家整理笔记。这时李艾突然冲上讲台，挥舞着手里的一张纸说："大家不要写了，我妈妈虐待我，我要报警了。我要是出现什么意外，大家就打这个电话。"同学们都懵了，李艾看大家没反应，着急地说："记下这个电话来，快记下来呀！我要是有什么情况就打这个电话！"她情绪非常冲动。

这时，上课的老师立刻给同学们说："快记快记，她让记的号码，赶快记下来。"老师又对李艾说："电话号码他们记下来了。你看咱们有什么事情可不可以下课再说，咱现在先把课上完？"李艾这才回到座位上。我由衷地佩服数学老师的处理方式，暂时安抚了李艾的情绪，没有让她一下子不可收拾地爆发出来。幸亏是五十多岁的经验丰富的老教师，关键时刻的应变能力真强！

下课以后，数学老师就让李艾去办公室，想问一下情况。现在李艾在数学办公室打电话，情绪非常不稳定！所以需要我立刻过去处理一下！

我加快脚步走到数学办公室，看到李艾正在语气强硬地打电话，能听出来是给她爸打的。我在一旁站着等着。李艾还是说些妈妈对她不好，自己多么不容易的话，边哭边说。我看一时半会儿结束不了，就在旁边的一个凳子上坐下等她打完。不管怎样，能有她爸劝她一下，至少让她发泄一下心里的坏情绪也好呀！李艾突然说到激动处，喊了起来："你快来呀，爸！我是真的想跳楼了！"估计李艾爸爸也被吓了一跳，可能问李艾"老师在不在身边"，李艾说："我就在老师的办公室里，我们班主任就在我旁边听着呢！爸，你不帮我，我可真要跳楼了呀！"

我跟随着李艾的情绪也有一些难过，一些同情。我继续坐在椅子上等她打完电话。很快，可能是李艾爸爸挂了电话，李艾把那红色的通话手柄放下了。我一直在注视着李艾，看到她这个动作，赶忙快步走到她身前。我顾不上办公室那么多其他的老师在场，抱住李艾，拍了拍她的背，说没事的，不要着急，有什么事慢慢跟老师说，没事的。就这样抱住李艾可能持续了一分多钟，后来我感觉她有点想往外挣脱，就松开了手。不得不感叹，女班主任对女生，就是这么方便呀！无所顾忌地给她一个能带给她温暖的拥抱，这是我当时想到的能够缓解李艾压力的最好的方式。不得不说，之前的难过和同情起了很大的作用。这一抱，不但使她的情绪稳定下来不少，后来也得到了周围同事满满的称赞。他们都说："你这一招可真是太意外、太暖心了。"

　　我把李艾松开以后，扶她到我刚才坐过的椅子上坐下。我说："你今天有点累了，先不要想太多，这些问题也不是几分钟半小时就能解决的。你看这样行吗？你先在这里坐一下，我联系一下你的家长，让他们来接你回家休息一下，有什么事咱慢慢再说。"李艾像僵了一样，坐在椅子上不说话，也毫无表情。我不放心，怕她真的冲到走廊做什么傻事，我又说："李艾，我去联系你的家长，你一定要在这个椅子上乖乖地坐着等我，好吗？千万不要乱跑，老师是非常担心你的。你能做到一直在椅子上坐着等我吗？"李艾还是不说话，不做反应。我说："你希望我联系你的妈妈还是你的爸爸来接你？"李艾说："让我爸来接我吧。"我说："好的，我出门匆忙，手机还在办公室没带，你能等我回办公室给你爸打电话，这期间不要乱跑吗？如果你跑了，我打完电话就找不到你了。"李艾点了点头。我还是放心不下，说："我真的很愿意帮你，你愿意在这等我回来，是吗？"李艾说："行，老师，谢谢你。"我的泪在那一刻差点涌出来，看到周围别的老师同学，我不敢出声音，身体挡住手指不让李艾看到，指了指李艾，给他们一个口型，让他们帮忙看住她。

　　我刚到办公室拿起手机，丁主任的电话就打了过来，问："你班李艾同学情况怎么样？"我说："还在数学办公室，我稍微安抚了她的情绪，告诉她要联系她家长来接她。"丁主任说刚才公安局来电话了。我不明白，心想这种情况和公安局有什么关系呢？经丁主任解释才知道，原来李艾跟着数学老师去了数学办公室之后，先拨打了110。警察同志仔细询问了解情况，才知道是在校的高中学生，要求警察把她带走，要告发她的家长虐待她之类的。警察说这样的事情不归他们管，得向别的机构反映，或者找家长解决才行。这样李艾才挂了电话，又拨通了她爸的电话。警察那边也不放心，担心学生和家长闹了矛盾想不开，就根据问到的信息，找到丁主任确认并反馈情况，希望丁主任能关注处理一下。

　　听了这话，我预感形势急转直下，情况突然非常不妙了。如果说李艾之前有些幻听，觉得她的姥姥姥爷在偷听监视她，有了些上课翻白眼的躯体症状，那么现在她向外泛化到更多的行为上了。上课时打断老师讲课，把电话打到公安局，这是现实检验能力也要走偏呀！（注："现实检验能力"是评估心理健康的一个关键标准）

跟丁主任通完话，我赶紧给李艾爸爸打电话，但是他没有接。我只好给李艾妈妈打电话，她倒是接得很快。我简单陈述了一下情况，说希望她能马上来接李艾。李艾妈妈这次没有过多的话语，同意马上就来。挂了李艾妈妈的电话，李艾爸爸的电话回了过来，我也是稍作解释，他也说马上就会过来。李艾爸爸对情况的严重程度是非常清楚的，因为他刚刚接到了女儿语无伦次、大吼大叫的电话。因为两位家长都在自己的工作单位上班，这两个地方又隔得很远，他们就分别从单位向学校的方向赶过来。

⑦ 无奈离校

给李艾爸爸打完电话，我赶紧去数学组察看李艾的情况，这时丁主任已经在她身边了。看到我回来，李艾似乎松了一口气。我在心里默默地感念她的说到做到，一直等我。见我来了，丁主任说我们去李主任办公室吧，不要影响数学组老师们备课。于是我们三个人一起到了李主任办公室。

接下来，丁主任完全像一个慈祥的父亲对孩子那样，细心聆听。在李艾滔滔不绝的长篇叙述或发表观点的间隙，他点头认可，不时再给出一两句建议。

之后，因为处理别的事情我离开了一会儿。二十分钟后，我又赶回三楼的主任室去看李艾。她还是在说个没完，说高中的知识点要提前预习，要做几遍某种题，要如何扩展拓展。看起来是她胸有成竹地谈论学习计划，可这一切，也来自她的想象。她把自己应对初中知识的经验都搬了过来，希望也能在高中完全做到，但这又怎么能实现呢？李艾这方面想得越多，说明她沉在过去里越多，而离当下经历的现实就越远。死守曾有成效的方法，没有一点点改进与变通，这是非常可怕的。

在经过让人感到非常漫长的五十多分钟后，李艾妈妈率先到达学校。我很有顾虑地问李主任，我答应李艾让她的爸爸来接她，不知李艾一看是她妈妈会不会爆发不满，做出什么过激行为。李主任说让李艾妈妈过来吧。

李主任就在办公室的门口等李艾妈妈，很快她就出现在了三楼的楼梯口。她穿了一件深蓝色的半身双面绒外套，快步走了过来。我们来不及寒暄，简单打了个招呼。我介绍说，这是负责学生管理的李主任。李主任开始跟李艾妈妈解释事情的严重程度，说希望以孩子的安全和身体为重，不要错过了治疗干预的机会，以免将来悔之不及之类。为引起家长重视，李主任把重点的地方又重复了一下。这次李艾妈妈的表现非常配合，没有长篇大论，只是安静地点头，偶尔说着好的好的。

我和李艾妈妈一起去班里为李艾收拾东西，包括书包、书、文具、外套等。收拾好后，因为东西太多太重，又让李艾的同桌帮忙从班里放到了主任室门口。这个过程中，李艾爸爸打来电话说他到学校门口了。我向领导请示，要不要让他进校一起处理，领导说不用了。我们都预判，很快李艾和她妈妈就要出校了，让李艾爸爸在校门口等一会儿就好了。

我在做这些事情的同时，丁主任还是一直和李艾在主任室里说话。我推门先让李艾妈妈进去的时候，李艾的反应很平静，甚至比刚才还要规矩一点的感觉。但是李艾还是没有停下来，继续说她的那些理论。李艾妈妈紧挨着李艾坐在那张宽敞的联邦椅上。这时，李艾的目光还在丁主任的方向，看不到她妈妈。

李艾继续说着，她话语里有大量"一定""必须"之类的词，说着她认为的高中学习，为自己描绘了宏伟的计划。丁主任劝李艾说："好的，这些都是将来可以实现的。但是，现在，你今天有点累了，先回家休息一下，好好睡个觉，然后才有力气做那些事呀。"就这样，一个滔滔不绝地说，一个和颜悦色地安慰。我们三个人在旁边等着。李艾停不下来，丁主任也不忍心打断，就这样又持续了半个多小时。

李艾妈妈也听到了李艾一些不断重复的内容，慢慢地开始在一旁帮腔。李艾妈妈语气也比较和缓，偶尔插言几句，没有针锋相对。我还是要为这个母亲点赞，虽然之前我对她的印象不很乐观，但是当事情来临，她表现了一个母亲该有的责任与担当。我当然也非常佩服丁主任，从把李艾带离数学办公室算起，他听这种车轮一般绕来绕去的话，听了接近一个半小时了，依然那么和颜悦色、和蔼可亲。

是的，眼前最重要的是让她回家休息一下，从紧张与焦虑中释放出来。

又过了一段时间，李艾终于同意离开了，和她妈妈一起拿着东西离开了学校。

这一上午发生的事，对我造成了巨大的冲击。长呼一口气，感慨好在没有造成什么恶劣的后果，又觉得自己累得像要虚脱了一般。

我非常同情李艾，她的成长经历了一般孩子没有经历的痛苦，她已经是惊弓之鸟，心里伤痕累累了。但是，我能为她做的事情实在不多。她出现了这样的情况，只能暂时离开学校，先把问题处理好，用时间换取伤口的愈合。虽然时间是非常宝贵和重要的，如麦苗抽节一样日日有进步的一段时间，但是，为了李艾的安全和班级的正常学习氛围，她的暂时离开是必要的。

李艾刚离开的时候，我会按照之前的约定，把学习的进度和作业、同学的笔记等拍照发给李艾妈妈，把新发的学案、试卷帮李艾收好送到学校传达室，告诉李艾妈妈有时间的时候来取。

回到班里和同学们聊的时候，同学们都说被李艾数学课的表现吓了一大跳。之前和李艾相处不愉快的一位同学甚至专门来找我，说希望李艾能好好的，自己愿意理解包容她。班里的气氛有些怪怪的。直到后来我和班委的同学聊，才听他们说那几天真的很害怕，怕再出现类似之前数学课上的情况，甚至更严重的情况。听不少同学这样谈过几次以后，我也能理解班内学生害怕的心情。

　　真的希望李艾能走出来。她是一个爱学习的孩子，做事也会顾及别人，可惜她陷在自己情绪和记忆的漩涡里没有走出来。或许，是对现实不能接受又不能改变的无能为力，才让她深陷其中，难以自拔的吧。

　　后来，李艾办理了休学。

第二节 心理眼看故事：家庭之痛与躯体症状

一 心理问题会通过躯体表达

我表弟出生后不久就离开了妈妈，被奶奶带大。在他小的时候，他一直吸吮右手的手背，吸出了一个直径大约两厘米的特别突起的圆形部分，周围坚硬，中间稍软。无论大人怎么提醒他不要吸，甚至会因此吼他、打他，都无济于事。后来，表弟长大了，才不再吸了，那个疤痕经过了好多年才慢慢淡化不见了。

表弟很小的时候是喝奶粉长大的，后来慢慢地能吃饭了就停了奶粉，但是那种想要吸吮的愿望一直没有阻断。也许，他通过吸吮，完成了和母亲的一次次靠近；也许，他通过吸吮慢慢接受了现实。

这些躯体化的症状总是让人觉得莫名其妙，可能它是心理痛苦的一种外在表达。

有的症状无伤大雅，比如，有人喜欢撕嘴唇上的小块死皮，有人喜欢啃咬手指甲。多数时候，我们只是看到了症状，不知道造成症状的那个最深处的心理原因，也就无从打开这个心结，只能慢慢地等一段时间之后症状可能消退。

有的症状就严重得多，比如，上课翻白眼，有的甚至自己在自己的手臂上划出浅浅的有血的口子等。

心理学博士李松蔚研究员认为：症状可能不是问题，是天才的解决方案。看上去像是一个症状的表现，有可能是他为自己在夹缝中找到的一种生存方式，这是症状的一个功能和意义。

（二）躯体症状与心理咨询

躯体症状如果不是很严重，家长就不要通过吼叫、打断来企图终止它，而应看看能在哪个方面给予照顾、关爱。躯体症状严重的时候，如果影响到了生活和学习，就需要家长的强力介入，找一个正规的机构做心理治疗了。

很多时候，家长带孩子去正规心理治疗机构做了一两次之后，发现没有达到"效果"，家长或者孩子就想放弃了。

家长和孩子想要的效果是"症状"的消失，就像医生开药一样，能够药到病除。但你有没有想过，一个普通的感冒，即使吃药也需要六七天的时间治愈。

对于已经躯体化的症状来说，一两次咨询甚至都没有时间建立良好稳定的咨访关系。也有可能，来访者通过叙述一些浅层的次级问题，保护自己最深的那个秘密不被触碰，防御自己被不良情绪侵袭。而真正的问题，还静静地躺在一个角落里。在迷雾重重的心理森林里，咨询师需要一步步引导、带领来访者，而又不替他探索、决定，才能在不断深入的关系里，慢慢帮来访者看清压抑已久的问题。来访者找到了一个陪自己走过最难一段路的人，自己慢慢增长了勇气，才能在后面的生活中，有力量处理遇到的复杂多变的生活问题。这条路只能在踏上征途后，一路探寻着，才能从另一个出口出来。谁也不能提前规划好线路，谁也不能提前预知需要走多久。只是在尊重、接纳、信任的关系里，两个人不断地互动，慢慢地有了一些想法和感受，慢慢地有了一些旧模式的松动和新认知的建立。而有的人，只是探了下头就做出了粗浅的判断，认为没有用，以至于丧失了进一步变好的机会。

我认为，如果孩子有了影响生活的躯体化症状，与咨询师短暂接触后却不满意时，可以通过转诊换一个更匹配的咨询师，或者换一家机构继续进行治疗。但是，一定不要停下让咨询师陪着孩子探索的脚步。当然，这里需要附加一个条件，如果家里的经济状况允许的话。

用一个长一点的咨询过程陪孩子走完这段黑暗的长长的路，而不是因为孩子要进行心理咨询就觉得抬不起头来，觉得孩子好像有了精神病一样，面子上挂不住。不是满足于症状稍有好转就停下来，觉得孩子已经完全康复了，还是要听一下专业咨询师的建议和孩子的感受，观察孩子其他方面的行为。

心理治疗不可轻视、拖延，也不应该成为禁忌，如果需要做，要坚持才会有效果。

三　家庭的痛，大人承担

生活中，夫妻或者亲人之间有矛盾是难免的，受伤是亲密关系的附属条款。

当有不满、埋怨、愤恨等不良情绪的时候，如何来表达是需要家长们好好学习的。这里不是说一定要一方忍辱负重、心痛万分却笑脸相迎地给孩子创造生活环境，孩子也一定会觉察的。至少要有一些限制在心里，知道有些事是不能做的。

下面的几条是底线：

不在孩子面前数落爱人的缺点、过错。

吵架的时候尽量避开孩子在场的时间和空间。

吵架了不要拉着孩子评理。

不要让孩子站队，选择跟哪一方。

不要在孩子面前有暴力行为（包括冷暴力）。

如果不小心发生了一次，请一定收手，坚决不能变成家常便饭。

如果婚姻难以维系，离婚也是可以的，最好体面地分手，遵从上面的底线。让孩子明白，父母离婚了，是父母互相不爱了，但父母对孩子的爱并没有改变。

　　这里面可能会有一些大人为难的地方，但时刻要记得，孩子是无辜的。生活的痛，大人要尽量一力承担。毕竟孩子的成长只有一次，成长的过程又那么脆弱。小心地呵护还来不及，本应"为孩子遮风挡雨"的父母，怎能给他们造就永不停息的风暴呢？

二人关系调节篇

扫码获取

AI心理观察员
心 绪 传 声 筒
成长"心"世界
情绪翻译机

第八章

转换第一视角

在邱丽娃、徐一博的《美好生活方法论》中，提到了看待问题的四个视角。

第一视角和第二视角是参与者视角，分别对应"我视角"和"你视角"；第三视角是旁观者视角，能相对降低参与性视角造成的扭曲和偏见，减少主观情绪的影响。这个视角相对客观，如果缺乏对人的主观感受的关注，容易造成"决定看起来不错，却无法被有效执行"的后果。

与上面的三种单一视角相对，整体性视角被称为"第四视角"（又称"上帝视角"）。它兼顾"我"（自己）、"你"（他人）、"情境"（客观条件），让这些相互影响的因素达到平衡状态，让整体朝向更好的方向发展。

第一节 手表赔不赔

（一） 手表坏了

周四下午，卢照来找我，说想要李润（同学）妈妈的电话号码。

我问卢照发生了什么事，他说李润把他的手表弄坏了。那是开学前刚买的卡西欧的运动款手表，挺贵的。卢照想让李润赔偿，李润不肯，卢照想和李润妈妈联系一下让他赔偿。我问卢照："挺贵，是多少钱？"他说小一千元钱（注：接近 1000 元）吧，得让妈妈看看购买时的小票是不是保留着。我又问手表怎么弄坏的，卢照说体育课的时候打篮球碰坏的。我还问卢照是否需要我进行调解，他说不用了。我把电话号码给了卢照，希望他能自己解决。

周五上午十点，我收到了李润爸爸的电话，说有个同学给孩子妈妈打电话，要求赔偿手表。按自家孩子的说法是不需要赔的，又怕孩子一面之词有偏颇，希望老师调查一下。

（二） 球场上发生了什么

我开始调查整件事情，先把卢照叫来，告诉他李润的爸爸给我打电话了，我要调查这件事，让他把表被摔坏的过程给我完整地叙述一遍。

卢照说体育课上打篮球时，球场上有冰，李润在那里不停地喊："滑倒了！滑倒了！"卢照很厌烦，就"说"（这里的"说"应该是怼或者表达不满之类的）李润了。我问："李润说'滑倒了'说的是你吗？提到你的名字了吗？"卢照犹豫了，说："没叫我的名字。当时打球的同学不少，我运球或别人运球的时候李润都说，我就烦了。我提醒他别说了，他也不听。平时就觉得他欠欠（注：口德不好或讨人嫌）的，这么诅咒大家跌倒，就说他了。我当时用的反问句，说'要是别人说你妈死了，你会愿意吗'？他就急了，冲我先动手了。"

我问卢照表是怎么坏的，他说不记得了，只是记得自己的眼镜和表都掉落到地上。所以卢照推断李润对他的头部进行了攻击，他用手挡的时候，手表和眼镜一起被打落的。"李润还一直抓着我的衣领不放，我提醒他松手他也不肯。我不可能一直这么被他抓着，就动起手来了。他一直抓我这个事，班里好几个一起打球的同学都看见了，可以为我证明。"我问哪几个同学可以证明，他告诉我李丹和罗一。

我又问卢照，手表被损坏得很严重，不能准确显示时间了吗？他说坏得挺严重。我让他把表给我拿过来，让我看看。卢照拿来了一块大表盘黑色的运动手表，什么牌子的我没注意，坏的地方是一处连接表带和表盘的轴。轴坏了，表摔到了地上，表盘的玻璃上没有明显的裂痕，指针也还在走。我一边对着坏了的部分拍照，一边说，表还在走呢。卢照说表是在走，但是走不准了。卢照买了502胶水来粘，也没有粘好。我说："因为你们有冲突，所以表不会全赔的。"卢照说："我知道，我也有责任，不用全赔。"我说："那好，你把刚才对我说的全过程写下来，越详细越好，今天晚上交给我。"

我又把李润找来，让他叙述事情的原委。李润说周四上午第二节体育课的时候，因为天冷球场结冰，他们换了几个球场打球。在第一个球场打球的时候，卢照把他推倒了，当时也不知道他是不是故意的。"到了第二个球场，我跟李丹开玩笑呢，我说'滑倒了滑倒了'，然后卢照就急了，说得很难听。"李润的表情很是愤慨，紧紧地闭着嘴。我猜想还是那句"你妈死了"让他意难平，就没有追问这个细节。

我问谁先动的手，李润说他先。我说为什么，他说因为卢照说话太难听了。"难听就非要动手吗？"我问。李润皱着眉："还有，他前面推倒我呢。"

我进一步澄清："也就是在你们口角之前，你没觉得是他故意推你。但是发生口角后，你就觉得卢照是故意的了。"李润点点头："是的。推我这事发生的时候我没多想，但是后来觉得，卢照一定是故意的。"

"于是你就动手了？""是的。""你先动手，那你就有错。""我没错，是他先骂我的。""他骂你也尽量不能动手，你可以用别的方式还击。但是动手的话，就是你让事件升级了。""他如果不骂我，我就不会动手了，是他打我把表打坏了。""表是什么时候坏的？""不知道。只是知道表掉到地上了，后来卢照才告诉我表坏了，还给我妈打电话要钱。这么贵的表，怎么能一打就坏了呢？""可能有的时候就是巧了，我看好像表轴坏了。""是呀，卢照也让我看了，什么破表呀。"上课铃声响了，我同样嘱咐李润，把跟我说的话尽可能详细地写下来，晚上交给我。

〔三〕同学的旁证

下一个课间，我先把李丹叫来，让他说一说经过。着重是三个问题：其一，换球场之前，卢照推了李润吗？李丹说没有吧，没看见。我问他知道李润摔倒了吗？李丹有些疑惑，问"换球场之前吗"？我说是的。李丹还是皱着眉说，没有看到李润摔倒。其二，李润说"摔倒了"是和你开玩笑吗？他说应该是吧，不过当时球场上有很多人。我问："你介意了吗？"李丹笑了笑，说没有。其三，谁先动的手？李丹说没看见，看见的时候他们就已经打在一起了，就赶紧过去拉架。我又问李丹看见手表怎么坏的了吗？他也说没有，就是打架的时候手表掉到地上了。我同样嘱咐他写一写过程，尽可能详细，晚上交给我。

然后我又把罗一叫来，他也是处于"一问三不知"的状态。不知道转场前李润摔倒，不知道为什么打起来，当时没看到太多情节，只在事后听了别人的转述。

晚上卢照给我交材料的时候，我问他："当时打球的还有谁？尤其是谁能给你证明你纸上写的——自己距离李润很远，李润自己摔倒的，不是你推倒的？"他说还有肖恩。

我又把肖恩找来，向他了解情况，关键是有没有看到李润滑倒。他说看到了。我问是卢照推的李润，还是李润自己滑倒的？肖恩说是李润自己滑倒的，当时卢照大约隔了一米远。我又问了问其他情况，也和前面得到的消息吻合，一样不知道手表是怎么坏了的。肖恩补充的唯一细节是，李润冲到卢照面前给了他一脚，但是卢照及时躲开了，然后就动起手来。我也让肖恩把详细过程写一写交给我。

很快我收到了李丹和肖恩写的材料，线索在我的心里明晰了起来。两个最重要的问题已经解决。其一，是李润误会卢照推他。其二，是李润先动的手。

（四）　试图调解

我再次找来卢照，问如果赔偿的话，多少钱合适？他说二三百元吧。

我同样再次找来李润，告诉他："有人能证明不是卢照推的你，你自己滑倒的，你能不能再找个人来替你证明？"李润迟迟没有找到能帮他证明的人。

事情的脉络是李润误会在先，以为卢照故意推他导致他滑倒的。卢照误会在后，李润说"滑倒了"以为就是说的他。两个人先骂后打，使得事件升级。在这个过程中，手表是怎么坏的，没有人能说清。

晚自习时段，我给李润爸爸打了个电话。我说事情基本调查清楚了，希望双方以和为贵，不管怎样，将来还要在一个教室里学习，希望能进行赔偿，三百元。可能我没有强调李润的误会和先动手，是责任相对大的一方，只是说双方以和为贵，进行赔偿。这位家长一听很不满，说"他骂我孩子这么难听，我孩子才动手的"。他可能晚上也喝了些酒了，说话有点不连贯，重复的言语说来说去。我赶紧解释："李润在这个过程中不占理，所以需要赔偿。"电话那端的家长还是将原来的理由重复一遍。我说我马上要上课了，晚一点再处理这件事，然后挂断了他的电话。

晚上十点多的时候，李润爸爸又打了两遍电话，当时我的手机静音了，没有在第一时间接听。我看到手机上的未接电话以后，给李润爸爸发了个短信，说明天再说吧。李润爸爸大约一个半小时以后回了条短信，说可以赔钱，但是希望对方给自己孩子道歉。我回复说其一，手表价值近千元，开学前刚买的，赔三百元不多。其二，可以互相道歉，但不可能只有一方向另一方道歉。如果您觉得不合适的话，咱们明天继续解决。

（五）家长的角度

夜里，我又收到了李润妈妈发来的钉钉消息："军训的时候帮卢照买过鞋子，他不要还专门去退了。（这件事我了解的是：军训的时候，有的同学没带合适的鞋子，家长因为家远或有事不方便送来。李润妈妈在家长群里问谁需要，可以帮忙购买。后来就给报名的同学买好了送来，得有五六双。卢照妈妈没和卢照商量，就留言说需要买，买来之后卢照一脸诧异地说自己根本不需要。后来李润妈妈帮卢照把鞋退了）给孩子同学洗校服，甩干后晾一夜，冬天衣服干得慢，还是潮湿得没法穿，早上五点起床用吹风机给他们吹干，卢照怎么能骂人，说出诅咒李润妈妈死的话呢？我们（指李润爸爸和她）也实在是不能劝服孩子。"

我回复说："谁先动手，谁的错就多一点，至少是大于百分之五十的，所以就应该赔偿。如果考虑到您为孩子操劳辛苦了，我就问问对方，能不能因为这个少要点钱。"李润妈妈强调说："别人当着面骂孩子他妈死了，孩子还不动手，那也有点太怂了。尤其是一直尽量为班里的孩子做点事的妈妈，觉得被这样骂很难受。"读了这句，我更是读懂了李润妈妈的委屈，回复道："您听到孩子跟您这么说，骂得这么难听，您生气我能理解，那个孩子也需要批评。您先消消气，我再做做工作。"

和李润妈妈的交流是凌晨完成的。周六一早，没睡好的我又去学校，想找卢照商量一下减少赔偿的事。这时看到钉钉上有卢照妈妈的消息，让孩子给她回电话。我就想：何不借这个机会问问卢照妈妈的意见呢？如果卢照的工作做不通，非要三百元的赔偿，就设法做通家长的工作，再请家长一道做孩子的工作。

我在给卢照妈妈打电话之前，认真思考了一下该怎么说。我觉得确认表的价格是最重要的，因为这牵涉赔偿的金额，是双方达成和解的关键。

我先问卢照妈妈，让卢照给她打个电话，是不是因为手表的事？卢照妈妈说："不是呀。因为要大休了，想问问孩子怎么接他。这两天孩子打电话有点吞吞吐吐的，也没讲细节，是在学校发生什么事了吗？"我先安抚说："事儿是有点，但也不是什么大事。您先不要着急。您记不记得开学前给孩子买的那块手表呀？是很贵的吗？"卢照妈妈说："不是很贵呀，百十元吧。"我听了大吃一惊，赶紧追问："您确认是百十元吗？卢照怎么跟我说近千元呢？"

卢照妈妈解释说，卢照之前去专柜看，相中了一款手表，大约一千元。后来从网上给卢照买的，百十元。听到这里，我心里觉得有着落了。我说现在那块表坏了，因为卢照和一个同学动手了。我简单说了说过程和手表损坏的程度，并且说："咱们都是一个班的学生，还要一起学习相处，表的价格不贵的前提下，就不要再让对方赔偿了吧？"卢照妈妈还追问了一些细节，我把知道的一一给她解释了。我强调说："今天就大休了，具体细节还可以再问问卢照本人。但是需要把握的一个原则就是，不要宠着孩子把事件闹大，咱们帮孩子大事化小。否则，两边的家长和我都会放心不下。他们都是处于青春期爱冲动的孩子，引发的任何不良后果都是我们不想看到的。"我还再三要求卢照妈妈，把手表的网购记录给孩子看看，卢照不知道表的价格。他跟我说手表花了近一千元，我还在帮他向对方家长要钱呢。既然手表也不是很贵，您就劝劝卢照不要赔偿了。卢照妈妈满口答应不用赔偿，还说："老师您费心给孩子们调解吧，不要再出什么别的问题就好。"

（六）卢照的小算盘

我赶到教室，发现李润没来上学。他妈妈给我发消息说，李润去看牙医了。这样我倒是放心一点了，至少今天矛盾不会升级了，又给我留了一些时间来面对这个问题。

于是我把卢照叫来，告诉他刚才给他妈妈打电话了，我知道了表的价格。卢照的表情像是霜打了的茄子，低着头，不说话了。我加了一句："你，知道这个表的真实价格，是吗？"他点头说知道。

一股怒火从我心底里升腾起来："明明百十元的表，要人家赔三百元，你怎么想的？"卢照说："我本来想的是，要二百到三百元，对方不同意的话还可以有下降的空间。"我的火气更大了："你还给对方预留了讲价的空间，你还给我说问问你妈妈找那张近千元的购物小票。要二百元的话也是高于你的表的价格，然后呢？多出来的钱你打算怎么处理？"卢照低头看着地面："然后就买点零食什么的。"还能想着剩下钱给自己买点零食！我怎么能不生气呢？！"可你明明还说自己也有责任，不用全赔的，你要的钱却远远超出了表的价格。如果人家真的给你了，你心里不会愧疚吗？"卢照低着头不再说话，紧皱眉头，眼睛眯着，紧紧地盯着地面。

这个孩子，一方面谎报表的价格，一方面又诚实地承认自己做得不对！这可是我一手培养全心相信的班干部，想不到会在这样关键的环节上挖一个坑，我竟然还跳了进去帮他去要这个钱。我说："你这个谎撒得可不小呢，弄得我昨晚一晚都没法好好休息，和李润的家长交涉这件事情。就是一个百十元的东西，也不贵，况且你骂人骂得太难听了，你也有错，是不是就不追究赔偿了？"卢照说可以。

我说："军训的时候，人家李润妈妈帮你买了鞋子，你不要，人家又专门跑了一趟给你退回去的。还零报酬给你洗了校服，为了让你穿着不湿，李润妈妈早上五点钟就起床用吹风机吹干。从这些事情上可以看出，对方人还是很好的，乐于助人。所以，这件事你也不要太小气。"卢照承认了对方帮着买鞋的事，否认了给他洗衣服，说是给其他舍友洗的。我点点头，觉得也有可能，李润妈妈只知道给孩子的同学洗了校服，不知道没有卢照的。觉得委屈时，李润妈妈就一并对我讲了出来。

我继续说："你骂人那么难听，人家怎么能受得了呢？"卢照却解释说，他当时用的是疑问句，不是反问句。我被气得笑出了声："这种时候，别人怎么会关注你用的疑问句还是反问句？这样的话一出口，对方就急了，引发冲突就是难免的了。你也要反思自己说话，不能不过脑子，脱口而出，说话做事要符合自己的高中生身份。"卢照点了点头。我说："正好李润同学今天也没来，大休回来周日晚上再给你们调节一下，你们握手言和吧。"他说："好，谢谢老师。"

七 初步和解

我又给李润妈妈打电话，告诉她，对方说不要赔钱了，但是咱的孩子李润先动手打人，错更大一些，要让孩子认识到这个错误，和班里的同学友好相处，这样我们做家长、老师的才放心。

周六下午四点左右，我又接到了卢照爸爸询问情况的电话，说发现孩子的脖子、手腕等处有淤青。我首先叙述了我了解的事件过程；其次指出卢照的不实信息，这样对老师撒谎、误导老师是极其不对的；再次，要求他劝导孩子，正确处理同学矛盾，不要因为这些事情耽误了宝贵的学习时间；最后告诉他，我很能理解他看到孩子受伤后难过的心情，向老师询问情况也是合情合理的。作为家长，还望理性对待，站位要高，不但要给孩子创造良好的学习环境，还要教孩子们团结友爱、互帮互助。

这样双方的家长基本上没有意见了。

⑧ 调解纠纷

周日晚上学生返校后，我清点完返校人数，立刻对卢照和李润进行调解。

我先说我会问几个问题，需要你们分别回答，请你们一定要真诚地回答我。还要注意，对方表述的时候不要插话，有什么想辩解或者说明的，要等对方说完才能说。

第一个问题：在这个事件中，你最委屈的是什么，或者说你觉得对方最不对的是什么？

我先让李润回答。李润说让他赔偿。看来这个问题李润还是没有弄明白，我又给他强调了一下："谁先动手让事件升级，谁的错就多一些，大于50%。可以理解为50.1%，50.01%或者55%。何况你摔倒不是卢照推你的，是你自己摔倒的。"我反复强调这样的事件要抓关键点，细节要放一放。既然有错，就有责任，就应该赔。赔的金额可以协商，不用全赔，但是在别人追究的情况下，也不能不赔。何况对方后来也放弃赔偿要求了。经过我的反复解释，李润后来表示理解。

卢照回答最不满意的是李润跟他妈妈编造事实。我说："不同的人视角是不一样的。首先，你看到的和他看到的就不一样。即使看到一样的过程，不同人也会有不同的判断。所以，你所谓的不是事实，在李润角度看来就是事实。其次，在李润和他妈妈的表述中，也许会出现信息的偏差，他妈妈可能对李润说的话有解读不当的地方。信息传递过程的误差和改变是很经常发生的。"李润最终表示理解。

我接着帮他们站在宏观角度分析，打开视野。人生需要大格局，因为一些小事不能化解，在心里积聚，影响学习，得不偿失。想一想自己是来做什么的？所有对学习有影响的事情，我们都要把它减小降低。同学之间有点小问题是难免的，关键是如何化解，被骂就只有打过去这一条路径吗？学校也是小社会，将来在社会上立足，这样冲动不讲后果是不行的。

第二个问题：自己有什么做得不对的地方，或者对方有什么地方让你感动？

这次让卢照先说。卢照说是自己站位不高，处事不周，以后要多加注意。我给他纠正说："这是你这次的收获。这个回答过于形式化。说一说自己不对的地方或者对方让你感动的地方。"卢照说自己不该太计较了。我心想：你最不对的地方是谎报表的价格好吧？只是不想拆穿你让你难堪罢了。

李润的答案是，不该先动手打人。

两个人都表达了自己的委屈让对方知道；也都听到了对方的委屈，觉得自己也有考虑不周的地方。气氛慢慢缓和下来。

最后，我提议，握手言和吧，以后还要在一个教室里学习，还是好同学。他们同意了，我赶紧拍下一张他们握手的照片，再次对他们重申：同学关系是一种特殊关系，它不仅是学习上的伙伴关系，而且是一种相互尊重、相互帮忙的宝贵情谊。

周一，我开了一期班会，题目是"创良好同学关系，铸共赢美好人生"。

后来的事实证明，这场调解没有落下后遗症。

第二节 心理眼看故事：跳出第一视角

(一) 视角的高度决定处事的态度

家长常常和孩子站第一视角，认为自己的孩子受了委屈，却看不到对方的委屈，这往往会使事件初期双方态度激烈、期许不切实际。当老师介入调查后，他会运用更客观的第三视角，加深对事件的调查，进而把握事件的全貌。他会让双方看到自己的错误和对方的委屈，这时，大家就都站在了接近第三视角的位置，划定责任也就清晰明了。

但学生在校的生活，不会因为这次事件处理完成后，就可以分割到不同的环境里互不影响了。所以，要想处理好学生之间的问题，我们还需要一起来到第四视角。这里的我们，包括老师、家长和学生。

教师用共同的目标和行为准则来引领、约束学生的行为，不轻易判处哪方完全错误，站在"以和为贵"的框架下，让双方放下隔阂，才有助于彼此一起成长、共同进步。

(二) 着眼整体，明确目标

老师要以创建和睦的同学关系为目标，了解清楚家长和学生的需求。如果能找到一个平衡点，处理事情就事半功倍了。其实，学生来学校的主要任务就是学习，这是他们共同的诉求。在此基础上，老师劝导家长不浇油、不闹事，不要宠着自己孩子。否则的话，一旦问题升级，事情就更不好收场了。

这有点像法理之外的人情，也就是孩子在这个班级里学习，和同学发生了纠纷，双方肯定都有自己有理的地方。如果老师简单地判明谁对谁错，那就是一个是非题，不是一个综合题了。被判有错的同学可能对对方和老师不满、厌恶甚至憎恨。且不说这位同学可能因为这种不满情绪，采取某些行为为自己挽回一些面子，这也可能变成他心头的一根刺，影响自身的心情和学习效率。

（三）说出自己的委屈，听到对方的委屈

劝解流程是学生先说出自己的委屈，老师帮忙分析这份委屈是否合理，是否是一份真的委屈。在老师和这名学生交谈过程中，另一名学生只听不说，如果非要说，等到轮到他说时再说，避免无谓的口角。

静心听对方讲述事情的经过，发现之前自己没有想到的，会有新的感受和想法。然后，老师帮助其深化对问题的认识，指出解决问题的路径多种多样，不要执迷于自己曾经的方式。让双方都明白对方也有些是自己没有体会到的，还可以把自己感到特别委屈却没有被对方认可的部分表达出来。

最后，说出自己不对的地方。类似于向对方道歉的前奏，听到对方说他的不足，自己也觉得对方没有那么令人讨厌了——握手言和也就水到渠成。

我之前看过一个小学老师处理两个同性别学生闹别扭的方法，充满了智慧。他让两名学生站到同一个板凳上，板凳面积小，他们必须互相拉住对方的衣服才不会掉落下来。两人从开始的绷着脸互不理睬，到后来一起笑了起来，还紧紧地抱在了一起，矛盾也就烟消云散了。我觉得这种方法特别好，在疏导情绪之后，用这个环节代替握手应该会取得更好的效果。

（四）完全相信学生吗？

在这个故事中，对于卢照撒谎我很生气。他煞有介事地说这是某某牌子的表，挺贵的，还说让他妈妈找找小票，好像是某个专柜的高档商品。他

把戏做得这么足，我因他是得力的班干部，又有几个同学证明，就完全相信他，却忽略了李润的抱怨"什么破表，一碰就坏了"。而一旦真相水落石出，问题也就迎刃而解了。如果不是家长诚实地说出手表的价格，我可能就会让对方赔钱了。

也许，轻易地信任学生也是一种错误吧。可是，拆穿卢照也没有什么意义，不利于进一步处理事情，只好就此压下不提。

第九章

守好关系边界

"对所爱之人（朋友、手足、亲子、伴侣）的喜怒哀乐过于感同身受，从而产生焦虑，想要为对方多做些什么"，这在台湾心理学家许皓宜的《情绪疗愈》一书中被称为"融合效应"，它是一种不成熟的"未分化"的心智状态。

较成熟的心智状态是，能在人与我之间划出界限，知道自己可以承担与负责什么。建立健康关系的基础是把自己和对方当作独立的个体来看待，保持双方的边界，建立彼此尊重的界限。守住关系的边界，知道哪些是自己的事、哪些是他人的事。

第一节 家长的分寸

一 西门偶遇

那是高一上学期，一个很冷的冬日早晨。我在班里查看完学生情况，没有发现异常。大约七点，我像往常一样，准备从西门出校买饭填饱肚子的时候，无意间发现了站在硕大的行李箱旁边的张菊。她穿着单薄的白色棉衣，站在路边，似乎瑟瑟发抖。我刚才去班里就发现张菊没有在座位上，周围同学解释说"张菊今早来教室了，现在可能去厕所了"，我也就没有进一步深究。

我赶紧来到张菊身边，问她怎么在这里。她说要等她家长来接她回家。我说："你要回家怎么没有和我说一声呢？让你家长给我打个电话也好呀，难道你要直接走掉不成？"张菊说家长已经在路上了，想让家长到学校以后再跟老师联系。

我预感到发生了什么事，问："那你为什么要回家呀，是因为身体不舒服吗？"张菊苍白的脸上很快就有泪水滴落下来。这可把我吓了一跳，难道她不是因为冷，而是因为生气或者是受了某种委屈？我从张菊夹杂着抽泣的、断断续续的话语中慢慢地听明白了，她是和班里的李希同学闹矛盾了。

我说："和同学闹了矛盾，不是应该第一时间找老师调解吗？为什么打电话让家长把自己接走？"张菊皱着眉头犹豫不决，吞吞吐吐不肯说出缘由。"这事本来是不想告诉老师的，因为，因为……"张菊欲言又止。这把我给急的，我说："你都要回家了，肯定是觉得自己受了很大的委屈，怎么就不能和老师说呢？你不说清楚，我怎么放心让家长把你带走呢？"听到这话张菊的眼泪又流下来，嘴里反复说着"哎，不能说，没法说"，一次次试着组织语言。我就站在旁边静静等着，给她时间让她稍微缓缓，平复一下情绪、组织一下语言。

断断续续的话语拼凑起来，我终于明白了。李希和同班的罗琳交往过密，已经有一段时间了，两个人的关系时好时坏。他们好的时候在一起兴高采烈，不好的时候李希就会让离罗琳最近的张菊帮他传纸条给罗琳。刚开始的时候，张菊不好意思拒绝，一直在帮李希传递纸条。但是时间久了，传的次数多了，张菊觉得影响了自己上课的效率，心里的安宁也被打破了，就不想继续帮李希传递纸条了。

张菊冒着"得罪李希的风险"（张菊的原话），告诉李希不想帮他传纸条了，当时李希也答应了。但是李希一时找不到更熟悉、更合适的人来帮他——张菊和罗琳是同桌又是舍友。另外，多一个人传纸条，也意味着多一个人知道了李希他们违反校规的行为，所以李希还会找张菊帮他传纸条。这几天李希和罗琳又在闹分手，李希的纸条也传得特别频繁，这让张菊不胜其烦。

今天早上，张菊到教室后，穿过两排桌子之间的缝隙进入自己座位的时候，不小心碰了李希的桌子。李希本就生张菊的气，趁势往前推他的桌子，把张菊所在的两个桌子的间隙变小来挤她。张菊一看受困，转身把李希桌子上的书全部推翻洒落到地上。李希一看更加生气，随即把桌子推倒了，碰到了张菊。

张菊感觉自己腿部很疼，可能受伤了，可是又不敢跟老师说——一旦说了，李希和罗琳交往过密的事就瞒不住了，有故意向老师报信甚至告状的嫌疑。所以张菊先给家长打电话，让家长过来商量一下怎么办。张菊边哭边打电话，家长一听就着急了，让她在门口等着，马上从家里出发来学校找她。所以张菊在学校门口等家长，不巧被要出去"觅食"的我撞见了。

大致了解情况后，我说："要不我们去班里等他们吧，外面这么冷，我看你脸色也不好，别冻感冒了。"张菊不肯，说跟家长约好了在这里等，就一定要在这里等到家长。我看劝不动，只好在旁边陪着她。等的过程中，我询问张菊家住哪里，家长大约多久能过来，她说半个多小时。我觉得家长还需要一会儿才能到达，天又这么冷，我再次提出回班级等，又遭到拒绝。无奈之下，我只好在这初冬早晨清冷的风里，空腹和张菊一起等着吧。

（二）　暴躁的继母

等了接近一个小时，一辆摩托车停在了学校门口。张菊赶紧上去打招呼，泪珠又哗哗地滚落下来。从摩托车上下来一男一女两个中年人，男士身高体壮，头顶略秃。女士的穿着给人一种颜色过于鲜艳且搭配得很不协调的感觉，中等长度的头发烫了卷发，染成了不常见的偏紫红的颜色。

想不到的是，女家长在学校门口就张牙舞爪地骂了起来。"欺负我家孩子，谁给他的胆子，也不看看老娘是谁"，"我孩子虽然是这样的情况，但是谁也别想欺负她"等，一些不堪的言语从她嘴里喷了出来。我被她的话吵得烦闷异常，虽然她明面上不是骂我，但是，这真的是来解决问题的家长吗？

期间我一直不说话，想等她停下来。我之所以有胆子这么等着，是因为看到门口的保安大叔，他拿着警棍在不远处等着。但是我失败了，因为对方根本没有要停下来的意思。我只好另想方法打破僵局，对一直在嘀嗒流泪的张菊说："我还没有见到李希，也不能只听你的一面之词。这样吧，你把你的家长带到我办公室等我，我先去一趟教室，找李希了解一下情况。"张菊同意了，我快步向教室走去，心想，终于暂时逃开了，但是面对这么不理智的家长，接下来怎么办呢？

我找到李希的时候，他倒是一脸坦然，先是承认自己和张菊闹矛盾了，也同意向张菊道歉，说自己刚才确实有些冲动了。再仔细看李希，他除了息事宁人的态度之外，还有一份恐慌——毕竟，除了和张菊的矛盾之外，自己的交往过密问题也暴露了。但是于我而言，交往过密的问题只能在有实据的情况下再调查，现在该怎么和这两位家长沟通呢？

回到办公室，张菊的妈妈还是愤愤不平。见我回来，张菊妈妈的叫骂声又密集了起来。在间隔的叫骂中，我还听到了张菊妈妈说张菊在家里是多么好——给家长洗衣服做饭，这么好的孩子，这么老实，怎么会有人要欺负她！我感到非常震惊，因为现在的高中学生基本过着"衣来伸手，饭来张口"的日子，怎么还会有"反哺"照顾家长的"特殊"行为？

我一边应和"我也觉得张菊这孩子挺不错的"，一边和她聊几句家常，希望她能冷静下来，但是我的努力失败了。看到这样做没有效果，我只好把目光转向张菊爸爸。张菊爸爸开始劝媳妇，说她说话别这么不注意。然而没有效果，她根本听不进去。张菊脸上的窘迫之情越来越明显，表情也越来越凝重了。张菊妈妈始终冷静不下来，叫嚣着："把那个小子给我叫来，看我不打死他！"

我有点被触到底线的感觉，反问道："你别说把人家孩子打出问题，就算是打出小伤来，你觉得人家家长会什么反应，你还能安心让你的孩子在这里上学吗？你是来处理问题的，还是想把这个问题扩大的？"张菊爸爸看我的话锋也有些犀利了，就开始提高音调加强气势，直接和媳妇讲起道理来，希望她停下。我在一旁不插话，继续等着。但是几个回合之后，张菊妈妈依旧不肯住口，完全没有停下来的迹象。

张菊爸爸这时也上来脾气了，连推带搡地把张菊妈妈推到了办公室门外。在推开门的瞬间，我从门缝里看到了手里拿着警棍在办公室门口站着的保安大叔。那一刻我真的非常感动！虽然不明白具体情况是什么，但是这样的家长进校，有一定可能性对师生安全产生威胁。保安大叔就在附近等着，静观变化，随时给需要的人以安全的保护。我特别为保安大叔的行为赞叹，后来还给相关领导发信息感谢保安大叔，这份感谢他们应该也收到了吧！

张菊妈妈出门后，我才有机会和张菊爸爸说："咱先看看孩子有没有什么外伤，需不需要去医院。"经查看，张菊的手部有皮肤擦破，但没有流血；腿上有疼痛区域，但没有明显的红肿和瘀血。看到这些，我们也都松了口气。

张菊爸爸可能是因为刚才妻子表现不好，变得非常好说话。他主动说孩子在学校和同学有矛盾太正常了，这么多孩子难免有这样那样的摩擦。我赶紧竖起大拇指夸赞，说："大哥是个明白人，两口子还有意见不一致的时候呢，何况是一些孩子。"他有点结巴地说，对、对、对呀。我说："对方孩子意识到自己错了，愿意给张菊道歉。您看让他给咱孩子道个歉，并保证以后不会这样了，行吗？"张菊爸爸说，可以可以，他刚才就想表达这个意思。

我说："孩子是未成年人，咱得给她处理得让孩子觉得这事没什么大不了，还喜欢继续在学校上学才行。咱要是把两个孩子的关系给处理成仇人了，那咱不就和孩子的水平、见识一样了吗？"张菊爸爸连说是呀是呀。我说："咱的孩子和人家的孩子都很优秀，咱得让他们好好地完成学业。又不是有什么深仇大恨，像嫂子刚才那个提法有点不现实。"我还是不放心，笑了笑，继续说："您能当得了嫂子的家吗？咱这样处理，嫂子不会回去跟您闹别扭吧？要不咱把她叫进来再商量一下？"张菊爸爸摆着手说："不用了，不用了，她脾气就是这样坏，再说她不是张菊的亲妈。这事我能说了算。"我还是一脸的震惊，这次没有掩饰住，我说："那她对孩子可不错呀！大哥您水平真高，把家庭关系处理得那么和谐。"张菊爸爸不无得意地笑着，说还行还行。

张菊一直在旁边听我和她爸爸交谈。我问张菊觉得这样处理可以吗？她点头说可以的。我还丢不下自己的职业习惯，继续教导张菊说："和同学发生了矛盾，要想想怎么处理呀。你也就是家近，一个电话就让二老一大早、这么冷的天赶过来了，要是你几年以后在外地上了大学，可不能用这种方式了。"张菊不好意思地笑了，说当时就想着不能跟老师说，因为说了，李希他们交往过密的事情就暴露了。我能理解张菊的纠结，却不赞成她的做法。"是会暴露他们，但是他们有错在先，你也没有必要帮他们瞒着老师。"

张菊无奈地笑了笑，说本来想和家长诉诉苦，问问家长怎么办的，没想到家长直接跑学校来了，情绪还挺激动的。我说："是呀，看来你的家长还是非常关心你的，特别怕你受委屈。他们怎么处理问题是他们的事，我不作评价。但你是我的学生，所以我有必要提醒你，遇到问题了，最好还是考虑一下解决的方法。不过你放心，你家长的态度不会影响我对你的态度，反而让我了解到你是一个非常好的孩子。"张菊的眼泪瞬间又出来了，那是委屈被理解后的感动。

现在想来，也许是当时受到的冲击太强烈了，所以我一开始对张菊妈妈外表的印象有点失真吧。

（三）真实的视频

张菊爸妈走后，李希在办公室当着我的面给张菊道歉，还向张菊深深地鞠了一躬。他的头几乎要挨到地面，让我不由感叹一个男生的身体居然可以这么软。张菊收到这个意外的深躬，直接笑出了声，连声说"没事的，没事的"。在一片和平和睦的气氛里，我都怀疑刚才剑拔弩张的气氛是不是面前这两个人之间发生的事引起的。

有一天我闲来无事，打开班级监控，才发现张菊的叙述也并非客观。张菊表述了对她最有利的部分，而非事实的完全还原。也许在当时那个情境下，张菊感受到的信息就是那样的。可是有的家长会完全相信孩子的一面之词，甚至对自己孩子吃的亏进一步添油加醋，尤其孩子在家里表现得非常乖巧的时候。家长以为自己的孩子受了天大的委屈，需要自己出面帮她讨回一个公道来，所以才会那样气势汹汹，不顾一切。

　　老师的立场是中立的，会平等对待每个学生。希望家长们在孩子遇到纠纷的时候，能多一点理智，少一点偏颇。也是在这次事件之后，我意识到，调解学生间的问题时，监控不能先给某一方看，以免他先找到对自己最有利的证据。如果冲突比较大，就要两方的家长一起来看录像，直接进行交流。

第二节　心理眼看故事：守好关系边界

（一）　过激行为背后的脆弱

我不太赞成这位女家长的行为，除了她的情绪强度大、动作过于夸张之外，我认为她没有好好地聆听孩子的感受、想法和处理问题的意见，处在"融合"的状态里，而不能把自己和孩子分别看作独立个体。她把孩子与同学的摩擦当成自己的自尊被挑战了，其实是心理脆弱的一种表现。

（二）　遇到冲突怎么办

一般来说，首要的是查验孩子的身体受伤状况。当然这个过程是让人非常难过焦急的，但是请忍一忍，事情已经发生了，请面对它。如果确实需要就医，就要留好票据，和对方交涉赔偿问题。

如果是对方有意欺凌，一定要指导孩子报告学校和老师处理，不能为了维持同学关系而一味容忍。如果对方是无意的，就要劝自己的孩子，以同学关系为重，不必太过在意。如果之前就有些轻微的摩擦，经过多次积累，这次对方一时没有控制好自己的情绪反应，或者是突发较大冲突，最好找老师协商解决。

有一个表述抬高了老师的作用，称为"上帝视角"，就是老师处理这个年龄段的孩子的事情特别多，所以看问题相对会更准确一些；老师又是孩子的一个重要他人，能俯瞰调查其他孩子进行佐证，处理起来会相对公平公正一些。

（三）　守好关系的边界

如果成年人在自己的世界里安全感很差，就容易把孩子之间的冲突上升为敌我矛盾。他们不能理解孩子世界里的那些追逐打闹，你推我一把、我绊你一脚，有时是一种友谊。

孩子需要一定程度上释放自己的攻击性，表达自己的亲疏关系，这里面的恨，夹杂着爱的成分。就像你不会去找一个路人抱怨，而把一些不好的情绪留给亲密的人一样。在孩子的世界里，不交流不玩闹才是沉寂可怕的。

守好关系的边界，就是不用自己惯常的方式来处理孩子的问题。家长可以给出处理问题的建议和指南，但是一定要征求孩子的意见。如果孩子的要求并不高，自己的委屈被理解和体谅就可以时，家长万万不要切断孩子与别人的联系。

一份与孩子过度融合的关系，常常会突破关系边界，比如家长为孩子辅导作业而愤怒到疾病发作，随意偷看孩子的日记、网络聊天记录，孩子长大成人后干预孩子的择业、交友，或者催婚、催生等。这种关系一方面会造成孩子的自我不够稳定，情绪容易受到他人影响；另一方面，也会让孩子觉得自己没有人生的自主权而滋生逆反心理。健康的人格是有清晰的自我边界，能够根据环境的变化进退自如。

毕竟，每个人一生能真正承担得起的，只有自己的人生。

第十章

如何有效沟通

在我们有不满情绪时，说出我的感受（我向）而不是批评指责（你向）会非常有效。这对应了两种表达的类型，即我向信息和你向信息。我向信息是指不带评判性地陈述我们对某一特定行为或情况的看法；你向信息是对他人的动机、态度或性格的评价。

我向信息有一个简单的公式：当你＿＿＿＿（不带偏见地描述某种行为）时，我感觉＿＿＿＿（表达你的感受），因为＿＿＿＿＿＿（阐明这种行为对你造成的影响）。

我向信息公式的注意事项：

（1）在描述你的某种行为时

❶ 试着明确行为与行为结果的区别，并且要简明扼要地描述，例如，"你把衣服丢在了地上"，而不是"你的房间一团糟"。

❷ 要客观陈述，避免人身攻击（你是个邋遢鬼）和绝对化（你总是/经常/从不）的表述。

❸ 一次只针对一个问题。

（2）在表达你的感受时，试着用一个能准确反应你内心感受的词。

（3）在描述行为的结果时，要尽可能具体。

——《与青春期和解》

第一节　朋友的新朋友

（一）　张兰想调到最后排

张兰和王娜都是女生。在教室里的座位也很近，是同一小组的前后桌，王娜是小组长。她们还是舍友，军训之初她们就成了好朋友。

有一天，张兰来找我，执意要把座位调到教室的最后一排。一般来说，学生都希望看清黑板、听清老师的话，希望把座位向前调。尤其张兰的个子并不高，调到后排，她看黑板时也容易被前面的同学挡住视线。情况有点反常，我找来张兰的小组长王娜了解情况。

王娜说，最近张兰都不理自己了，无论在教室还是在宿舍。王娜主动和张兰说话，张兰都不应声。"可能是因为我和李丽关系好，张兰不开心了。"王娜猜测道。李丽也是她们宿舍的，座位就在王娜旁边。王娜和李丽座位挨得近，渐渐地话多了起来，在一起的时间也多了起来，慢慢地张兰就很不满了。王娜的语言和细节描述很到位，我眼前仿佛清晰地看到张兰的一举一动。

这种情况下，张兰采取不成熟的应对方式，让我觉得有必要指导一下她如何沟通。张兰既不主动去多接近王娜，赢回友谊，也不会结交新的朋友，让自己从别处得到支持。她采取了气鼓鼓的对抗方式——你去玩你们的吧，我自己一个人在这里不开心，我躲得远远的。而且，我不开心都是你们造成的。有点像受害者模式。所以，我决定找张兰聊一聊。

（二）　你的朋友只能是你一个人的朋友？

虽然张兰开始的时候表现得十分沉稳冷静，回答我问她"为什么希望调到后面座位"时，她抿着嘴角说，"没啥，到教室后面来学习挺安静的"。我继续追问，说："那你为什么不和王娜说话了呢？"她闭了一下眼睛，气呼呼地说："她和李丽是好朋友了，干嘛还要和我说话呢？"我简直要笑出声来。我又问她："那么你的观点是，只要有人是你张兰的朋友，就一定不能再有别的朋友了，是吗？"

张兰很不满意地说："比如，我们一起去食堂吃饭的时候，或者课间活动的时候，她俩时常在一起，说说笑笑的。王娜根本不理我。"我说："看来她们这样做，给你的生活造成了一些不便，所以你就产生了一些不满。"我理解性的语言让张兰感到舒服一点了。她眼看着地面，点了点头。我继续说："那么你有没有想办法解决这个不便？比如，和别的同学一起去食堂或者自己去？"张兰摇摇头。我的语调一如既往的温和："那你可以考虑一下别的方式吗？"张兰摇了摇头，表示从来没想过。我说："你现在可以想一想，如果不能马上得出答案，晚几天也没关系。如果你想到的新方式有很多种，就挑一种自己最舒服的。"张兰又点了点头。

我把问题引向深入，问："那你交好朋友的标准是什么？是你的朋友就不能有别的朋友，她如果有新的朋友自己就和她割席断交吗？"张兰还是不说话，时而咬着自己的嘴唇。我放慢语速："那她有了新的朋友，你们能不能亲密度降一级，不再一起去吃饭了，但还是朋友。还有你们三个人一起吃饭时，你听她们聊而自己插不上话会很不舒服吗？你是必须在三人中聊自己感兴趣的话题，还是希望自己成为发言的中心？"张兰还是不说话。我继续说："其实遇到这样的问题，一般人都会不舒服。你有没有向王娜表达过这种不舒服，希望她给你多一点关注？"张兰摇摇头。我说："好的，你可以考虑用语言的形式为自己争取权利，不一定采取互不往来的方式，也许对方还没有认识到自己的问题呢。"张兰深深吸了一口气，说："嗯，好的，谢谢老师。"

经过上面的聊天，我发现张兰是那种不善于表达的孩子。当我这样和她交流的时候，她只能简单回答我的问题，点头或者摇头。她不能表达自己的想法和观点，不只是对我，很可能对家长、对同学都是这样。自己不开心了，就逃离，不能面对自己的情绪。

张兰确实需要好好学习一下沟通的技巧。

三　结识新朋友，不忘老朋友

我又把王娜叫来，把她和李丽的亲密交往对张兰造成的不便向她说清楚，并说明造成了张兰情绪上的困扰。我看着王娜的眼睛说："当然，这件事主要的责任并不在你。但张兰是你的朋友，你有了另一个朋友的时候，也要关注一下张兰的感受，适当地和她保持一份亲近，可不能有了新朋友就不要老朋友了呀！"王娜笑了笑，说："是我不对，确实没有考虑到她的感受。"我说："你把张兰叫过来，我给你们协调一下。"

四　亲密拥抱

两个孩子站在我的面前，我还是分别交谈，不过内容基本上就是刚才私下谈的那些，希望张兰不要把交朋友规定为终身绑定制，那样谁还愿意和你做朋友？遇到问题用适当的方法沟通，不能意气用事，切断交流途径。对王娜的话则是，结识新朋友，不忘老朋友，是朋友要适当照顾对方的感受，友谊才能长长久久。最后我提议她们互相道个歉，握个手，拥抱一下吧。

王娜主动伸出手来，眼睛看着张兰认真地说："对不起！"张兰露出了一丝笑容，也伸出了手。两个曾经的好朋友双手又紧紧地握在了一起，然后给了对方一个温暖的拥抱。

我希望她们能够解开心里的结，把更多精力放在学习上。果然，她们后来在学习成绩上都取得了不同程度的进步，王娜的进步更大一些。

第二节　心理眼看故事：如何有效沟通

（一）张兰如何用"我向信息"沟通

对于张兰遇到的困难，用我向信息沟通时，张兰可以这么说：

王娜，当你和李丽在一起说说笑笑，我却插不上话的时候（行为），我感到气愤／难过（感受），因为我失去了被倾听、被理解的时刻（结果）。

王娜，当你和李丽一起讨论问题，我只在旁边等待的时候（行为），我感到很不安／伤心（感受），因为我觉得我好像要失去你这个朋友了（结果）。

因为张兰给我的信息不明确，她不能很好地体会自己的感受，所以，这句话会因不同的情绪体验有很多版本。同一个事件，对不同的人，引发了不同的情绪，触及了她的信念或者价值观中的不同部分。

（二）同学之间用"我向信息"沟通

（一）有同学自习课说话，影响了我们的学习

你向信息：你别说话了，真烦人。

我向信息：当你在自习课不停说话的时候（行为），我觉得很烦躁（感受），因为我的效率降低了，就不能按时完成作业了（结果）。

（二）同小组某成员不及时扔垃圾，让很多垃圾堆在脚边的塑料袋里

你向信息：你快把垃圾扔掉，味道太难闻了。

我向信息：当你把大量垃圾堆在脚边不及时扔掉（行为）时，我感觉很无奈（感受），因为我有时会踢到它，它就散落一地，发出难闻的味道（结果）。

你会发现，当你对周围的同学有所不满的时候，直接用这样的方式去沟通，会在不惹怒对方的前提下，让对方看到你的不利处境。这样，对方没有被指责的感觉，会更容易承认自己的错误，在行为上做出改进。

（三） 沟通方式影响沟通结果

20世纪70年代，心理学教授艾伯特·迈拉滨，经过十多年的一系列研究，分析口头和非口头信息的相对重要性，得出结论：在交往中38%的信息是通过声音传递的，55%的信息是通过肢体动作传递的，说话的内容只占7%。所以我们用无声的语言传递的信息远远多于"说话"所传递的信息。非语言信息主要包括面部表情、仪表、身体姿势、手势、目光接触、空间距离等。

因而，相同的说话内容，我们用不同的非语言信息呈现时，会有不同的效果。神奇的是，改变说话的内容，一样可以改变部分非语言信息。

反复读上面"我向信息"和"你向信息"时，你会发现，说话的内容变了，自己的音量、音调、表情，甚至眼神、手势也会随之改变。这就是通过改变语言内容来影响外在的行为表现。当你用更温和的行为配合更温和的语言来和对方交流的时候，攻击和敌意自然消解，更容易得到对方的认可和响应。

根据表达的内容和对象，看看如何用合适的非语言信息，让自己的观点更容易被人接受；也可以考虑改变语言内容，搭配合适的非语言信息，让自己的言语更有穿透力，达到预期的目的。

沟通方式多种多样，我们传递信息时，稍加选择，结果就会大不相同！

第十一章

青春期的交往过密

　　高中生处于青少年期中期。《寻找弗洛伊德》一书中提到"青少年初期和中期会发生从完全依赖父母到完全独立自主的努力，因此可能发生'依赖—独立'之间的冲突，出现毫无理由的反抗父母的现象，发生与父母的分离——个体化。这一时期，青少年的注意力会从父母那里转到朋友那里，开始和异性交往，形成很强的性身份"。

　　青春期是需要慢慢经历、自然体验的过程。这个沸腾的时期，不需要把所有问题——创造性、幻想、不成熟所特有的骚动不安、反抗——解决。时间将会带来解决之道。

第一节 青春期的那道彩虹

张黛：经常收到纸条的敏感女孩

○一 跟随而来

高二时重新分班不久，张黛交给我一张同班同学马辰写的小纸条。虽然刚开始我挺吃惊的，甚至怀疑自己听错了，因为马辰看起来是那种非常腼腆的男孩子。看到那隽秀的字迹后，我也确认是马辰写的。我匆匆浏览了一下纸条，也没有什么不堪入目的词语，就说"你不理我，我非常伤心，能不能以后不要再这么折磨我了"之类的。我问："他是怎么把纸条给你的？"张黛说："他趁我晚上去吃饭不在教室的时候夹到我的书里，有同学看到了。"我的脑海清晰地浮现了坐在张黛后排的马辰的一连串动作。因为班里选这个组合的只有十个学生，他们被分为一个学习小组，所以马辰和张黛的座位很近是必然的，也没法通过调整座位在空间上分隔一下。

我说："这是他第一次给你写吗？"张黛说："不是。之前写了找人传给我，我就告诉那个人不要传给我，结果他就写好塞到我书里了。高一的时候就写过，我还告诉了当时的班主任张老师，张老师也找他谈了，只管用了一段时间。这不到了选科的时候，他非得看我选的哪科，他就选哪科。其实历史他并不擅长，他还是选了这个组合，就是为了能继续和我在一个班级里。"我一听，心里倒吸了一口气，心想这样的"痴情种子"是最难劝的了，而且陷入程度不浅，大有不惜一切代价的感觉。可是女生又不喜欢他，真是为情痴迷啊。又了解了一些信息之后，我找来马辰。

那天晚上第四节自习，我把马辰叫到办公室。我说了一些"张黛希望把精力放在学习上，给她写纸条会给对方造成困扰"之类的话。马辰也不反驳，脸上异常平静，偶尔还会点点头表示同意。我也放下教导者的态度，同他闲聊了起来。

后来，马辰问了我一个问题，说："老师，人活着的意义是什么？就是不停地学习吗？对您来说，就是不停地上班、上课吗？"这个问题是我之前没有深入思考过的。我说："有这些，但不全是。如果你通过不断学习站到了更高的平台，可能你的这个问题就有答案了。关于人生的意义这个问题，我回去也好好想一想该怎么回答。"

坦率地说，那晚马辰给我的震撼不小。虽然他并不反驳我的话，但是我知道他的脑袋里想了一些可能比我想得还深刻的哲学问题。

为了更了解这个学生，我拨通了马辰妈妈的电话。马辰妈妈是市里某中学的老师，她说很重视孩子的教育，从小孩子什么东西都学得挺快，整个小学也挺顺利的。初中时他的成绩也一直很好，初二结束的时候考了一次学校第一，从那以后，他对学习的态度就改变了，说学习没有意思，不知道学习是为了什么。他总是想一些不切实际的深奥玄虚的东西，母子间交流起来也很不顺畅，马辰有些话也不肯跟家长说。

我觉得家长的话和我了解到的信息是吻合的，就提到了马辰给女生写纸条的事。家长说知道马辰有喜欢的女孩子，家长说也说了，劝也劝了，孩子就是不改。我说那倒是，他态度蛮好的。家长说不但这件事，选科的时候也是磨破了嘴皮子地劝，但马辰就是有自己的主意，坚决不改。从马辰妈妈的话里，我听出了满满的"儿大不由娘"的无奈。

挂了这通电话，我一筹莫展。在孩子小的时候，可能一元钱的糖果就会让他兴高采烈，孩子越长越大，慢慢有了自己的想法，也越发难以让他那么痛快彻底地开心了。再后来，慢慢有了更多的思想，大的错事也不一定做，但是他一定要证明自己和家长的想法不一样，要按照自己的想法行事。我心里想着慢慢来吧，只要他没有什么过激的行为，可能慢慢就会找到他问题的根源进行引导。

期中考试结束后,马辰的总成绩相当不理想。听说他在宿舍自学物理奥赛的内容,物理成绩还是非常鲜亮的。可是,他心里装着一个女孩子,时间、精力上肯定受到影响,其他的科目就不乐观了。

可能是觉得一直得不到张黛的认可,家长也做了一些工作,后来马辰同意改变选科。这样他就转去了另一个班里,只是化学比别的同学少学了半个学期。

转班之后,张黛也没再提及马辰的打扰,他就淡出了我的视野。

(二) 又是纸条

高三上学期的时候,张黛又递给了我一张小纸条,是一张常见的便签纸。上面的字迹看起来很幼稚,感觉不像高中生的字迹。内容也不很文雅,大意是:女孩,我上次和你打招呼吓到你了吗? 请你不要害怕,我还是很可爱的,我常常会想到你,特别希望能再次见到你。

我还是先了解情况,知道了是另一个行政班里,和张黛一起走班上物理课的王迪同学。我让张黛想办法告知王迪,我某个时间在办公室等他。

王迪来到办公室,从相貌上来说,不算出众——个子不是很高,说话也不是很流畅,不知道是不是因为我找他,让他感到紧张才这样的。我还是从温和的态度出发,试探他的反应。我说:"你给我班的张黛写了纸条,现在这张纸条在我手里。我想先知道你喜欢她什么呀?"他说自己也说不清楚,反正周围很多人喜欢她,很多人想追她,自己也就想试试。"哦,"我说:"说不清喜欢人家什么,就给人家写了纸条试一试,那你知道你有什么长处,会让对方喜欢你吗?"他咧了一下嘴,挤出了一个笑容,然后摇了摇头。

给了他一个继续想一想的明显停顿后,我说:"作为一个超龄的女孩,我觉得如果一个人给我写了信,我会先试着了解一下对方有什么长处呀? 结果一看，外貌，不算出众；才华，也不明显；字体，也比较一般。所以，我觉得你现在最重要的事，不是写纸条，而是要锤炼自己，把自己打造得足够好——成绩也好，修养也好。各方面用更高的标准严格要求自己，到时说不定不用你写信，就会有女孩子来追你呢。所以，你现在做的事情，顺序有点不恰当，需要调整一下。"王迪竟然听得很认真，一脸爽朗地连连点头称是。

看到他的笑容，我对这个学生的不满也有所减轻了，但是该做的事情还差最后一环。我说："你这样做给我班的张黛同学造成了很大的困扰，你能不能不要再去打扰她？"他说可以。我说："那你给我留个保证书吧。内容具体怎么写不重要，一旦你没有实现今天对我的承诺，我就带着你写的纸条和保证书，一起去找你的班主任，让她解决。如果你没有再影响张黛同学，我也给你一个保证让你安心，这两张纸条就会一直躺在我的抽屉里，我保证不会向你班主任提这件事。"

王迪同意了，后来也是一直像我预料的那般顺利，他没有再去打扰张黛。

（三）　害怕被误会的她

高三下学期五月底的时候，一个周日的早晨，我还没有从睡梦中完全清醒，就接到了张黛妈妈打来的电话。张黛妈妈说接到张黛的电话了，要求家长来学校接她回家。明明上周她才刚刚大休回家了，怎么又要回家呢？问张黛原因，她也不肯详细说，能不能请老师先问问她，劝劝她，要是没什么大事的话，就尽量不要回家来了。现在备考这么紧张，一来一回至少半天时间就荒废了。我说没问题，但是我现在去学校的话，张黛也一直在上课，没法长时间聊，等到大课间，有半个小时，我把她叫出来聊聊，到十点半左右给张黛妈妈回电话，他们夫妇再决定要不要来接张黛。

到了大课间，我找张黛询问情况，说家长不太放心她。张黛支支吾吾地说了一些细节，我觉得非常费解，这是以她的理科思维能力不应该做出的叙述水平。

我慢慢地能大致串起来的情况是：因为疫情的原因，学校不允许家长探视，同学们手里的零食、水果就显得很珍贵了。张黛把一个皱了的苹果送给A男同学，后来苹果又辗转到了邻班的B男同学（他们都在同一个走班教室学习物理）。结果被C男同学误会了，以为这是张黛向B发出的交好的信号，就说了一些不合时宜的带有酸醋味的话。这些又传到了同班的和张黛关系一直很好的D女同学的耳朵里。D同学一直对B同学有好感，张黛以为C同学的嘲弄笑闹，会影响D同学的心情，影响她们之间的友谊。

据张黛的陈述，她和B同学之间也没有过多交往，也不担心不小心伤害了另外几个男生，就是特别在意同班的D同学，特别怕她误会。我问："是D同学对你有什么反常的表现吗？"她说没有。我又问："你有没有直接问过D同学对这件事的态度？"她说问了，对方说没关系，自己跟B同学根本就没什么。张黛还是不相信D同学的回应，一直觉得自己对不住D同学，影响了心情。

我的问题，张黛回答得支支吾吾、零散破碎。我能做的就是安抚她的情绪，让她不要被这些不一定存在的、自己想出来的问题影响了自己的学习。我还给了她一些实用的建议，包括静观事态的发展、不要妄加揣测等。很明显，这件事只是一个使得她的焦虑情绪外显的诱因，她处在自己制造的冲突里。我还觉得她没有把她的全部事件和情绪叙述给我，而这是她有意遮掩的部分。我也不想点破她现在深受焦虑的影响，只是宽慰了一番。经过共同商量，张黛也同意了当天不用让家长来接她回家了。

看着她回到了班级继续上课，我赶快给家长打电话，让他们不用来接她了。我又反复叮嘱，孩子现在出现这样的情况，可能和平时压力大、心态放不开有关。希望家长能在孩子大休回家的时候，给孩子减减压，好好陪张黛放松一下。家长说对张黛的要求也不高，一直跟她说尽力就好。孩子初中时成绩还不错，可是中考发挥得很不理想。张黛可能担心自己高考不能正常发挥。能不能正常发挥，谁也不敢打包票，而这又和孩子的心理调适密切相关。张黛出生于一个书香世家，祖父辈和父辈都非常优秀，难免会给自己施加很大的压力，怕给长辈丢了面子。这部分压力如果由家长出面来做沟通，会起到一个更好的效果。

后来我也找张黛聊过，但没有什么实质性的更大进展。高考的时候这孩子考得不如平时好，可能和心理状态有关。好在她提前通过了某一本高校的综合评价招生，最后被降分录取。而她担心的 D 同学，心态更为稳定，虽然平时成绩不如张黛突出，但高考成绩比张黛高了六七十分，被西南某大学录取。

李刚："聪明"男孩

一　那个"聪明"的孩子

与李刚的初识是高一的期末考试。当时我是两名监考老师之一，李刚是我所在考场的学生。印象中是考政治的时候，李刚把试题的答案写到了错误的答题区（与题号不对应）。期末试卷的答题纸都是扫描以后，按题号抽调、网上阅卷的，所以，写在错误的答题区的话，这道题是不得分的。李刚举手把这个问题报告了我，我连忙帮他拿了一张新的答题纸。这就产生了一个小问题：新的答题纸上没有扫描需要的条形码，李刚该科的条形码，考试前已经贴在了那张刚才写错位置的答题纸上。关于这个问题，我也专门咨询了考务老师。考务老师说，答题纸没有条形码也没关系，考生把信息写清楚，扫描的时候老师手动录入就可以了，不需要给新答题纸再贴条形码。我把这个信息告知了李刚，让他不用担心，继续好好答题。

过了一会儿，我又巡查到李刚座位旁的时候，发现他在新的答题纸上写了极少内容，但是旧答题纸的条码区域赫然有一个洞。我刚才居然没有发现，条形码已经被李刚挪到了新的答题纸上。仔细一看，还是能发现它比一般的条形码略高出了纸面，李刚弄得还算平整，也没有损坏。看来李刚还是不放心我说的"不影响阅卷"这个信息，所以宁可先停止答题，冒着有可能做不完题目的风险，也先把条形码挪了过来，这招"移花接木"水平还挺高的。只是，政治考试需要写的内容特别多，有学生形容"答政治题"——写字写到"手腕断了"的程度，李刚是从容还是不分轻重，我还真不好说。我当即指着条形码轻声说："你挪过来了呀?!"他笑着开心地点头，眼神里不无得意。

㊁ 不想当班委的人

想不到不久后的分班，李刚就被分到了我的班里。我监考时留意过他的名字，至少也算是认识的人了。

分班之初，为了能选出好的班委来帮助我管理班级，我要求学生们写自己对班级、对老师的期待和高一时的任职经历，以及想要在新的班级里担任什么职位。李刚写的内容引起了我的注意——曾经担任副班长，但是在新的班级里，不想再做任何班级管理职务。

我的好奇心还是有的，在一次偶然的聊天中问李刚：你当过副班长，为什么不想再干了呢？李刚撇着嘴说，不想干了，伤了心了。我更纳闷了，李刚就向我解释说，原来的班主任把班级分成两部分，进行学习上的对抗、比拼。老师宣布的规则是：期末考试的时候哪个半班（一个班被拆成两部分之后，对其中一部分的称呼）能赢，就把"优秀班干部"奖状给相应半班的班委负责人。期末考试结束后，作为副班长的李刚带领的半班"胜利"了，老师却没有把"优秀班干部"的荣誉奖给他，而是给了班长。李刚去找原班主任问，老师回复他不要看重这些，要以学习为重，过去的事就过去了。李刚觉得，当初为了让这个半班的学生成绩取得进步，他经常提醒、督促同学们学习，自己花费了时间和精力不说，还招致了一部分同学不喜欢他。最后考试成绩出来以后，老师却没有把之前答应的荣誉给他，所以就不想再做班级管理了。他一边摇头一边长长地呼出了一大口气，显得非常无奈。

看李刚被"伤"得不轻的样子，我心里的同情是有的。但我不是事件的亲历者，不了解事件是否完全如他所说的那样，我也不方便对同事的工作进行评价，只能点头说："我了解了。你不想做班委就先不做，作为一名普通同学，你也可以从自己的角度关心班级，有好的方法和建议可以直接向我或者班委同学提出来，我们一起把我们现在的班级建设好。将来你想当了，也可以来找我，到时我们再商量。"

因为他当过副班长，我还是对他高看一眼的，希望能聚合他的智慧，创造更优秀的班级。

（三） 和王露走得有点近

李刚和王露走得有点近，我是慢慢发觉的。

第一次，是某次大休，放学的时候，李刚和王露都抱着很多东西，两个人说说笑笑地一起下楼。我在连廊处远远地瞥了一眼，感觉有点微妙，但是没有说什么。可能他们忙于下楼，也没有发现我。

第二次，是在一节体育课上。我下楼，刚巧看见李刚和王露两个人提着零食，有说有笑地从操场往教室走。因为天气热了，体育课有时会让学生自己活动，有的学生就会偷偷跑回教室学习。我对有学生回来感到正常，但是他俩一起回来，我感觉有点不寻常。这一次，我们都很平静地打了招呼。

第三次，我在储物间（注：教室后面与教室相连的空间，长两三米，与教室等宽。平时放置学生的书橱、雨具、外套、卫生工具等，也是老师和学生谈话的理想空间）和一个学生谈话，王露没有发现我，直接在李刚的屁股上拍了一巴掌。因为这一次比较亲密的行为，我有充分的理由找王露谈了一次话。主题无外乎要注意自己的行为，男女生之间这样的肢体接触不太雅观。王露表示同意。

我接着说："其实，我找你谈话还有另外一个原因，就是你目前的成绩。我之前也找你谈过一次，问过你，是不是有什么分心的事情？"王露咬了一下嘴唇说，"是的，老师，您当时的意思我明白。您是觉得和这个有关系吗？"

我只是微笑，没说话。"老师，绝对没有。我跟他不是那种关系（注：指早恋）。""好的，我相信你们没有，我也不会因为你拍了他一巴掌就认定你们有什么。但是你的成绩真的让人很不放心。分班的时候，你是咱班第四名，最近的期中考试，你是班里二十四名，你的退步幅度这么大，我很着急，还是希望你能够认真学习。""好的，老师。"

我在班里开班会，专门列出"男女生交往"这个主题。请同学们一定要和同学保持正常的交往，并给出建议。关于交往过密是怎么界定的，一旦违反将面临怎样的处分都说得清清楚楚。

第四次，有次考试期间，储物间地面堆满了书，李刚和王露站在离得很近的位置说话。储物间里也有其他同学，他们并没有什么过分的举动。

第五次，只有李刚和王露在储物间里，他们站着聊天，距离特别近。俩人看见我来了，迅速分开回到了教室。

第六次，刚下课，做眼保健操的音乐响起，我看见李刚站在王露的桌子旁边。确切地说，他站在和王露同桌的那个男生的桌子前面，正在和王露说话。我从后门一进来，李刚就发现了我，立刻改成和王露同桌的男生说话——恰好他们是一个宿舍的。不过，这个因为看见我来了而改变谈话对象的细节，我还是尽收眼底。

第七次，我从储物间门口经过，从门上的玻璃处无意地瞟了一眼储物间里面，就迅速折身回来。我看得不很真切，李刚和王露两个人挤在书橱处，李刚伸手去抓王露的手，但没有抓到。我也拿捏不准，是真的有还是我看错了？我说："做什么呢？怎么还拉手呢？""老师，我们没有。"王露紧紧地贴着书橱，满脸通红地说。

李刚说："老师，我们就是讨论了几道数学题，第一题答案是 **，第二题答案是 **，第三题答案是 **，第四题答案是 **。"如果不这样解释，我倒还觉得没看清他们有没有抓到手，也没什么。可是，和同学讨论的问题，内容和过程不说，把答案说得一清二楚，让我觉得有点奇怪。李刚见我皱眉，立刻加了一句："老师，要不我把试卷拿出来给您看看。""不用了，你回去吧。"

李刚站着不肯走。我也不理他，开始和王露说话："王露，你觉得这样好吗，两个人频繁地在一起聊天。我到班里时多次看到了，难道这仅仅是巧合吗？""老师，我们真的没什么。"王露说。

李刚有些着急，说："老师，我们班总不能男女生之间不可以说话吧？"我说可以说话，但是单独在一起的频率太高了。王露说："老师，我们没有那样的事，我也有别的男性朋友呢。""别的男性朋友我没有见到，但是你们在一起'出镜'的几率确实太高了。"

我没有说他们有交往过密的问题，只是希望提醒他们，注意一下，不要太频繁。李刚还是想证明自己："老师，我初中的时候本来成绩很好的，通过了某某竞赛，他们都以为我会考上省城重点中学。后来就因为和一个女生关系太好，耽误了学习，中考没考好。老师，这样的错误我不会犯第二次了。""好的，老师相信你不会了，现在请你回教室吧，我想和王露单独谈谈。"

李刚站在原地，不肯走。

我和王露从储物间出来，走到教室外面的走廊上。我沉默了一下，王露开口了："老师，我们真的不是您以为的那种关系，我也不喜欢他那种类型的，我觉得他挺'娘'（注：指有女孩气质的男孩）的，我们就是平时多聊会儿天，确实不是那种关系。""哦，聊什么呢？""什么都聊呀，反正是比较聊得来。老师，您是不是也觉得跟有的人就是聊得来，跟有的人就不想多说话。"

我一如既往的平静："是的，我理解。我也没有说你们两个就是那种关系，现在对这种问题的称谓叫作'交往过密'。从我观察到的频率来看，确实有些过密了。不过，你们没有触及底线——没有肢体接触。但是我目前没有发现，不代表没有问题。如果有一天，手拉手或者更亲密的肢体接触被发现了，就要按严重违反校纪处理。而且，这种处理是男生和女生同样处分的。"

"嗯，我知道，老师。""是呀，这些我都给你们明确讲过，我说这是碰不得的'高压线'，一旦发生，我一定会按学校规定严肃处理的。""老师，您放心，我们真的不是那样的关系，所以也不会出现那样的行为，我对他根本就没有感觉。"

我一边慢慢点头："哦……你注意过吗？生活中也好，电视剧也好，那种'欢喜冤家'最后'喜结连理'的故事也不少呢。"王露和我都笑了。

我说："刚开始没有特别的感觉，随着接触越深，交往越多，难免感情也会出现一些新的苗头和变化。我们规避的是行为，你说两个人谈得来，多聊一会儿，也没有什么问题。所以，我不是认定你们现在有什么过分的关系，但是你们经常这样在一起，我担心感情上难免会有变化，而一旦产生了那种变化，你们想要从中抽身出来，可能会很困难。作为你们的老师，如果我看到了这一点却不提醒你，就是我的失职。如果你们发展到被校规处分，我也会很难过的。"

"嗯，老师，我懂了，可是我们真的不是那种关系。"

"好，我们现在不在这个问题上争执了，让后面的时间来说明一切，好吗？"

"可以的，老师。"

四　劝导王露

"那下面我们就换个话题，再说点别的。"我保持微笑。

"老师，是说我的成绩吗？"

"是呀，你的名次退步实在是太大了，我真的很着急。从第四名到第二十四名，你不着急吗？"

"老师，我也着急。我知道错了，以前太懈怠了，我会努力往前赶的。"

"其实，我之前因为这个找过你，可能是语气不够友好，我们谈得也不开心，今天也是个好机会，我们把话说开。可能我之前的语气不当，但我为你担心、着急的心情是一直没变的。"

"老师，我明白的。我知道您是为我好，那次您找我谈，我后来想了想也就想通了，我就是学习没有动力。"

"嗯，你能想通就太好了。关于学习的动力，我还想再多说几句，下面的这几句话可能深浅不太得当，如果你觉得不舒服的话，我们可以随时停止这方面的交流。"

"好的，老师，您说吧。"

"上次开家长会，是你大姨来的，说你爸爸在外地打工回不来，你现在住在姥姥家。我也见过你爸爸一次，进行过一些交流，我猜测你家里的经济条件应该不是很好吧。"

"嗯，我爸妈住在廉租房里。"

"你父母只有你一个孩子，是吗？"

"是的。"

"你有没有想过，你不只是为了你自己努力，你还要改变他们的生活状况，或者至少给他们的晚年生活一个充足的保障。我也是独生子女，奉养老人的经济压力会比较大，这一点，可能到了我这个年龄你才会有体会。到了那一天，你父母的经济生活需要保障了，你伸手向你的另一半要钱吗？那样，底气会很不足的。"

"是的，老师，我知道我将来需要经济上的独立。"

"对的，经济独立能衍生出精神的独立，更有底气面对生活中的困难，为自己和父母的生活保驾护航。"

"对的呢。"

"经济独立就要有自己的一技之长，我不觉得什么工作高贵，什么工作低贱，但将来工作的层次，可能和你的受教育程度息息相关。你现在多努力一些，走到更高的层次，将来的生活才会不至于在低层次挣扎徘徊。"

"老师，这些我从没想过，我就是觉得自己混日子就行了，最近也确实在学习上松懈了。"

"王露，我找你还批评你，另外一个原因就是，你的基础不差，你的智力水平也不错，家庭现在的状况，需要你靠一己之力为自己和家人拼搏。如果你不努力，也许你大姨能帮忙给你找个工作，但是这样的工作怎么比得上自己奋斗得来的工作硬气？你有这个实力，生活中也有这个需求，如果你认识不到这一点而荒废了时光，在我看来是非常可惜的。"

"老师，我明白了。"王露长出了一口气，"我以前只是考虑我自己，学习上才没有动力。现在我知道了，为了他们，我也要努力了。还有，为了我自己的未来。"

"你能这样想就太好了，我只是想让你好好学习回报父母，无意关心你家庭的私事，如果让你哪里觉得不舒服了，你可以告诉我。"

"老师，没有，谢谢你，你是一个好老师，要是有一天我混好了，发达了，我一定来看望你。"

呵呵，我差点笑出了声，说："好的，我等着那一天。"

"老师，上了高三，您还会继续教我们吗？"

"哎，我也在纠结，还没想好。"

"您继续教我们吧，我们班的同学都挺好的。"

"是呀，正是因为我们班的同学挺好，我才会这么纠结。一方面我舍不得你们，另一方面我孩子小，也想多留点时间陪孩子，我也不擅长和人打交道，不是很适合当班主任。我也知道我的这个短板，但我觉得同学们的眼睛是'雪亮'的，我一心一意为学生好，难道他们会看不出来吗？"

"嗯，老师，他们也都知道您挺好的，可能有些事情上挺冲动，说话办事有点急躁，心里还是非常认可您的。所以，如果同学有什么惹您不开心的，您不要往心里去，他们后来想想就明白了。"

"嗯，我很高兴你告诉我这些。确实，班级的一些事情上和同学们有什么不快，有时会感到特别受打击，但我也感受到了来自不少同学的支持，有的同学会单独找我聊，所以，我才会坚持到今天。我坚信，只要真心对你们好，你们是会清清楚楚地感受到的。"

"是的，老师。"

"所以就舍不得你们，我还没想好。"

"嗯，理解。"

"好，今天我们进行了一次很开心的聊天，我觉得很好。"

"是的，老师，您放心，我不会做什么让您不开心的事的。"

"好的，那你回教室吧。"

（五）　着急的李刚

我的切入点没在李刚，一次也没找李刚，而是一直在找王露谈。我没有对李刚重申校规、良言相劝、苦口婆心。我这边对李刚不做处理，他显然是不适应的。

当天晚上第三节自习课后，李刚又来找我。因为值了一晚上的班很累了，也因为和李刚之前的交流不是很顺畅——他的一些言语会让我觉得匪夷所思，所以，李刚提议要和我聊一聊的时候，我心里有点抵触。我就说：

"我今晚值了一晚上班，很累了，我们能不能少聊一会儿？"李刚说好的，十分钟就可以。我说那就二十分钟吧。

在我的办公室里，我示意李刚坐下。

李刚接下来的言论让我吃惊。"老师，我觉得一个女生被您这样谈话实在不妥。是我主动追的她。"唔，我的好奇心一下子起来了："什么时候？""具体几月份我忘记了，就是那次您看见我们体育课一起回来之前。""哦，我还见过你们一起下楼梯，抱着书，好像是一次大休的时候。""嗯，我注意到您看见了，差不多就是那个时候。""你俩没有在同一个小组待过，甚至没有坐过前后桌吧？""没有。""那你们是什么机缘，开始深聊的？""是在储物间复习的时候。有时候同学们都过去复习，我们渐渐就聊得多了起来。"

"哦，她的哪些方面特别吸引你？""这个，说不清楚，反正就是一起聊天很开心。她有很多男性朋友。""你表达过想要发展的意愿？""是的，但是她不喜欢我。今天也是我伸手去拉了她一下。我没想怎样，只想就这么正常交往着，她有什么事也喜欢找我聊。我们没想着要怎样。"

"哦，你这么坦诚，我倒是为难了。说重了，是我不够宽厚；说轻了，又担心你们会继续发展下去，触碰校规，也影响你们的人生道路。"

"我们没事的，老师，不会影响学习的。""不会影响你的学习吧？你期中考试进步幅度挺大的，她可是退步了不少呀。你是不是当时也有要学好给她看的成分？""是呀，前段时间我就想为了她好好学习。"

"你成绩上去了，她的成绩可是下滑得厉害，你觉得和这个有关系吗？""应该没有什么关系，对她没有什么影响的。""那是你主观认为的，女孩子的心情你怎么能猜得透呢？""老师，我心里有数，我初中就因为这个影响了学习，我爸差点打死我。""你爸打你？""经常的，从小就打，打得挺狠的。"

哦，这一点我倒是很意外。"老师您放心吧，我就想我们这么交往着，不是拍拖的关系。""这个是不可以的，你们在一起的频率太高了。人都是感情动物，一旦开始了，就会很难'刹车'的。当然，你们这个年纪，心里有一些想法是正常的，但是不要付诸行动，还是尽可能地把时间、精力用在学习上。站在这个角度，我还是希望你们能够减少交往的频率。最近你们被我看到的次数实在是太多了。当然没有什么大的违纪行为，如果有的话，我们也不会这么平静地在这里说话了，以后还是降低交往的频率比较好。"

"老师，难道您是让我们互相不说话了吗？""那倒没有，但是作为高中生，应该把主要精力投入到学习上，有想法多找老师或者家长或者同性别的同学、朋友交流比较好。""好吧，老师，我明白了。"我看了看表，时间正好是二十分钟。"要不我们今天就先到这里，别的问题以后交流？""好的，老师再见。"

（六）　阳台上的粥

又过了两三天，一天早晨六点半，我到教室找一个学生，准备去储物间谈话。推开教室连着储物间的门，我看到李刚匆匆离开储物间窗口的背影。储物间的窗帘严严实实地关着，光线有点暗。来谈话的同学是李刚的舍友，他顺手拉开了储物间的窗帘，但是随手又接着拉了回去。在这个短暂的时刻，我的目光落在了窗帘后的窗台上。我清楚地看见了窗台上面被窗帘遮挡的东西——两份打包的热粥和两根吸管。想起李刚的背影，和这个学生拉开又合上窗帘的反常表现，我心里已如明镜一般。

和这位同学谈完话后，我立刻把王露叫到了储物间。我让她看窗台上的粥，说："这是刚才李刚放在这里的。我推测其中一杯是你的。因为有一次，我在走廊看见他抱着两杯这样的热粥到教室，就回去查看了班级监控，发现有一杯是给你买的。这次又是类似的情况，所以我这样推测。如果我推测错了，你也不要生气，可以吗？""老师，您没错，是给我买的。""哦。"我的音调明显拖长了一些，随着点了点头。

王露急忙解释道："老师，我没让他买。""但是他买了你也没有拒绝呀。你这样一次次接受，对方会怎么想？会觉得你很依赖他，造成不必要的误会。""老师，不就是一点吃的东西吗？拒绝了多不好。""嗯，这要看你拒绝的决心。咱班里还有另外一个女生，当然我不方便和你说她的名字，有人给她写信，她直接就交给我了，我找了男生谈话，这事就翻篇了。所以，拒绝是必须的。你如果不能明确表态，别人难免会产生别的想法。""好的，老师，我知道了。"

和王露谈完就到了下课时间。这时李刚过来找我，说："老师，这粥我是给唐同学（他的一个舍友）买的。"我抿着嘴笑了笑，说："好的，我知道了。"我心里有一个声音说：这明显是"此地无银三百两"呀！

又过了一天，李刚表示和我有话要说。我们来到储物间，他说："老师，王露已经跟我说您经常找她，让我别和她说话了。我们不多交往了，请您别再找她了行吗？"我说："当然不行。因为她也是我的学生，我觉得她哪里有做的不对的地方，就应该提醒她。你没有这个权力提这个要求，我也不会答应你的。""老师，我们真的不聊天了，您不找她还不行吗？""这个，我会看行动的，你不需要向我额外解释什么。"李刚很生气地跑开了。

晚上第四节课的时候，上课铃响了，李刚还是没有回到座位上。我问周围学生李刚的去向。他们说，他在楼下的台阶上和语文老师说话。语文王老师是我们班唯一的男老师，又是经验丰富的班主任，发生了刚才的不快，他能和语文老师交流一下，我感到挺放心的。我按学生说的方向下楼，远远地看见台阶上师生的身影，他俩肩并肩地坐着。我在心里祝愿他们，能有一场深入的、男性之间的对话，让这个男神一样的老师指引李刚，走过这片青春的沼泽。

七　不按时到教室的学生

一天早上，李刚早自习未按时到班，问了同宿舍的学生，说他身体不适，还在宿舍里躺着。我不满的情绪油然而生。李刚有过一次因为身体小有不适，就在宿舍休息不来教室了。当时，我跟他解释了原因：一方面担心学生自己在宿舍，一旦病情有所恶化，身边没有可以提供帮助的人，耽误病情；另一方面担心带坏了班级的风气，带动更多的学生稍有头疼脑热的小毛病就不来教室。我曾经也在班里向全班同学反复强调：生病了要么坚持到教室学习，要么回家治疗，不可以一个人躲在宿舍休息。

七点二十分，早自习正式开始了，我到教室一看，李刚还没有到。旁边一个同宿舍的同学说愿意回去看看他。那就让他回去看看吧，我回办公室等着。这一等就到了七点五十五，我才好不容易见到了他们的身影。

"怎么来那么慢呢？"我把"慢"拖长了音，有些不满地问。"我回去的时候他正在宿舍里呕吐，这不吐完后缓了缓才过来的。"去叫李刚的学生说。李刚用手拉着右边的裤腿说："起了很多疹子，老师你要不要看看。""那就是很严重呀，让家长来接吧。""不想回去，坚持一下就好了。""这么严重的情况，都从宿舍到不了教室了，还不得让家长接回去治疗吗？"我明知他的情况不严重，但是非常不满他不按时上课的行为，故意这样说。

"真的不用，吃点药就好了。""到底是严重还是不严重？如果不严重，为什么不按时来教室上课？如果严重，为什么不让家长接走？"我见学生坚持不肯回家治疗，态度也变得不友好了。"老师你为什么这么极端，非得有严重和不严重这两种情况？"李刚不满意我的二分法，挑起了我的毛病。

"你说说要怎样才是不极端？是不是你恰好不舒服了就在宿舍里睡觉，恰好恢复了就到教室学习，想什么时候在教室就什么时候在教室，想什么时候在宿舍就什么时候在宿舍，你自己随意调控，想来就来，我才不极端？"李刚生气地从鼻孔呼出了一大口气，却也想不出别的话来反驳我。

"老师，我家长没有时间。我家里还有一个上幼儿园的妹妹，我妈妈得照看她，我爸出差了。"李刚见我不好说服，拿出了现实条件做理由。"妹妹上幼儿园，你妈妈有什么不能来的，幼儿园的孩子不是中午不回家吗？""不是的，老师，她上四年级。我妈真的来不了。我妈从我上小学开始就不再接送我了，完全靠我自己。"李刚见我不松口，赶紧解释说，说话时变得有点小小的结巴了。"你家长有没有时间我不能只是听你的，我先给她打个电话问问吧。"

电话打通了，李刚的妈妈接了电话。我说李刚早上病了，来不了教室了，您来接他吧。"孩子怎么了？""发烧、拉肚子、呕吐。""严重吗？""严重，不能到教室上课了。""不能再坚持一下吗？""我看是不能了。""您把手机给他我问问情况吧。""问情况可以，但是你不要劝他在学校坚持，带他离校。""只要死不了，就在学校就行！""孩子身体出现问题，不赶快接走治疗，一旦出现异常，这个责任谁担得起？""你先把手机给孩子，我跟他说个话不行吗？"

李刚和家长进行了几分钟的通话。挂断电话，李刚的态度很坚决："我家长来不了。""我们明确要求过，生病了不可以在宿舍休息。我不能因为你破坏了这个规定，这不是咱们两个人的问题。如果只有你一个人有这个问题，那怎么都好商量。如果我对你放宽尺度，那我怎么去管班上其他同学？尤其是我们班里的桑晴同学，高一她曾躲在宿舍看手机，这是我亲眼所见。如果今天我放松对你的要求，那么她躲在宿舍不来教室了怎么办？其他学生稍有头疼脑热，也跟着不来上课了怎么办？上次，有个女生肚子疼要回宿舍，我也没有批准，让她在我办公室里，给她沏了杯红糖水，在我的办公桌上趴了一节课。所以，你这个情况我不能允许，我也有我的难处，我还要面对全班的同学。有些规则我必须遵守。就像上一回，朱玉带手机来学校，还是老年机，也没玩，还是因为有事想及时联系家长来接她，结果上课时手机铃声响了，不也是按带手机入校处理的吗？处理的时候我不知道她委屈吗？

我知道。我也非常难过，但是该回家反省还是要回家反省，我得遵守规则。纪律一旦制定了，就要面对全班同学，经历各种考验，大家一把尺子衡量，在这方面，我确实有我的为难之处。"

"那好吧，我家长是万万来不了的，得照管我妹妹。我自己走吧。"李刚想不到我的长篇大论，也可能是理解了我的两难境地，换了一个建议。"不行，学校的规定是必须家长来接。如果你自己走，半路上出了问题，怎么办？""我给你写个保证书，出了问题由我自己负全责。""那也不行。你走了，随便找个地方'猫'一晚上回来了，家里什么也不知道，怎么办？""我让我家长给你发微信，我们视频不行吗？""不可以，家长不来接是一律不能放行的。""我都满十六岁了，可以为自己的行为负责了。""但你还是孩子，还是学生。所以，还是不可以。""那老师，你说怎么办？""我再想想。"

旁边的学生说："反正他也回不了家了，要不就让他回教室吧。"我说："不行。问题得解决掉，要不就这么压下了，算怎么回事？"

我们都沉默了一会儿。之前没有制定这方面违纪的处理方式。

"不能回家又不按时来教室，你按违反纪律认罚可以吗？""好的，怎么罚？去操场跑圈吗？只要不让我走，跑一百圈我也愿意，我现在去也行。""那倒不必。咱们今天把违纪了怎么罚的事情说清楚，等你身体恢复了再罚就可以。跑圈的方式太累了，还是不要这么激烈的处罚了。"我的语气里有了一丝友善。

"你可以再给我提个建议，你说怎么罚合适。""怎么罚都可以，跑圈不行的话，罚站也行。"我不希望罚站，其一，会影响被罚学生的听课效率，也会遮挡后面的同学；其二，会引起任课老师不必要的关注，留下不好的印象，影响被罚学生的自尊。我提出新的方式："要不罚做值日？或者罚写八百字的反思书，这样的话不耽误你听课。""老师，要是我能选择的话，我希望是罚站，给自己一个深刻一点的教训更好。""那好吧。等你身体恢复了，上课时站着，课间可以坐下休息。如果站着挡住了后面的同学，就去墙边的走廊听课，这样可以吗？""可以，谢谢老师。"

"不过这种惩罚也只有这一次机会，下一次再出现这种情况就只能回家了。我不是想罚你，只是希望你身体不适的时候，不要在宿舍待着。我很纳闷，为什么你妈妈会说'只要死不了，就待在学校'呢？你妈妈对你……"李刚迫不及待地打断我的话："老师，我做错了您可以批评我。我妈是特别好的一个人，她特别通情达理。我妈妈也非常爱我，希望您不要说些针对我妈妈的话。"

"好的，我不说了。不过，我还是要给你妈妈打个电话。""不用了，老师，您给我妈打电话，你俩也说不到一起去，最后弄得不欢而散，你也不开心，我妈也不开心，何必呢？这样我受罚，我妈也不用为难来接我了，您也不用为难无法处理班级的类似事情了，这样就最好了。"

"我先收回对你妈妈做任何评判的话，但是我需要给她打个电话，把下一次出现这种情况'一定接走'说清楚。""好吧。"

先让陪李刚来的学生离开了办公室，我和李刚又开始了下一个话题。"最近怎么样？"我问的是他和王露。

⑧ 意外地和解

这个时刻，面对这位身体有病的、可能心里也有伤的学生，我不可避免地会考虑那个因素的影响。所以我问："最近和王露怎么样？生病，是不是也会有这方面的原因？"李刚的态度一下子激动起来："老师，我们最近彻底不说话了，即使是迎面走过来，都谁也不理谁了。这样您总该满意了吧？符合您的要求了吧？"我皱了皱眉，觉得这个问题一言难尽，何况他的身体还不舒服，今早也已经耽误了一节课了，就叹了口气，说："今天早上的事情就先这样吧，一会儿我会给你家长打电话，沟通生病后不得在宿舍休息的情况，你先回教室上课吧。""好的，老师。"李刚说着礼貌的话语，但是两个嘴角紧紧地下压着，咽了一口唾沫，他的心里一定不好受，很不满意我的处理吧。

李刚离开办公室后，我又一次拨通了李刚妈妈的手机。"孩子说您挺忙，不能来接他，是吗？""不是的，老师，我想今天中午带个医生过去一趟，给孩子看看，我也就放心了。刚才我也和孩子他爸商量了，中午过去。""不用了，孩子是有些不舒服，现在好些了，不用带医生过来。听孩子说，你还要照顾他妹妹，实在是没有时间，你要是不方便，不来也行。""不是的，老师，为了李刚我怎样做都可以的。我只是觉得马上要高三了，时间特别紧张，能不回来就尽量不回来，别耽误了学习。"

"李刚妈妈，您这样想，孩子可不一定这样想呢！他如果心思不在学习上，完全可以上课走神，学习效率低下，这样的话，省出来的时间也没有什么意义。""嗯，对的，老师。是不是孩子最近有什么事情，不好好学习呀？您可一定要告诉我。"

"今早上的事情是生病不来教室了，我是故意激他让他回家的，生病是有，但是身体没有什么大问题。我的目的是'生了病就不来教室'的这个习惯，不能给他养成。所以，如果下一次再出现这样的情况，请您一定要配合，把孩子接走。孩子懂得珍惜时间，才是关键。""好的，老师，下次我一定配合。是不是孩子最近在学校有什么事呀？"我把李刚和王露的事简单说了说。

"老师，您的处理太对了，找那个女孩聊。李刚初中的时候学习可好了，后来因为和一个女生走得太近，中考没考好。他爸没少揍他。我今天不想接他回来，也是担心他爸知道他因为调皮被接了回来，再揍他一顿，就尽量不想让他回来。我想他吃点药好了就行了，所以刚才有点冲动了，说话有些不注意，您可千万别生气。""没事的，我刚才态度也不够好，刚和孩子生了气，难免语气有些冲。但是，我们都是为了孩子好。要不，中午您不过来了？""不，老师，我去，我得好好和他说说。"

"那样也行，你今天可千万别把我告诉你'他和王露的事'说出来，显得老师向家长告状，多不好呀。你再找个别的机会跟他聊这件事吧。今天还来吗？""我去，老师，不带医生了，给他带点药过去，说说他，您告诉他今中午十二点我在学校南门等他。"

"好吧，那我就跟孩子说你来给他送药，至于怎么聊，就是你们母子的事了。需要拿些什么药，您清楚吗？主要症状是发烧、腹泻、呕吐。""我知道的，老师。""需要中午带他出去吃个饭吗？如果需要，我就给他开一张宿舍假条。不开的话，就得中午十二点半回到宿舍。""不用假条，老师，一定不会耽误他回宿舍的时间，回宿舍睡一会儿，才有精力保障下午的学习。"

大课间的时候，我把李刚妈妈要来给他送药的消息告诉了他。李刚很生气，说不用送的。我说："不是我要求她来的，是她坚持要过来的。""那我去给她打电话！"来不及做完眼保健操，李刚就拿着电话卡气冲冲地跑出了教室。不一会儿，又气冲冲地回来了，把电话卡往桌上一摔，嘴里重重地哼了一声，坐了下来。看到这个样子，我也不愿意再去触他的火气。等课间结束后，我回办公室给李刚妈妈打了个电话，说："你还来吗？他好像很生气的样子，说要给你打电话呢。""是呀，打了，我还去学校。我说我已经在路上了。""好的，我看他特别不开心，你好好劝劝他。""好的，老师，你放心吧，我会好好和他谈谈。"

之后一切恢复了正常。至少在我看来，正常。

九　关系紧张

高二的期末考试，李刚因为携带资料入场被判"考试作弊"，我约谈了他的家长。可能是暑假期间在家被家长狠狠管教了，高三开学后，李刚在班里一直比较沉闷，和其他同学的交流变少了。李刚自己有一种隐隐的自卑感，觉得做了一些不靠谱的事，同学们都疏远了他。细想起来，一方面是"交往过密"的副作用；另一方面，李刚看事情有时有些偏激。

还有印象的是，李刚对我说，班里只有两个男生——他和王恩。其实班里有十二个男生，但是其他男生在李刚眼里都特别"娘"，他特别看不上他们。可能这就会导致李刚和别的男生关系不好，或者因为别的男生关系不好，他才有了这样的感受。

有一次课间，李刚和同宿舍的王想吵了一架。我把李刚叫到办公室了解情况，他说王想散播了他的谣言，让他在班里没法做人了，自己已经为这事恼怒隐忍很久了。为了公正，我不但找了王想了解情况，又找了其他同学了解情况。得出的结论是，李刚向王想诉说了一些真心话，有部分是自己的秘密——关于和女生交往方面的——转眼就被王想以开玩笑的心情说了出去，秘密被公开了，现在弄得整个班里的同学都知道了，都在传播他的秘密。

李刚说的那些话，他以为只是分享给亲密的朋友听，现在却出现了这样的结果。李刚很生气，我劝他"没法堵住别人的嘴"，另外，我可以协调王想给他道歉，他说算了，不想再听到王想说话了。李刚心里烦躁得很，什么样的话也承受不住了，随之溜走的，还有他在学习上的平和情绪。李刚和班里同学的关系、舍友关系也变得紧张了。

李刚背负着"人际交往方面的压力"，表面上看还是在努力地学习，但是成绩上却再也回不到那次期中考试时的状态。

（十）　分开的主要原因

几个月后的一天，因为琐事和学生交流，学生无意间提起李刚和王露，说李刚认为是我拆散了他们，一直愤愤不平。

我说我可没有那个本事。他们没有发展成"交往过密"，主要原因是王露的态度没有那么积极——李刚不是她喜欢的类型。

在这种事情上，旁边的人能起的作用是非常有限的。作为老师，我们的劝诫如果有效，那恰好和学生不想继续发展的愿望一致而已。

李瑞和王莉：那段早来的不合时宜

一　李瑞和王莉

李瑞和王莉是高一的时候在我班级的学生。

李瑞个子高高的，身材瘦而矫健，擅长短跑，曾经作为运动会4×100米接力赛的成员之一，为班级取得了第一名的好成绩。他白白净净的，说话很温和。据说李瑞初中的时候，学校在宣传栏"优秀学生"的展板上贴出了他的照片，被下一届的一个学妹看到了，她发誓一定好好学习，要考到和李瑞同一所高中就读。更"要命"的是，李瑞在唱歌方面也很有天赋，军训的时候他就一展歌喉，从不扭捏腼腆。印象中，李瑞和另一名女生合唱了当时的一首流行歌曲，效果相当好，可谓"余音绕梁，三日不绝"，以至于我后来几乎没有再遇到像他们唱得那样好的学生。

王莉的个子不是很高，身形挺拔，白净的鹅蛋脸，闪着光芒的双眼皮眼睛，弯弯的，很好看。当时，王莉正带着矫正齿形的牙套，但一点也不影响她一连串语速稍快的、清晰的表达和爽快的笑声。

二　逐渐走偏

李瑞和王莉是同一个小组的，前后桌。刚开始看到他们比较频繁地在一起的时候，我没有多想，觉得就是座位近，谈得来，平时难免会多聊几句。

第一次引起我的关注，是一天晚饭的时候，我去食堂吃饭。当时天气很冷，食堂有厚厚的门帘阻隔，里面和外面互相看不见。当我掀开门帘的时候，看到对面的李瑞和王莉肩并肩向我走了过来，身体并行的距离特别近，几乎是挨到了一起。我一脸诧异，还没做过多反应，他们就喊了一声老师好，穿过厚厚的门帘，出去了。

我觉得这是可以聊一聊的机会，因为学校的安排是男生和女生在不同的食堂买饭吃饭，男生食堂和教师食堂在一栋楼上，女生食堂在另一栋楼上。一般男生不会去女生食堂，偶尔会有几个女生去男生食堂。严格来说，王莉没有按规则做事。

这是我可以找王莉谈话的理由，但我最不放心的，是看到他们并肩而行的那种亲密。我问王莉，怎么去了男生食堂买饭，王莉先说自己知道错了，只因听说男生食堂的饭好吃，想买来试试。我说，怎么和李瑞一起去的呢？王莉说，和李瑞是在路上恰巧遇到的，就一起去了。我提醒她以后要注意遵守纪律，也要注意和男生交往的分寸，但说不出口要她和李瑞离远一点。

去班里的时候，我常常看到他们在班里一起聊天，多数是课间，有时是自习课上。我也不好说什么，只是继续留意观察。

再一次发现他们走得有点近，是高一下学期开学后不久。男生宿舍和女生宿舍都在食堂的对面，我从食堂吃完饭出来，就看到了王莉和李瑞站在一起，分一个塑料袋里的几颗猕猴桃。他们分完，每人拿着几个准备要离开的时候，抬头看到了已经站在他们面前的我。他们镇定地打招呼，老师好。我也只是打招呼，因为很快就到宿舍午休的时间了，说多了也会影响他们休息。下午的时候，我找李瑞，问怎么回事。李瑞依然很镇定，说自己家长送来了好吃的，就想和王莉一起分享，觉得没有什么不对的。我说分享也没错，但是要把握好分寸，一旦被查出交往过密，两个人都会挨处分的。李瑞说真的什么事也没有。当时我也比较相信李瑞，他担任班里的副班长，班里有事情需要他处理的时候，他处理得还不错。

时间继续流淌着。那段时间，班会的时候，我安排学生们轮流上台，分享一本自己最喜欢的书。李瑞分享的那天下午，他分享的书是《百年孤独》，前面的分享也比较深刻，哪曾想后面就变了味，成了类似爱情表白：放心吧，我对你的爱是一生一世不会改变的。班里的同学哄然大笑，李瑞却只有激动，没有脸红。坐在下面的王莉，白嫩的脸上绯红一片，兴奋的眼睛里似乎要溅出光芒。这家伙，把这个场合当成展示自己勇气的表白舞台了吗？可是，我又能说什么呢？人家明明是分享读书时故事里的情感和领悟呀！真是让人看不下去，却又制止不了。

三 储物间里的拥抱

但凡遮掩的，很快会现形。

不久后，我接到某任课老师的电话，说课间路过班级的时候，从储物间长条形的玻璃往里面望了一下，吃惊地发现李瑞和王莉拥抱在一起了。当时储物间里面没有别的同学，靠在墙边的李瑞面向老师这边，发现了老师，两个人赶紧跑回教室了。

我的气血开始翻滚上涌。李瑞是副班长，很多事情都做得很不错，我也非常信任他。当他说只是同学之间的正常交往，我也没往坏处想。想不到，他们竟然一步步失控，不顾一切地在储物间拥抱。这样做，班里的同学会看不见？这次被老师看见了，是不是之前还有很多次是安全的，才会这样肆无忌惮？

我找李瑞来问情况。李瑞说，只是因为王莉考试成绩退步很多，很难过，自己想安慰一下她，就忍不住抱了她一下。

也许李瑞说的是事实，但是这样公开的出格行为，我不能允许，通知家长来进行处理。

王莉的爸爸妈妈一起来的，王莉妈妈很是生气，流出泪来。她冲着王莉喊：“你怎么能这样呢，妈妈为了你这么辛苦，你这样对得起谁，对得起妈妈吗？”我赶紧劝慰，先消消气，回家慢慢教育孩子。王莉什么话也没说，满脸的泪扑簌簌滑落下来，无声地哭泣。

李瑞的妈妈和姐姐一起来的。李瑞妈妈看起来心情还不错，脸上有模糊的笑意，不知道是不是因为儿子"谈对象"有一丝丝的兴奋。她几乎不说话，说话的是李瑞姐姐。李瑞姐姐微胖，打扮得很时髦。她见到李瑞就一巴掌拍到他的背上，怒气脱口而出："你来这里不好好学习，你都做了些啥？看看你做的好事！怎么这么不让我省心呢！"没说几句，眼泪也缓缓地流了出来。李瑞双手在身体前交叉着，低着头，什么也没说。

当时在办公室的，除了李瑞一家三个人以外，还有我和杨主任。我和李瑞姐姐在劝诫李瑞的时候，杨主任慢慢地听明白了事情的原委，也忍不住劝说李瑞："你看你姐应该从小没少疼你，你怎么能让她这么伤心呢？还有你班主任，两个孩子，班里还有那么多事，天天累得不得了。你又是班干部，你得为老师分忧，不能这样随心所欲。"我被杨主任说到了痛点，一方面是真的觉得特别累，一方面因为李瑞是我非常信任的学生。我的泪也如决堤的洪水一般倾泻出来。

我尽力忍着，只流泪不发出哭声，不让声音改变，但是流泪严重地堵塞了鼻子，说话的声音也哽咽含混了。我停下来不再说话，希望平静一下自己的情绪。李瑞姐姐一看我流泪，又一次流出泪来，责怪弟弟不懂事："老师对你那么好，你却让老师伤心了。"我摇摇头说："我确实挺伤心的，希望李瑞能以此为戒，以后把精力好好地投入到学习上。"李瑞一直低着头，一脸严肃。突然，他转身正向面对我，深深地向我鞠了一躬，说："老师，对不起，让您失望了。"我的泪水再一次喷涌出来。

杨主任也没料想我会有这样的反应，觉得我把该交代的也给家长说清楚了，就对李瑞姐姐说："先带他回家，回去再好好聊聊。让你老师休息一下吧。"李瑞一家离开了办公室，去宿舍收拾物品，走了。

一种巨大的无力感向我袭来。我不知道我哪个环节没有把控好，班里居然出现了这样的事情，我陷入深深的反思中。

（四）　分开

李瑞和王莉返校后，他们和我都变得小心翼翼。说这事在我们心里没有任何影响，肯定是不对的。但是已经按校规处理了，返校后再做更多批评也是不对的。我们希望回到曾经的平静和融洽中去，却变得有了一点难度。我尽可能少一点安排李瑞去做事情。李瑞有时欲言又止，可能想说却又不知道向我说些什么，有点蔫蔫的。

好在很快，这个学期就结束了。李瑞和王莉选了不同的科目，不在同一个班级里了。我也接手了新的班级，不再继续教他们了。

高二时级部的元旦联欢晚会上，我意外地发现，四个盛装的主持人里面，有李瑞，也有王莉。他们的普通话很标准，仪态也很大方。我不知道他们后续的故事，只是暗暗感叹，原来这也是他们共同的爱好和特长呀！之前我竟然没有发现。

也许换了角度的原因，远观李瑞和王莉，我突然觉得，他们真的很般配。

如果，他们知道高中阶段有些感情可以忍一忍，藏一藏，收敛一下就好了。也许未来的某一天，他们真的会走到一起。

我一边笑自己思绪飘远，乱点鸳鸯谱，一边感叹：这是一场早来的不合时宜。少年们，还是要先完成自己的学业目标，不要分心呀！

第二节　心理眼看故事：青春期交往过密中的一二三四五

青春期的交往过密，像天上的彩虹，那么美丽，却又短暂。

一　一条准则

处理这类问题，我为自己制定的准则是：教育、劝诫、指导、帮助。

按照发展心理学的观点，青春期对异性感兴趣是一件很正常的事。校规明确不能有越礼行为，但是站在师长的角度，我不希望因为这件事就把学生批评到抬不起头来，用羞愧写满接下来的高中生活。

我的目标是，学生能更好地控制自己的情绪和行为。一旦对学生过分贬低，会对他们的心灵造成巨大伤害，学生就更难把心思完全转移到学习上来了。

二　两种类型

交往过密可以说有两种类型，其一是单恋，其二是双向奔赴。

如果是单恋而对方并不接受的话，无疑压力就在那个动心的人身上。那种求而不得引发的自我怀疑，会扰乱学生学习、交友、睡眠的节奏，他们总是一副郁郁寡欢的样子。被同学嘲笑，被老师和家长不停地劝诫，难免会形成更大的心理压力。而没有动心的一方，会受到一些干扰，一般不构成损伤。毕竟，被一个人明确表达喜欢，也是一件证明自己还不错的好事儿。

这种情况，老师一般会好言相劝，只要没有过激行为，不会让学生回家反省。这种类型的结果常常是动心者饱受煎熬后，斩断情丝，带着思想负担继续前行。这负担很重，有的人恢复得好一点，有的人就很难再振作起来。这条路一旦迈出一步，就很难像什么也没发生一样。对于不听劝诫的人，老师也很同情和惋惜，却又无力改变他们。

如果交往过密是双向奔赴的，那就有点麻烦了。他们会约定好在某时某地见面，私下也会牵手、拥抱甚至有更亲密的接触。这些行为被老师发现的只是极少的一部分，可其他同学的活动时间和范围与他们重叠，是很容易发现的。所以，班级里这类事情，学生们是最明白的。他们也不会像小朋友那样主动找老师汇报，老师们得知这类消息，多数是听到同事、级部或学校的反馈。很可能，全班同学都很明白谁和谁是一对儿，老师却在毕业多年之后才会了解到。

一旦发现交往过密属实，那么雷霆手段也就随之而来，需要告知双方家长，回家反省并记处分一次。让人意外的是，很多在高中时候你侬我侬、分不开断不了的"小情侣"，到了大学时考入不同的学校，一般会在半年内分手，各自交到新的异性朋友，将来走进婚姻殿堂的更是少之又少。

高中时，学习时间是最宝贵的。如果两个人经常闹分手或者最终真的分手了，至少会有一方很难短时间重回较好的学习状态。这样看来，高中时期的交往过密往往被视作洪水猛兽也就不足为奇了，老师们看到了太多这样的分分合合和痛苦委屈，特别不希望这种事发生在自己学生身上。

但是生活中也有不少是高中同学结成终身伴侣的，多数情况下，他们在高中阶段是普通同学，高中毕业以后，双方有了这样或者那样的交集，彼此也互有好感，这样年龄大一些才开始经营的感情更容易修成正果。

三 三个步骤

第一步：思想引领，提前预防

新班级成立后不久，就会进行"同学之间如何相处"的主题班会。一部分内容是如何与班内同学友好相处，还有一部分就是提醒男女生注意相处的分寸，不要交往过密。为这类事件打好预防针，定下基调。

我会专门给班委、课代表、小组长开会，重新强调这个问题。这些学生，尤其是班委，多数都能力较强，和普通学生打交道比较多，常常是容易出问题的薄弱环节。反复重申对学习和自己的人生发展造成的不良影响后，我会再加一句："因为你们是班委或小组长，所以我对你们的要求会更加严格。一旦发现问题，不管你对班级的贡献有多大，你都破坏了班级的学习氛围，一定会严肃处罚，绝不留情，还是希望大家自重，不要走到这一步才好。"

如果发现了一些交往过密的小苗头，我会有所怀疑，但不会直接逼问。一般会根据情况，找到其中一方聊一聊，劝诫一番。当然，前提是他们还没有亲密的行为。

第二步：严肃处理，不留情面

一旦学生被发现了肢体上的亲密接触，不论哪种情况下发现的，我都会上报级部，直接处理，不会因为担心影响班级形象或者哪个同学的什么特殊身份而迟疑。我坚信，如果他们已经迈出了不该迈的一步，这时需要的是当头棒喝，让他们急速降温冷却下来。这在短期内可能会对学生和班级的氛围造成不利影响，但是，从长期看，是非常值得的。因为学生的眼睛都是雪亮的，学生一旦发现老师明明知道这样的事情而不去处理，就会有更多学生开始效仿，情况会变得更加严重，不好控制了。这里有"壮士断腕"的悲壮，也有"杀鸡儆猴"的私心。

第三步：冷却处理，重新鼓舞

学生反省回校后，会变得特别不自在，一副做错了事的样子，有时会在座位上发呆，应该是在家里受了不小的折磨吧。我一般会暗暗观察，稍稍有一点躲避。

慢慢等过去一段时间，学生没有再做出过分的举动，也会找个机会以聊天的方式，问问情况，鼓励他们专注投入学习中去。再慢慢地放开一些，像往常一样，该指导则指导，该要求则要求。

四 四点认识

（一）认识孩子的逆反心理

认识到这一点，就会平等地和学生交流，因势利导，条分缕析，找到事情不好的方面和好的方面。这样，才不会激发学生的逆反心理，他们才能听进去，教育才会有效果。我在这方面的一个判断标准是：如果一直是我在说，学生一言不发，我就会停下来，换一个角度，退一步，更深切地去体会他的感受和困扰，直到把这个过程变成你一言我一语的双向交流。

（二）认识青春期恋情的难控性

处于青春期的孩子，本身情绪就是非常不稳定的。所以，这个时段的感情，是与学生所处阶段的生理基础密切相关的，是荷尔蒙主导的结果。

他们对事物有了一些认识，但可能是片面的、不理性的。能听到自己熟悉的那种观点的声音，对于和自己不同的观点，常常不会轻易点头认可。他们急于想要证明自己，即使用一种幼稚的手段、较大的代价也在所不惜。这时，他们的感情最为纯粹真挚，不掺杂一丝算计和市侩。

（三）认识情感发展的不同阶段

一般说来，青春期的感情会经历四个阶段——好感、朦胧、热恋、分手。一步步深入，也伴随着越来越惊心动魄的感受。每一步都是饱满的情感体验，可与之相随的，相处的问题也会逐渐暴露。有人曾调侃说："如果自己班里的两个同学交往过密了，最容易分开他们的方式就是让他们坐成同桌。"据说这一招很有效果，一般经过三个月的时间，两个人就会互不理睬，形同陌路。

这也不难理解，很多青春期的感情，其实是"把自己对完美异性的想象安在一个现实的人身上"。一旦相处时间久了，现实就会和想象有 N 次较量，直到他们认识到现实中的这个人不是自己理想中那个完美的人。成人世界还有"乍见之欢，不如相处不厌""相爱容易相守难"这样的说法，何况是很快会发生很大变化的青春期的学生呢？我们常常劝诫学生说："你可以喜欢某个人身上的某种美好的品质，让自己也逐渐拥有这种美好，但是不要喜欢有这个美好品质的某个人。"看到美好，让自己变得更好，人生还有无限发展的可能。

（四）认识外力作用的局限性

哲学上我们常说，"内因是事物变化发展的根本原因"，这一点在这里也一样适用。我们可以施加影响，但最终的选择和决定只能由孩子这个主体来做出。认识到自己的局限和并非全能，就能在孩子不听劝的时候，保持一份沉稳；在孩子能做出收敛和改变的时候，表达更多的赞赏和感谢。孩子多了这份外在的支持，会更加理性和自控。

五　五不要

不要忽视影响，任其发展；不要情况不明，贸然干预；不要冷嘲热讽，激化矛盾；不要挑拨家长，不留后路；不要一次犯错，再不关爱。

老师的理性宽容，往往会给学生重返"正途"留一盏守候的灯火。

⑥　附：《苏格拉底与失恋者的对话》（柏拉图著，杨绛译）

感谢那个抛弃你的人

——苏格拉底与失恋者的对话

苏格拉底想看看2000年后的不同。但一来到人间就见到一位年轻人，茶饭不思，精神萎靡，其状甚哀。

苏（苏格拉底）：孩子，为什么悲伤？

失（失恋者）：我失恋了。

苏：哦，这很正常。如果失恋了没有悲伤，恋爱大概也就没有什么味道。可是，年轻人，我怎么发现你对失恋的投入甚至比对恋爱的投入还要倾心呢？

失：到手的葡萄给丢了，这份遗憾，这份失落，您非个中人，怎知其中的酸楚啊。

苏：丢了就是丢了，何不继续向前走去，鲜美的葡萄还有很多。

失：等待，等到海枯石烂，直到她回心转意向我走来。

苏：但这一天也许永远不会到来。你最后会眼睁睁地看着她和另一个人走了去的。

失：那我就用自杀来表示我的诚心。

苏：但如果这样，你不但失去了你的恋人，同时还失去了你自己，你会蒙受双倍的损失。

失：踩上她一脚如何？我得不到的别人也别想得到。

苏：可这只能使你离她更远，而你本来是想与她更接近的。

失：您说我该怎么办？我可真的很爱她。

苏：真的很爱？

失：是的。

苏：那你当然希望你所爱的人幸福？

失：那是自然。

苏：如果她认为离开你是一种幸福呢？

失：不会的！她曾经跟我说，只有跟我在一起的时候她才感到幸福！

苏：那是曾经，是过去，可她现在并不这么认为。

失：这就是说，她一直在骗我？

苏：不，她一直对你很忠诚。当她爱你的时候，她和你在一起，现在她不爱你，她就离去了，世界上再没有比这更大的忠诚。如果她不再爱你，却还装作对你很有情谊，甚至跟你结婚，生子，那才是真正的欺骗呢。

失：可我为她所投入的感情不是白白浪费了吗？谁来补偿我？

苏：不，你的感情从来没有浪费，根本不存在补偿的问题，因为在你付出感情的同时，她也对你付出了感情，在你给她快乐的时候，她也给了你快乐。

失：可是，她现在不爱我了，我却还苦苦地爱着她，这多不公平啊！

苏：的确不公平，我是说你对所爱的那个人不公平。本来，爱她是你的权利，但爱不爱你则是她的权利，而你却想在自己行使权利的时候剥夺别人行使权利的自由。这是何等的不公平！

失：可是您看得明明白白，现在痛苦的是我而不是她，是我在为她痛苦。

苏：为她而痛苦？她的日子可能过得很好，不如说是你为自己而痛苦吧。明明是为自己，却还打着别人的旗号。年轻人，德行可不能丢哟。

失：依您的说法，这一切倒成了我的错？

苏：是的，从一开始你就犯了错。如果你能给她带来幸福，她是不会从你的生活中离开的，要知道，没有人会逃避幸福。

失：什么是幸福？难道我把我的整个身心都给了她还不够吗？您知道她为什么离开我吗？仅仅因为我没有钱！

苏：你也有健全的双手，为什么不去挣钱呢？

失：可她连机会都不给我，您说可恶不可恶？

苏：当然可恶。好在你现在已经摆脱了这个可恶的人，你应该感到高兴，孩子。

失：高兴？怎么可能呢，不管怎么说，我是被人给抛弃了，这总是叫人感到自卑的。

苏：不，年轻人的身上只能有自豪，不可自卑。要记住，被抛弃的并不是就是不好的。

失：此话怎讲？

苏：有一次，我在商店看中一套高贵的西服，可谓爱不释手，营业员问我要不要。你猜我怎么说，我说质地太差，不要！其实，我口袋里没有钱。年轻人，也许你就是这件被遗弃的西服。

失：您真会安慰人，可惜您还是不能把我从失恋的痛苦中引出来。

苏：是的，我很遗憾自己没有这个能力。但，可以向你推荐一位有能力的朋友。

失：谁？

苏：时间，时间是人最伟大的导师，我见过无数被失恋折磨得死去活来的人，是时间帮助他们抚平了心灵的创伤，并重新为他们选择了梦中情人，最后他们都享受到了本该属于自己的那份人间之乐。

　　失：但愿我也有这一天，可我的第一步该从哪里做起呢？

　　苏：去感谢那个抛弃你的人，为她祝福。

　　苏格拉底与失恋者的对话，是一则让人回味无穷的对白，符合心理学的观点，充满哲学的思辨，更是人生智慧的浓缩。送给那些为"失恋"所苦的人，如果是以学业为重的阶段，更要好好掂量感情中的分量，看自己能不能承担。

　　愿作为高中生的你：守住心性，规范行为，奋力拼搏，一飞冲天，一鸣惊人。

团体心理辅导篇

扫码获取

AI心理观察员

心 绪 传 声 筒

成长"心"世界

情 绪 翻 译 机

第十二章

一起游戏，一起创造

英国著名精神分析学家唐纳德·温尼科特说："不要忘了去游戏、去梦想、去创造，这是世界上最严肃的事情。"他认为，游戏意味着能全身心投入，使人处于梦与现实中间的、自由的空间，由幻觉和幻觉的游戏所统治的空间之中。在游戏中，可以进行情感修复和幻想的激发创造。"游戏本质上是一种创造性活动。"

"孩子们玩游戏，也是在发展自己的人格。通过在游戏中充实自己，孩子渐渐增长着能力和见识，也逐渐看到外部真实世界的丰富多彩。游戏持续证明了创造性的存在，那代表着一种鲜活的生命力。"

（温尼科特）

第一节 室外游戏——"鸡蛋"变"凤凰"

(一) 活动目标

体验顺利与挫折，体味人生挫折的常态性。

(二) 活动准备

教师或家长选好活动场地——两个相邻的篮球场。每个半场作为一个区域，定好四个区域并做好标志，分别是"鸡蛋""小鸡""小鸟""凤凰"。

(三) 活动安排

全体学生来到活动场地后不分组，面向主持人站立。主持人为学生讲解游戏名称、内容和规则，同时指导一位同学对相应的动作做出示范，最后主持人提出建议与说明。

（一）游戏名称 "鸡蛋"变"凤凰"

（二）游戏内容和规则

1. 游戏中有四种角色，从低到高依次为：鸡蛋、小鸡、小鸟、凤凰。

2. 教学生学会动作，这四种角色的标志姿势分别为：鸡蛋——身体蹲下双手抱膝；小鸡——身体半蹲，手扶膝盖；小鸟——身体直立，一手上举；凤凰——展开双臂呈飞翔状。

3.所有人不分小组共同参与游戏。

4.所有人最初都是"鸡蛋"，要通过和同级别的人角逐才能一步步晋升。

5.角逐的方式是"剪刀石头布"，赢的上升一级，并移动到相应区域；输的降为"鸡蛋"，并回到"鸡蛋区"。

6."凤凰"不用再参加角逐，展翅飞到篮球场外休息，不要走远。

7.游戏进行到只剩一个"鸡蛋"、一只"小鸡"、一只"小鸟"，其他人都晋升为"凤凰"时结束。

8.游戏进行两到三轮（注：轮次可以根据学生活动一轮的时间和班会总时间的长短调整），最早晋升"凤凰"的五位同学，到主持人处登记名字并帮忙记录没能晋升者的名字，准备游戏后分享。

9.先晋升者没有奖励，没能晋升者也没有惩罚。记录名字只是因为在不同的境况下，人的心情会不同，感受会更强烈，有利于在班内分享感受。

（三）建议与说明

1.注意事项：遵守规则，尊重他人。

2.全身心参与体验游戏，即使不幸暂时落后也不要气馁。一般来说，三轮游戏中，不会出现每轮都落在最后三名的同学是同一个人，也不会有保持三次游戏每次都前五名内顺利通关的同学。

3.活动结束后，积极参与活动感受的分享。关于顺利与挫折、运气与倒霉、信心与灰心、希望与放弃、主动与被动等内容都可以，也可以是其他感受。

四　活动过程记录

我宣布先进行第一轮游戏，请同学们先熟悉一下动作和流程，在绝大多数人变成"凤凰"的时候我会随时喊停。再次叮嘱同学们全身心参与游戏，积极发言，遵守规则，尊重他人。

第一轮游戏，多数同学玩得很认真。他们的动作还有些笨拙，却难掩游戏的热情。激烈的"剪刀石头布"的声音伴随着跑动、叹息和跺脚的声音不绝于耳。我站在圈外记录了最快晋升"凤凰"的五名同学，然后不再记录，专心观察留在场上的学生。我特别关注了几个反复由"小鸟"变成"鸡蛋"、来回奔波角逐却迟迟得不到晋升的同学，准备让他们稍后分享发言。突然，我看到有五个男生蹲在了"鸡蛋区"聊天，不参与活动，可能是不好意思和女生争抢吧。（注：我们班的男生很少，参加活动的不足十人）我告诉他们，都要参与进来，收获才会大哦！他们起身加入活动。

大约过了三分钟，这时多数学生已晋升"凤凰"到场外休息，参与游戏的不足十人，我宣布游戏提前终止。我马上采访刚才注意到的反复不能晋升的同学。只差一步就成功了，却得从头再来，这种前功尽弃的感觉给学生带来很大的情绪起伏。李莉说："老师，我太难了，我反复了好多次。"王琳说："这个游戏好难呀。"很快完成晋升"凤凰"的张迪说："这个游戏有很大的运气成分。"

通过这一轮，学生认识到了运气的成分，少部分没有晋升为"凤凰"的学生，体会到了由"小鸟"变成"鸡蛋"的挫败感，情绪非常明显。

随后，我分享了一个我观察到的现象：有的同学输了，立刻找新的对手参与到下一轮的活动中。相同的时间，使比拼的次数变多，这样获胜的机会就变大了，希望同学们能注意到这一点。如果你失败了，不要发呆等待，而应积极投入下一圈的游戏，这样你会有更多获胜机会。失败后，有人放弃了，什么也不做；有人不甘心，继续抗争，这也是导致最终结果会有差别的原因。

我把规则调整为除"凤凰"外，每个角色只剩一个人的时候游戏终止。

第二轮游戏开始了，这次学生们的活动速度明显加快了，确实得到了更多比拼机会。很多学生在"小鸟"区失败后，马上转身跑步到"鸡蛋"区，寻找新的对手进行比拼，反反复复，速度一直没有降低。

这一次，我还是记录了五个最先到达"凤凰区"的学生，然后开始观察场上还在进行游戏的学生的情况。这次他们更加认真主动了，随着时间推移，场上的人数越来越少，有的学生发出了有些紧张的"啊……啊……"的声音。他们边跑边叫着寻找下一个目标，迅速出手对决，然后根据结果快速移动。很多人越到最后越着急，越想赢，谁也不想做最后被剩下的人。直到"鸡蛋""小鸡""小鸟"的活动区都各自只剩下一个侧目摇头、无奈笑着的人。

活动结束后，我让最后留在场上的学生分享感受。张莱说："老师，这真是个体力活。"看着很多学生气喘吁吁的样子，我和班里很多学生大笑起来。我又找到没有轻易晋升，但是坚持到最后终于晋升的学生发言。王希说："还好我没有放弃。"李娜说："这个游戏其实一点也不简单。"最后，我找第一轮轻易胜利，这一轮却艰难胜出的人发言，这种境遇的差别也会引发他们的一些感触。张安说："风水是轮流转的，这一局我不是很幸运。"

我说："是的，将来我们的高三生活会面临无数次的考试。可能这份试卷的考试内容、出题思路和你非常契合，你考得很好，觉得自己实力不错，雄心勃勃。但是，下一次的考试会马上到来，你上一次的胜利果实将会无影无踪；也可能这份试卷不合你的'胃口'，你虽然之前付出了很多努力，但是依然没有得到高分，不要气馁，下一局的比拼也会马上来临。你不能在胜利时窃喜，也不要在挫折中沉沦，而是要收拾好心情，立刻朝着下一个目标进发。所以，学习过程的多次考试，也像这一轮轮的游戏一样，周而复始。只有认识到反复考试的意义在于，不断找出你没有掌握好的知识点，发现知识的漏洞后加以修补，不断激励自己不停地前进，你才能看淡成绩的浮浮沉沉，一以贯之持续努力，真正做到胜不骄、败不馁。"学生们纷纷点头。期间还有三个同学在围着篮筐做虚拟投篮的动作，我及时出言制止："注意哦，这可是室外的班会课，是上课哦！"很多同学抿着嘴角，笑了。

　　接下来进行第三轮游戏，还是到"鸡蛋""小鸡""小鸟"每个角色只剩一个人的时候停止。学生们依然玩得很认真，但是轻松了很多。没有取得胜利的学生，面部表情不再那么僵硬了，跑动的脚步变得轻快起来，喊叫的声音里也有了些许快乐的味道。他们笑闹着完成了后面的游戏。我依然是寻找反复不能晋升为"凤凰"的学生和这三轮游戏里境遇差别大的学生发言。

　　张蕾的话把全场的人逗得哄堂大笑，她说："我是前面两局都没有轻易赢的人，结果就有很多同学排队等我，跟我PK。"我一开始没有反应过来，皱起眉毛发送了一个问号。她接着解释："跟我PK的话，他们赢的概率变大了，因为他们发现我是一颗'软蛋'。"我边笑边说："哦哦，这里面还有策略呢！选择你的PK对手是认为如果对方实力弱，可以增加成功机率。你们真是太厉害了，这么个小游戏很快就总结出了经验，并立刻进行运用。"我又问了连续三轮成绩都不太好的李珍，她说："想立刻再进行一局游戏，赢回来。"

　　我点头表示赞同："是的，我就是希望大家有这样的精神状态，想着通过下一次的努力，得到自己想要得到的。希望大家保持初心，不要忘了，我们最终的奋斗目标是高考，每一次小的考试检测都算不得什么，只要高考没结束，你就还有开始下一局夺取胜利的机会。不到高考的最后一门考完，一切还有变数，结果就是未知。在这个不确定的事件结束前的每一天、每一分、每一秒，都需要大家不放弃、进行持之以恒的努力。这样，高考过后，你才会无愧高考，无愧自己十二年的寒窗苦读。"

　　看孩子们面色凝重，我停顿了一下，又说："往更大的方面说，这个过程象征着人生的曲折、坎坷。正如这个游戏，很多时候，我们付出很多努力，却不得不从头再来时，你是否还有勇气？命运掌握在你手中，抱怨与嫉妒只会让你意志消沉、萎靡不振，信心和勇气才会让你成功。其实，人的一生就是不断寻找、认识、完善自我的过程，每一次的挫折，都能帮我们找到自己独特的位置和价值。"

第二节 心理眼看故事：一起游戏，一起创造

一 做个心灵澄澈的孩子

曾经爆红的网络金句"出走半生，归来仍是少年"给出了生命的理想状态——有着成人丰富的经验和阅历，饱经世事，却不沧桑，依然怀有孩子一般的赤诚、好奇之心。这句话能得到广泛认同，一定击中了很多人心灵深处的柔软。

心理学家黄仕明说，真正厉害的人——既天真，又成熟。他认为，我们需要同时活在三个不同的年龄：孩子的，成年的，高我的。有孩子的天真；成年人的持续行动、创造结果的能力；还有高我的灵性维度，不只为每天的生存。我们在这三者之间流动、碰触——在孩子的天真里，打开好奇、探索流动；在成人的维度里，持续行动，创造自己在关系、事业、财富、健康上想要的结果；在灵性的高维度，超越生存反应，活出更宽广的生命。

在生活中，你是否敢于敞开自己，做一个心灵澄澈的孩子？在师生关系里，能否在某些时刻依然保有自己的那份天真？

我认为是可以的，真心真诚能够打动人，当然也能够打动学生。我们在生活中教育，也在教育中生活。

教育是在人与人之间发生的，本身具备复杂而灵活的特性。在教学中，有时需要把教育这样复杂的事情，简化成条条框框；但是在这样做时，我们心里随时要有省觉，知道这样的条条框框不是绝对的。完全拘泥于这样的条条框框，便可能忽略了最基本的人类情感的力量。

（二）　游戏不仅仅是游戏

游戏能帮助孩子激发活力，增加自信；培育亲密，不再孤寂；减轻压力，得到放松。无论这个孩子是刚出生不久，还是已经进入青春期，无论是男孩还是女孩，都能从游戏中获益。对成人来说，游戏意味着休闲，但对孩子而言，游戏是孩子交朋友、体验生活、探索学习的主要途径。

好的游戏，常常灵活机动，富有创意和想象，趣味性、兼容性和团队性兼备，可操作，能适应不同的情况。对于年龄较大的高中生，需要更明确的游戏步骤，更清晰的信息，更多激励、更多关注和帮助他们用语言准确地描述行为、表达情绪。如果可能的话，联系他们的学习生活实际，传递一些理念和观点，会在这些时刻被更好地认可、理解和接受。

当老师和学生们玩在一起的时候，心也就在一起了。

一起游戏，一起创造。

高效的游戏领导者，不仅需要专业的技术、富有创造力、具备好奇心，而且要拥有心理学的知识，富有幽默感和领导力。

当学生犯错的时候，如果我们不停地对学生耳提面命，告诉他们什么该做，什么不该做，并没有让学生们深刻地体验和思考，他们可能被迫做出一个非此即彼的选择：要么口服心不服地接受批评，要么明目张胆地公开反抗。

游戏有助于孩子反思自己，甚至在一些严肃的问题上。

（三）　发现学生的真实表达

平时我会和班委、小组长、普通学生谈话，了解班级的情况和某些学生的想法。虽然多数情况下，学生们的信息丰富而又真实，但是，有的情况下，学生会刻意回避跟老师的深度交流，甚至会装作若无其事、不痛不痒。

　　在活动过程中，学生的真实想法在不经意间得以表达，这是他们拘谨地站在老师身边时不会表现出来的。而我这时通过细致观察，再结合学生的日常表现，常常会有一些新的发现——发现有些孩子的压力，发现有些孩子的真诚，发现有些孩子的善良，发现有些孩子的傲慢，发现有些孩子的封闭，也发现有些孩子的固执。这些信息，重要而珍贵，常常成为我下一次和某个学生面谈时新的切入点和关注点。

④ 不因长大而停止玩游戏

　　通过这个游戏，很多学生体会到不得不从头再来的挫败感。三轮游戏中，没有人一直胜利或者一直失败。孩子们由开始看重输赢，慢慢变得平和起来，理解了在平时的考试测验中出现起伏是正常的，并且习得了积极应对的方式：整理心情，重新出发。他们理解并认同了事物是变化的，结局不可控制，每个人能做的，就是通过自身努力把过程做好，将结果交给时间。联系到学习上，就是不放弃每一次考试的检验，不停在奋斗中冲出新的高点。

　　所以，不要担心游戏耗费了学生的时间，大胆拿出一小部分时间来，和他们做游戏吧，即使他们的个子有的比你还要高。游戏，会为每个人打开一个新的世界，无论是青春期的学生还是成年人。

第十三章

关注内容，关注过程

美国存在主义大师欧文·亚隆在他的著作《给心理治疗师的礼物》一书中指出，带领团体治疗时，不仅要关注团体讨论的内容，而且要关注团体进行的过程。（内容指的是实际的词汇和表达的概念，过程指的是说出词汇和表达概念的个体之间关系的性质）这被他称作"此时此地"——在此处且治疗当时发生的事件。他认为，处理"此时此地"永远比处理一个更为抽象或者更为追溯性的事件更让人兴奋。

因为每个人都有不同的内部世界，同一个刺激对不同的人有不同的意义。团体治疗就像生活中的罗夏墨迹测验——人们把自己无意识的知觉、态度和意义投射在团体治疗中。让成员把感受表达出来，坦诚相待，彼此回馈，对每个人来说都是很有意义的经验。

第一节　扑克摞高与方法选择

一　活动目标

重视方法选择。选对方法，持续努力。

二　活动准备

座位：将课桌的"插秧式"排列方式改为"小组式"——同一小组的课桌并在一起，成员围坐在桌边成一圈，便于合作和讨论。全班共有九个小组。

工具：每个小组一副扑克。

三　活动任务

以小组为单位，将扑克摞到最高，不得借助其他器材，保持十秒钟。达到本小组满意的高度时，可以要求老师拍照"认证"。十分钟后进行第一次认证。

四　活动过程记录

第一阶段：多数小组成员只是被动地把玩手里的扑克，没有积极参与到游戏中来。个别小组的成员对折扑克，摞到两层扑克的高度。

第一个想到对折扑克的学生，不确定自己能不能把扑克对折——通常情况下，分组活动的器材是需要完整无损地收回的。他手里握着一张扑克，做出要对折的样子，问我："老师，可以这样吗？"我一边露出满意的微笑向他点头，一边再次强调活动要求：方法不限，将扑克摆到最高的小组胜利，但是不能用其他物品（书本、胶带等）辅助。为了不让其他小组立刻发现这个"秘密"方法，我没有脱口而出"可以对折"，以免造成过于明确的提示，也收起了立刻对他伸出大拇指夸赞的冲动。

十几分钟过去了，没有一个小组要求认证。教室里气氛沉闷，很多人在漫不经心地捏着手里的扑克，仿佛思维已经静止了一样。

看到同学们状态不佳，比我预估的时间更长却没有完成任务，我鼓励道："同学们，想想办法哦！如果想要摆高扑克，我们可以怎么做呢？用什么样的方式可以达到目的？有什么需要注意的呢？""再用十分钟的时间，尝试一下吧！"

第二阶段：慢慢地，同学们发现了摆得比较高的小组是把扑克对折的这个"秘密"，纷纷对折扑克，有横折的，有纵折的。他们开始专注于搭"扑克塔"。搭建的过程并不顺利，有时放上一个，会倒掉好几层。导致"扑克塔"搭建不高。

我在一旁巡回，看他们迟迟不能突破，心里闪过一丝疑惑：这个活动他们做起来可真难啊！为什么知道了对折扑克，却想不到摆高扑克需要底座的稳定和新增扑克的轻轻放置？他们慢热的过程和我的期待有着很大的差距。

突然，我的眼前一亮，张睿小组的扑克高度已经有很大突破了。我问他们对这个高度满不满意，要不要"认证"？他们说需要，暂且先认证了这个高度，但是他们觉得还能搭得再高一点。他们最先进行了七层横折高度的"认证"——拍照留念。

第三阶段：随着第一个小组认证完成，教室里的气氛变得活跃起来，我被不同小组叫去"认证"的时间间隔也越来越短。我给每个认证的小组都拍了好几张不同角度的照片，再赶快到下一个小组去"认证"。只不过短短十分钟左右，便由原来的"门可罗雀"到现在的"应接不暇"。陆续又有四个小组完成了高度认证，刚才认证过的张睿小组申请了新一轮更高高度的认证。高度最高的是李哲小组的十层横折。

五 交流分享

一节课的时间所剩不多，我宣布停止游戏，不再认证。完成最高认证的小组欢欣雀跃，其他完成认证的小组面带笑容，没有完成认证的小组平静下有一丝无奈。

等同学们安静下来，我开口询问："张睿小组的同学，你们最先完成了第一次认证，你们有什么经验给大家分享一下？"

张睿说："老师，您来指导我们小组时说的那句'你们是一个小组吗？'极大地点醒了我们。听了您的话，我们全力合作，所以有了第一次的成功，我们觉得团队真的很重要。

我赶紧补充："团队重要。一个能合作的团队，才是一个能打胜仗、能赢得成功的团队。"

我又问李哲小组："你们小组摆得最高，有没有什么'秘籍'和大家分享？"

李哲说："我们小组注意到了根基的稳固，在底层多放了一些，所以再放上面的扑克牌时就不容易倒了。"

我点评道："很好！万丈高楼平地起，根基稳固，楼房才能建得高。做事情也是，先打好基础，才能做得更好，走得更远。三毛也曾说过，'基础是重要的东西，没有根基的人，将来走任何一条路都比那些基础深厚的人来的辛苦和单薄'。"

我和学生们一起沉默了几秒，体会这个发现的"余韵"。

这时，李扬小组的一个男生站了起来，很不开心地说："老师，刚才我们组也把扑克摆得很高了，但是您没来给我们认证，就塌陷了。"我想起了刚才忙于认证时，班内那几声刺耳的惊呼。

我听出了他对我的不满，没有顺着他接话，而是问道："所以你们的想法是？"

"想成功还需要一定的运气。"

"除了这个还有别的原因吗？"

他支支吾吾地说不出来。

我保持温和的语气，说："我当时在给其他小组的同学认证，没有来得及过去，确实有我的一部分原因。此外，站在你们小组的角度，除了运气，就没有需要反思的地方吗？"

还是沉默。

我等不到回答，只好继续说："有没有可能给它搭建的根基不够稳固？或者某个成员在不经意间碰到了它，或者摇晃了桌子，又或者，你们没有保护好它？"

男孩点了点头。

我看到了一丝希望："那你们还觉得老师没去认证是最大的原因吗？"

"嗯。"男孩边点头边把目光投向旁边的课桌，不再看我。

"好吧，如果这样能让你们不去责怪组内影响它稳定的同学，心里会舒服一点的话，可以这样想。但是最好能站在一个相对客观公正的立场看待问题。"看到他点头认可，我也不想紧追不放。

我请下一个小组继续分享体验。

王露小组的同学说，摞得不高是因为扑克数量不够了。

我问："真的是扑克数量不够吗？还是你们小组没有人进行总体规划？我刚才关注过你们小组，我观察到的现象是——你们每个人都对折了特别多的扑克，从自己的角度不停地添加，但几乎都是在一个高度上。这导致底盘"胖"了，高度却没有明显的增长。你们看，每个小组都是发放了一盒扑克，并不是你们小组的扑克数量少。所以，我认为，缺乏整体统筹、安排不合理导致失败占的比例更大一些。"

这个小组的学生脸上露出尴尬又不失礼貌的微笑，纷纷点了点头。

王猛小组的同学说，是因为时间太短了没摞高，要是时间再长点就好了。

我说道："这个游戏的时间限制，我在一开始就作了说明。活动进行到了一开始预设的十分钟，可以进行认证之前，我还进行了倒计时提醒。在我忙于为完成了的小组进行认证的时候，未完成的小组并没有停下，还在利用这个时间继续摞高。我本以为十分钟就能摞好，事实上大家用了三十分钟时间。我本以为二十分钟能结束整个活动，现在来看，几乎用掉了一节课的时间。可能你想表达的是，在自己想好做一件事情的时候，没有时间完成，就被老师宣布了终止，你还有些意犹未尽。可是你忘了，你在前面浪费了太多时间。所以，不是时间太短，而是你前松后紧的安排有问题。"

我被学生接二连三的不成熟想法触动，略带沉重地说："这个世界很多事情都是有时间限制的。比如考试，你要在规定的时间内完成相应的内容，通过判定你的正确率从而获得分数。面对这个限制，我们没法更改游戏规则，只能通过自己的努力，让我们在规定的时间内做到最好。"

我又说："其实，没完成的小组多数是没有全身心投入到活动中来，认为不是关于学习的事情就不去积极主动地努力做，是这样吗？"

学生纷纷点头。

我理解他们通过对外在环境条件的不满，来掩饰自己没有完成一个这么简单的游戏的不满。我还想添加一把"火"，让班里的气氛再提升一下。我说："下面请完成游戏的小组成员，对没完成游戏的小组成员说一句安慰的话。"

"你们已经做得很棒了，只是老师恰巧没赶上！""嗨，就是一个游戏，又不是考试！""下一次我们一定会做得更好的！""在我心里，你们依然最棒！"我来不及捕捉这些话的来源，它们就已经汹涌而来，在班里回荡，分外响亮。

我也被感动了，不自觉地鼓起掌来，说："无论大家有没有完成这个游戏，你们今天的表现都很出彩，都是令我骄傲的好学生！"

同学们也跟着鼓起掌来，好久才停歇。

掌声快要停息的时候，一个学生打趣道："我真是心疼这些扑克，还这么新呢，就都折了……"学生们哄堂大笑。

我也打趣道："我也心疼扑克呢。不过，既然你这么说，要不用班费把扑克钱给我报销了吧？"

这帮家伙摇着头嘻嘻地笑起来——"不要不要"。

我说，这个游戏我也曾玩过，我的体会是：首先，因为我们是成年人，用了更短的时间考虑到了对折扑克，而大家想到将扑克对折的方法用的时间明显更长一些。其次，为了稳固地增加高度，底座我们用了横折的扑克，高处用的纵折的，所以，相同的层数时，高度上比大家摆得更高一些。另外，这个高度也和客观条件有关，比如扑克本身的硬度，如果硬一点相对会摆得更高。

最后，我为同学们作总结：思路决定出路，做一件事情方法很重要，只凭努力是不够的。努力前，请一定想明白哪个方向努力。就像今天的摆扑克，如果你不先对折再摆，是很难摆高的。这是我做这个活动的初衷。但是现在，听了大家的发言，我觉得有必要再加一条：看事情的角度不可以太狭隘，失败时随便找一个理由来解释自己没有做到是不可取的。凡事不成功时，大家最好能通过内省找原因，看看自己能做些什么调整。一味地抱怨环境不会对事情的改善有很大推动作用的。暂时做不好也没关系，我们可以吸取教训，争取下一次做好。不要因为一时的失误、挫败就否认自己，也不必在环境中寻找替罪羊。在我心里，你们就是美好的代名词。

第二节　心理眼看故事：关注内容，关注过程

（一）意料之外时启动"关注过程"

　　活动可以预设流程和目的，但是不能框定学生的反应和感受，尤其这类心理探索意味的小游戏。这节课不仅很好地传达了我预设的"找对方法，努力行动"的观点，而且获取了他们分析不成功的原因。多数是指向外界的外归因，即自己是被动无辜的，是环境的不足导致了不良结果的产生。

　　这是学生遇到挫败时的常见解释。我关注他们操作的流程，分析他们成功或失败的原因，这是对内容的关注。我也会关注同一小组内部不同成员是怎么互动的，不同小组看待自己成功或失败的观点有什么不同，小组成员是如何与老师交流的。这些是对过程的关注，关注个体之间的关系，关注语言所显现的信念与价值观。换句话说，我不但关注学生叙述的内容，还关注他是如何组织语言、用何种方式展开叙述的。

　　当我们深入到与他人的互动之中，观察和分析这一交互过程，给出并接受直接的反馈，了解到别人是怎么看待这件事情的，这时呈现的结果会让人感到兴奋，想要卸除假面，让彼此更加亲近。

　　当我们这样做的时候，活动的目的是否达成变得不那么重要了，重要的是参与活动的人对自己和他人有了更深的认识，有了更大的收获。

　　没有失败，只有回馈；没有不满，只有包容。

（二）包容的力量

　　课堂上，有的老师会因学生的发言不合心意，突然变得疾言厉色，甚至

出言批评学生。我认为，这样的做法，会先在气势上略逊了一筹。

如果学生说的是对的，那趁机给其他学生强化一下，有何妨？如果学生是错的，那借机给他纠正，其余学生也会避开这个错误，有何妨？如果这个问题自己从未思考过而答不上来，告诉学生这个问题我需要课下再查一下，有何妨？如果这个学生多次故意捣乱，影响课堂纪律和课程节奏，那就课上先制止一下，课下好好聊聊，有何妨？所以，在我眼里，学生课上插话提出的问题，都不是能影响我的问题。我能解答的当场解答，不能解答的课下探讨就好。也许因为我一直秉持这样的态度，在我的课堂上，学生们可以毫不拘谨、自由表达，这就是包容的力量。

在团体性的活动中，这种处理紧急事情的能力，我们也可以称为控场能力。如何把问题处理得恰到好处，非常考验一个人的能力和心量。

这背后的底层逻辑是：如果事情没有按我的预期发展，我就被扰动甚至会产生不安了吗？人在感受到危险的时候，才会想要反击来保护自己。有时过分坚持自己的观点，也可能是灵活性不足的一种表现。好的应对方法是，根据当下的情况进行判断，尊重提问题的人，不因恼怒降低自己的格局。

（三）　碰撞出美妙时刻

心理成长的小课堂上，很多问题本就没有标准答案，这时，意料之外的"刁钻"问题，更容易让不同成员之间碰撞出美妙的时刻。

你需要做的就是把"问题之球"轻轻地踢出去——对于他提出的这个问题，大家是怎么想的？然后就是沉默与等待。

等到有几个人发表自己的看法以后，你可以再次问那个提出问题的人："听了大家对你问题的回应，你有没有什么新的想法？"

这一次，你不需要等待。别人的视角和看法往往能让提问者豁然开朗，或者至少看到了新的不同以往的可能性。

问题就此解开，而你什么专业知识也没有解答，反而在别人的提问和解答中，增长了自己的知识。

心理学的小活动就是这么有趣，你有一个思想，他有一个思想，通过交流，我有了你们两个人的思想。

（四）　我的内在无穷大

禅意故事里的修行有三个层次：看山是山，看水是水；看山不是山，看水不是水；看山还是山，看水还是水。

当我们心里装的东西变了，我们的思想变了，面对同样的事物，我们得出的结论就会改变。

我愿意读万卷书，行万里路，只为练得"火眼金睛"，能用一眼就参透你，给你所需要的。

如果我能把自己的内在修炼到无穷大，我相信，那些"意料之外"的美妙风景是我人生求之未必能多得的高光时刻。

第十四章

向外体验，向内觉察

体验包括各种感官形成的觉知及由此产生的感受、想法、情绪、信念。

《心理治疗中的依恋》一书中提到：体验并不是关于现实的直接映像，而是一种独特的产物，是自己对所面临现实的主观反应。当我们不但能拥有体验，而且能对它进行反思，我们的安全感、灵活性和内在自由将大大提高，反思的姿态让我们理解觉知到的内容（感受、想法，诸如此类），而超越反思姿态的是觉察的姿态，可以让我们产生一种平和而宽阔的对觉知的觉知。当我们更觉察，我们便更能活在当下，更能聚焦于自我中心而生活。

向外体验，就是打开更多的觉知通道，收集更多的信息来辅助当下的判断；向内觉察就是对体验到的内容进行分析鉴别、去伪存真、筛选重组。两者共同作用，做出当下适宜恰当的选择。

第一节　听说画图与角色位置

（一）　活动目标

通过了解听、看等学习方式的效果差异，使同学们认同学习金字塔，愿意以此指导学习。

（二）　活动准备

1、学生分小组按"小组式座位"围成一圈坐好，共九个小组。

2、打印好图形的九张 A4 纸。每个学生一张空白 A4 纸。

纸上的图形如下图所示：

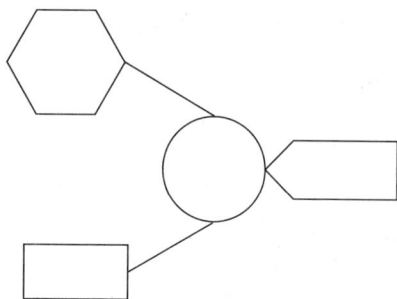

（三）　角色分类

共有两种角色，每个小组派一名同学来讲台接受老师的直接安排，设为 A 角色（共 9 人），其余同学为另一类角色，设为 B 角色。

（四）活动过程记录

第一阶段：我先将 A 角色的九名同学召集到讲台前，每人发一张打印好的带有图形的纸，并提出要求：学生回到各自小组后，把纸上的图形用语言描述给同小组的人听，看哪个小组的同学根据听到的信息把图形画得最像原图。注意图形中各元素的形状、大小和位置。注意做好保护措施，不要让自己小组和相邻小组的同学看到纸上的图形。

A 角色的同学回到各自小组后，我给 B 角色同学布置任务：认真听本小组的 A 角色同学的语言描述，并在下发的 A4 纸上画出相应的内容。注意图形中各元素的大小、形状、位置。还需注意，时间限制为 10 分钟。在这 10 分钟里，B 角色同学只能听 A 角色同学的语言描述，不要问 A 角色同学任何问题。如果有人问了，也请 A 角色的同学不要回答。

学生们纷纷画了起来。我观察巡视，如果发现有 B 角色同学发出声音，就果断地予以制止。

10 分钟后，我问："请 A 角色的同学观察一下 B 角色同学的作品，有没有特别满意可以交上来让老师和同学们欣赏一下的？"

A 角色的同学纷纷摇头，表示不能交作品。

第二阶段：我宣布，现在允许 B 角色的同学任意提问问题，A 角色的同学予以回答，继续画图。注意，A 角色同学可以回答问题，但是不能让 B 角色同学看到纸上的图形。时间是 10 分钟。

教室里明显嘈杂了起来，所有学生都忙得不亦乐乎。

10 分钟很快过去了，我请 A 角色的同学从本小组 B 角色成员的作品里选一份最满意的交上来。

几分钟后，各个小组陆续上交。

第三阶段：我布置新任务：请 A 角色的同学不看原图自己画一张，交上来，时间两分钟。

在 A 角色的学生画图的同时，我翻看了各小组刚刚上交的作品，发现各小组画的图与原图有不少差别。有的小组直接画在半页纸上，各个形状的大小方面不合适；有的小组可能是描述错误，将六边形描述成了五边形，画了错误的图形；多数小组的图形没错，但是各个形状的比例明显不够协调。不过，我发现五组的李萍画得无论大小、形状，还是位置，都相当接近原图。

五　交流分享

在收了 A 角色同学的作品以后，我先展示了原图，学生们发出了"哦哦"拖长的声音，表示原来是这样的图呀！然后一一展示了各小组上交的 B 角色同学的作品，并进行了点评，表扬了李萍的作品和她小组的图形描述者（A 角色）。

接下来，我展示了 A 角色同学的九份作品，很明显，这一组绝大多数都跟原图很像。

最后，我公布了纸上图形的秘密：圆的直径等于正六边形的高，等于长方形的长，等于铅笔形状的横边长（即笔长）。圆的半径等于长方形的宽和铅笔形状的笔尖长度。铅笔的笔尖夹角为 90 度，笔尖在圆形的正右方。正六边形和圆形的连线等于圆形的直径，连接点在圆形的正上方，水平斜度为斜向上 30 度。长方形和圆形的连线等于圆形的直径，连接点在圆形的正下方，水平斜度为斜向下 30 度。如果描述者这样描述，大家会觉得清晰一些吗？

学生们露出吃惊的表情，很意外这个图形里还蕴含着如此奇妙复杂的数量关系。

我提问：第一个问题，请 B 角色的同学们回想一下，画的时候允许自由提问和不允许自由提问的感觉一样吗？效果一样吗？

学生们说，能提问的时候，通过交流，感觉图形更清晰，画得也更像一些。

我点评道，是这样。老师讲课也一样，需要大家的提问和反馈。有了问题，教师能据此做出更明确的指导；问题有了答案，学生能进行更深入的理解。提问的过程，师生都会受益。我们的班训有一条是"多思善问"，放下顾虑，勇敢地向各科老师提问吧。

我继续提问：第二个问题，你们认为 A 角色的同学和 B 角色的同学相比，哪一组画得更像一些？为什么？

学生们说：A 角色同学画得明显更像原图，一眼就能看出来。但是对于为什么，他们不能做出明确的解释。

我用多媒体投影出"学习金字塔"，告诉他们：不同的学习方式，效果是不一样的。"听"学到的最少，只能占大约 5%，其次是"看"，学到最多的是"动手操作和教给别人"。

我总结："同学们，联系这个图和我们的学习过程，我提出以下几点请同学们思考。

"其一，给同学讲题绝对不是浪费时间，这个过程会让你的思路更顺畅，带给你更多的思考，是你深化学习的好机会。其二，在学习中，我们应该尽可能以哪种角色出现？当然是各种感官都参与，全心学习的状态出现，效果是最好的，也就是眼、耳、口、手、脑全部参与。否则你获取的信息可能是不全面的，也可能是浅层次的印象，所以，希望大家能调动更多感官，多多以 A 角色或其他更高级的形式参与到学习中来。其三，通过对比你听到的和你看到的，你会发现，你听到后自己构建的图形，会被看到的更准确的事实信息修正。所以，在学习的过程中，你听到后领会的知识框架，需要不断地通过教材、老师、习题去验证，看看它本来的样子与在你头脑中形成的印象是否完全重合。学习是吸纳新知识的过程，也是旧知识不断归类，逐渐系统化、清晰化的过程。你付出越多，对全局的把握越完善，你'道听途说'类的模糊认识会越来越少，你对问题的判断会越来越客观和接近真实的情况，这是一个不断修炼的过程，也是一个人不断成长的体现。如果这个过程停止了，那么人积累的就只有年龄，没有智慧。"

看同学们听得津津有味，不断点头，我又来了兴致。课前准备的内容已经完成，我即兴发挥，说道："我们上面探讨的，是学习科学知识时，调动各种知觉通道，力求精准、全面。人生的大舞台上，只用这样一种方法是行不通的。人是关系的集合体——与世界的关系、与他人的关系、与自己的关系。如何在世界上稳定立足，不亏欠不剥夺，顺应自然；如何高质量地和周围的人沟通，构建和谐的人际关系；如何接纳自己的缺点和不足，平静地与自己相处，找到自己的优势和目标，这些都很重要。以内省的姿态不断检视自己的体验，在体验中思考、在思考中体验，可以让理性和感性互相促进。希望大家接受生活的磨炼，铸就更好的自己，在人生路上不断成长！将来德才兼备的你，一定会成为祖国的栋梁！报效祖国，我们时刻准备着！"

同学们掌声雷动，经久不息。

第二节　心理眼看故事：向外体验，向内觉察

（一）教育入心，水到渠成

在本次活动中，我没有事先告诉学生"学习金字塔"的名称、内容、意义，而是直接让学生参与到新奇有趣又有一定挑战性的活动任务中，在亲身体验其中的成败得失之后，由学生交流讨论，分享自己的心得体会。教师只是组织好活动，进行适当的引领，不用长篇说教，就达到了帮助学生深入理解"学习金字塔"、愿意在今后的学习生活中运用"学习金字塔"的目的。让教育入心，自然水到渠成。

（二）老师多角色，学生多收获

在这个过程中，教师不只是活动的设计策划者、流程的组织主持者、分组竞赛时的督导裁判员，更应该是学生的鼓励支持者、交流分享时的引导催化者。

活动、游戏是手段而不是目的，我们希望能通过同学之间、师生之间的讨论与交流，加深理解、促进合作，助力成长、共创美好。

学生体验到兴奋、快乐、激动、紧张等情绪，充分宣泄不良情绪，减轻心理压力；在活动中主动锻炼，锤炼心理素质；从活动到学习生活，迁移运用，走好自己的人生之路。不同的学生会在不同层面有着不同收获。

活动面向全体学生，以学生的主体地位、学生的发展为中心，突出体验性和合作性，实现身体活动、情感体验、大脑理性的共同进步。

（三）　向外体验，向内觉察

没有体验，再珍贵的经验性结论也让人觉得空洞。正如张爱玲《非走不可的弯路》中所言：那条难走的路，即使收到了母亲的告诫，也要自己再走一遍。

没有觉察，体验可能也只是浮于浅层，或者被自己既往的经历限制，选择特定的片段，将现实进行过滤而不自知。

生活中，我们常常是在思考而不是在体验。我们的思想总是在不停地计划着如何将快乐最大化，将痛苦最小化。思维和计划虽能非常有效地帮助我们更好地生存，却是我们日常情感痛苦的根源。因为我们不能像放下水杯一样，在不需要时轻易地放下它们。思维和计划让我们不断为过去遗憾，为未来担忧，让我们以各种各样的方式去和别人比较，让我们不停地设法改善目前的状况，让我们很难寻求到哪怕是片刻的充分满足感。

在体验中，更宝贵的是让自己保留一份觉察。詹唐宁说："觉察是真实、不评判、零阻抗的'看见'。"看见你的看见，感受你的感受，不去调整自己的体验——不因快乐而试图抓住不放，不因痛苦而试图逃避远离。

（四）　内化之后的行动最持久

钓鱼者学到一种能够钓到更多鱼的新方法后，他会不断实践，获取更大的收益。了解了一种新的学习方法，你也会尝试，一旦证明有效，会反复使用，以期给你带来更好的成绩。

如果能够从心里认同一种观念和理论，人们做起事来就会稳定而持久。行为只不过是人们思想和态度的外显。

我们只有不停地在生活中学习，在学习中生活，才能让自己的境界不断提升，让未来的路越走越宽。

学习即生活，每一次的努力探寻，都会为我们展开不一样的精彩。

附：学习金字塔

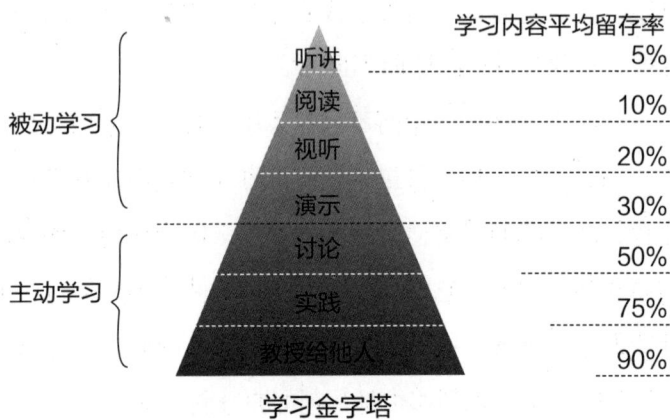

学习金字塔

第十五章

认识压力，耐受压力

　　《催眠之声伴随你》一书中提到——美国催眠大师米尔顿·艾瑞克森认为克服极限的两项重要因素：一是建构较宽广或较不受局限的心智系统；二是着眼于工作本身而非个人极限，并以此面对考验。

　　艾瑞克森举例，罗杰·班尼斯特打破了四分钟滑一里路的滑雪纪录——他将四分钟看作二百四十秒，只要他能滑出二百三十九又五分之一秒的成绩，便足以打破长久以来的纪录——通过改变思考方式，突破了原有纪录。然后他指导铅球运动员唐纳通过类似的方式——先将改变的范围缩小，接着再逐渐递增改变的幅度——不断克服心理限制，超越个人极限，多次获得奥运会冠军。艾瑞克森指导一个正式参赛表现不理想、独自练球却发挥不错的高尔夫选手：比赛中，你只会专注心神打第一洞。你唯一记得的事就是不断打第一洞。此外，你还会独自一人置身高尔夫球场。把每一洞都看作第一洞，不背负来自先前表现的压力，必然有能力改变未来。这是说明如何建立宽广或少受局限的心智系统的例子。

　　训练美国射击队战胜对手的故事则指出专注于任务本身的重要性——当事人不仅必须忘记过去的射击成果，而且必须将心神专注在当下身体的各种感受上。

　　体育竞技场风云变幻，运动员的压力可想而知。这些克服运动极限的方法，完全可以借用到我们克服学习的压力上去——不受限的心智和不断做好当下的事情。

第一节　压力让我更坚强

活动目标

找出自己的压力，正确面对压力。

第一课时：室外活动——站在压力线上

一　活动准备

学生准备一张纸，纸上画一幅画或者设计一个标志来代表自己。形式随意，不必写上真实姓名。

二　活动过程记录

1. 教师事先到达操场，将人造草坪上颜色深与浅的交界线设为压力线。最边缘的一条设为压力 10，向操场内侧边走边数线数，数到第 10 条，则为压力 0 线。待学生到达后，让学生站在压力 0 线的后面。

2. 向学生解释：操场上深色草坪区域和浅色草坪区域的交界处我们看作一条线。同学们现在所站的位置，面前的线为 0，表示"压力零点"，指没有任何压力的状态。以人工草坪向北侧的最后一条线为 10，表示"压力满负荷点"，指压力非常大、严重影响学习生活、无法应对的状态。中间还有九条依次表示不同程度的"压力线"，越往前走，表示压力"越大"。教师让每个学生结合自己的最近情况，站到压力线上的某个位置。

3. "压力圈"填写。学生取出自带的纸笔，纸上已经画好了代表自己形象的图案（上课前准备好的）。然后学生在"自己形象"旁边画上一些圆圈。用圆圈大小代表自己的压力大小，并把具体的压力来源填到不同的圆圈里。填写由学生独立完成，要结合自己的实际，体验到多少压力就画多少圈。

4. 学生填写"压力圈"时，教师使现场保持安静，并叮嘱大家注意填写过程中的内心感受。教师强调：注意感受本身没有对错，不要对自己的感受给予"好"或"不好"的评判。因为纸上面只有你的标记，没有名字，也不用担心自己写的内容不当而被嘲笑、批评。请认真留意关注自己的感受，真实地把它表达出来就好。教师来回走动巡视，关注学生的填写情况，引起学生对活动的重视。（注意：提醒学生们站在"压力线"上时尽量分散均匀，相互间不要靠得过近，以免填写"压力圈"时相互影响）

5. 在这个过程中，教师注意观察。我留意了在压力线 0 上不好意思地笑着的王强，在压力线 1 上的李妮和王奥，以及压力线 3 上的李杰、王琳和张娜。而在压力线的最远处，我看到了压力线 10 上坐着认真填写的李芬和张蜜，还有压力线 8 和 9 上的高莉和王萍。其余学生相对集中地分布在其他压力线上。

（三） 交流分享

1. 对自己面临的压力大小，有什么感受？请学生自由发言。

学生比较沉闷，都不肯先说，我就主动询问刚才关注的几个孩子。

我先问王强："为什么你站在压力线 0 上，高三了，你是一点压力也没有吗？"他说："学习是挺紧张的，但是按部就班地做事情就可以了，没有什么要特别紧张的。"我说："是呀，过好现在的每一天，踏踏实实学习是我们目前最重要的事了。"

我又问李菲："为什么压力这么小呀？"她微微皱着眉说："我就是觉得

特别困，睡不够，但是真的没有觉得压力过大，就是把每天的事情做好就行了。"我点点头。这个女孩是我们班班长，被同学们亲切地称为"老干部"，有一种特有的沉稳和条理。看到她的样子，我觉得很放心，好像班里有了一颗定海神针一样能稳住大局。

我略作总结说，看来压力小的都是"做好当下"的人，专注精心于学习，可能感受的压力就不会很大了。

2. 压力的来源有哪些？

我转向我有意放在后面沟通的同学，问李芬："我发现，刚才你跑到压力线 10 上去了，根据刚才填写的'压力圈'，你的压力来源是什么？"她说有很多呀，比如高考、家人、成绩等。我又问她最大的压力源是什么呢？她说是家人，确切地说是家人的未来。我说："是经济上，你希望给他们提供更好的生活吗？"她说不只是这样，还希望他们过不要有压力的快乐生活。我说："这是两个问题，如果你想为他们提供更好的物质生活，那你需要现在好好努力，将来还需要一定的机遇。至于希望他们过没有压力的快乐生活，这个目标的达成情况就不好说了。因为这是精神层面的，有些人即便物质上不那么充裕，一家人却相亲相爱和和睦睦，就认为是快乐的好生活了。这个问题是他们的主观感受，你可以进行一定的思想影响，提供良好的物质保障，但是这个问题不是通过你自己努力就能解决的，因为这涉及了别人的感受。"李芬点点头。

和王萍的对话很简单，她说她的压力来自自己特别想要高考考好一点。我解释这很常见，压力也很好拆解——让每一天的学习都有饱满的热情和踏实的行动。

最后，我让学生们在纸上再次整理、填写自己的压力事件，并上交。不必署名。我强调："老师想据此了解情况，不会妄加评断，不过问学生的隐私。如果有想单独和老师交流的，可以直接来找我。"

后来我翻看学生们那张画了"压力圈"的纸，根据字迹找到了李芬的作品。我发现她的纸上最大的圈里写的是"家人的未来",其次是"梦想",这两个字后面有个双线的箭头,后面写着"捐躯",第三个是"环境的影响",第四个是"学习成绩"。圈的外面,还有用更深颜色更粗重的笔写的两行字"捐躯赴国难,视死忽如归",另外两行是"千家炮火千家血,一寸山河一寸金"。

我看不明白,结合李芬在课堂上选择较高压力线的位置和她的话,我认为有必要和李芬聊聊。李芬用了很长的一段话解释,我才明白:李芬希望改变家人的生活状况,幻想着有机会报效国家,为国捐躯,这样家人就能得到一大笔抚恤金了。其实李芬的家庭条件也没有那么差,只是家长有房贷、车贷,还有弟弟妹妹需要花钱,而最近家里的生意又很不好。

听完李芬的一系列描述,我反问她:"你的生命难道不是最重要的吗?你的家人拿了你的抚恤金,物质生活会大大改善,那精神上呢?住豪华的房子、吃美味的佳肴,伴随着对你入骨的思念彻夜无眠吗?家庭的幸福和欢笑还有吗?"李芬沉默了。

想想孩子对家长的爱、对家庭的忠诚,竟然可以大到愿意牺牲自己生命的程度,我对李芬又敬佩又怜悯。我说:"家庭的经济困难是暂时的。房贷还不上,最坏的打算是银行收走房子,你们一家人去老家生活或者租房就可以了。弟弟妹妹即使没有美食华服,能快乐长大也是很好的。你完全没有必要去考虑牺牲自己、成全家人。"李芬的眼泪在眼底徘徊,始终没有滴落。

第二课时:室内班会——压力让我更坚强

一　课前准备

把学生交的"压力源"纸张让学生自己来讲台认领(因为没有名字,不能下发)。

(二) 活动过程记录

班会课时间，我用做好的 PPT 向学生展示以下内容，带学生了解压力的两面性、压力的类型及应对方法、本班学生的压力情况分析、如何提高抗压能力并直面压力，拓展到压力伴随一生等内容。其中关于压力的具体内容，都是我根据上一节收的"压力源"纸汇总来的。

一、压力的两面性

1.压力的积极影响

没有压力就没有动力。适度压力是勇往直前的动力之源。

A.压力会使人产生一种责任感、上进心。

B.一定的压力会使你精力充沛，激励你在较长一段时间内进行高效率的学习。

C.压力反应适当会饮食良好，经常锻炼，有多种兴趣爱好，拥有良好的人际关系。

D.经历压力并很好地驾驭会促使你发现自己的能力，提高自信，将来更好地面对压力事件。

2.压力过度的不利影响

长期处于过度的压力状态下，是极其有害的。

A.生理上：头痛、失眠、疲倦、便秘，饮食过度或食欲不振，早醒、做噩梦、腹泻、胃溃疡、腰酸背痛等。

B.心理上：抑郁症、强迫症、焦虑症、攻击性行为等。

C.学习和生活上：学习效率下降；拖延、逃避学习任务，人际关系紧张，丢三落四、注意力不集中、做事无序等。

总结：一定的压力像兴奋剂，能让你更好地前进。过度的压力反而产生消极作用，阻碍你的进步。

教师总结：因此，我们需要管理好压力，让压力发挥积极作用，并控制压力带来的消极作用。

二、压力的四种类型及应对方法（人为划分，因人而异）

1. 不必要的——扔掉。

2. 不合理认知造成的"自寻烦恼"——调整认知。

3. 有些压力可以通过适当的方法宣泄。

4. 有些压力是我们必须面对的，需要勇敢去挑战。

教师指导如下：

第一种类型：不必要的压力。比如，有的同学有容貌焦虑、身材焦虑，这些都不是我们现阶段需要考虑和解决的紧急问题，建议大家直接扔掉。你要始终相信，人不是因为美丽才可爱，而是因为可爱而美丽。喜欢你的人，可能是因为你美丽的皮囊，更可能是因为你有趣的灵魂。人们交往，更多的是看重内在的品质，如真诚善良、温暖可靠等。

第二种类型：不合理认知造成的压力。比如，有的同学一次考试失败，就认为自己一无是处、渺小无能，忽略了失败后的反思与奋起直追，看不到自己的巨大潜能。这时，我们需要调整认知。请试着问自己，这次考试失败意味着自己再也不能考好了吗？这个事件除了对自己情绪造成困扰，对实际生活的影响到底有多大？有没有应对这次失败的"最佳之选"？只要认识到考试的失败是暂时的，你就可以借此找出知识漏洞和应对策略，下一次这个问题也许就不再出现了。

再比如，早上和妈妈发生了口角，自己心里很不舒服造成了压力。这时，如果你的认知局限在妈妈不理解你、总做些让你心烦的事，你就会越想越难过。但是调整认知，换个视角，妈妈是不是恰巧也有她生活上不顺心的事情？她跟你说的话过多且令人厌烦，是不是她对你的关心因为自己的局限而不能更好地表达？如果你能想通妈妈是爱着自己的，只是不会更有效地表达，是不是不良情绪就会走远？人际关系中有很多这种情况，我们只站在自己的角度，体谅不到对方的意图而造成困扰，这时如果你能调整认知，换个角度，也许就可以轻松解决了。站在对方的角度，想一想：他想表达的和我解读到的意思是一致的吗？我有没有可能更好地理解他？

第三种类型：可转移的压力。有些压力萦绕于心，说不清却逃不掉，可以通过运动或者一些简单的放松活动（如深呼吸放松、想象放松、肌肉放松）进行宣泄。毕竟在人类的进化史上，情绪的出现早于语言。我们说不清楚的时候，也许运动一下、内心静一静就好了。有时也可以把压力向理解自己的老师、家人、朋友诉说，获得安慰和支持，减轻压力。研究表明，只有9%的烦恼是真正值得担心的烦恼。

第四种类型：必须面对的压力。比如各科学习上的压力、考试过程中因紧张产生的压力等，这就需要我们勇敢面对，认真投入到学习中去，解决学习上的困难，在学习中获得乐趣。

上面是我的粗浅理解，可能有不详细不恰当的地方，欢迎同学们私下和我交流。

> 三、同学们的压力分析
>
> 1. 亲戚、朋友、同学造成的学习上的压力——抛弃。
>
> 2. 自己给自己的学习压力——认知调整。
>
> 3. 父母老师给的学习压力——进行交流，缓解。
>
> 4. 学习内容上的压力——直面问题，自己克服。
>
> 5. 人际关系上的压力——认知调整和转移宣泄。

教师指导如下：

收集同学们所写的"压力源"内容后，我根据不同的压力来源进行分类，出现频次最高的是上面的几种，后面附上了解决办法。

其一，有的学生是因为亲戚家孩子很优秀，觉得很有压力；有的学生是因为自己的发小成绩很好，觉得很有压力；有的学生是发现之前成绩跟自己差不多的人，现在成绩远超自己，觉得很有压力。其实这些压力是没有必要的。因为每个人都有不同的背景、基础、目标和方向，每个人都是独一无二的，所以没有必要拿自己和别人比，如果比就纵向和自己比。因此，请你抛弃与人比较产生的压力。

其二，如果是自己给自己施加了过大的压力，我认为你很有可能把考试成绩等同于未来生活了。如果我告诉你，即使上了好的大学，你后面的人生依旧会经历很多波折；即使上了一般的大学，你的人生依然可以因为持续的拼搏而精彩，你是否会有些释然？这些你施加给自己的压力，多数是你在平常的生活环境中，成人灌输给你的思想，你在不知不觉中用这些思想来衡量自己了。所以，本质是认知的问题，你需要调整认知。更深入一点说，你是否接受平凡地度过这一生？人生的意义究竟是什么？彼岸是成功还是幸福？如果你把这些问题想清楚，就会少一些纠结与自我怀疑。

其三，父母、老师给的学习上的压力，可以通过交流来缓解。只要你不陷在情绪里，不认为他们是故意为难你，你可以告诉他们你的现状怎样，你遇到了怎样的问题，希望对方给予怎样的帮助，通常会达到非常好的效果。你要相信，在学习这件事上，真正爱你的人要的是你竭尽全力，问心无愧。至于分数的高低，并不是他们唯一关注的点。

其四，学习内容上的压力。比如学不会知识，听不懂难题，尤其是我们班的同学理科相对薄弱，在数学和生物学习上出现了很多困难。这时，你需要勇敢面对，积极解决。你可以多向老师提问，多思考，多刷题找出漏洞，多总结反思，每天多解决一个问题，时间长了也会有不小的收获。相信你专心于这类问题时，一定会想到更多更好的解决办法。

其五，人际关系上的压力。这里主要是人际关系紧张，我在前面提到了和家长相处有压力的例子，类似的与老师、同学相处不睦的情况也不少。我们可以通过认知调整和转移宣泄来解决它。当自己实在做不到时，大家也可以找老师帮忙解决。

下面的几种压力也是同学们在"压力源"纸上写出来的，只不过出现频率要低一些。有的意思不是很清晰明确，给大家一并列出来，给出如下的建议：

1. 睡眠不好——压力表现，找出导致睡眠不好的内在原因，按上面压力源的类型解决即可。

2. 爱和同学争论小事——属于人际方面，认知调整。

3. 理想与现实——太宽泛，细分，多数是自己的压力。

4. 心情状态——认知调整、情绪管理。

5. 竞争压力——表面看是来自同学，其实更多是来自自己。做好自己，做好自己该做的事。

6. 家人的实际生活中的困难——现在的你无力解决，暂时放弃。

7. 未来事件不确定——放弃。

8. 高考、升学——细分：自己给的还是家人师长给的？

教师指导如下：

这些列出的内容，多数可以进行具体化或者转化为上面的内容，我就不再一一解释了。如果有需要老师提供特别帮助的，可以直接和老师交流。

如果自己写的情况没有被老师提到，可以自己分类自己的压力源：归类压力——与学习有关的压力、来自人际关系方面的压力、来自环境方面的压力、来自自己的压力（如过分追求完美、好胜心强、目标过高）。你的压力是哪一类？可以用哪种方法处理？

如果仍然压力过大，自己不能解决，可以私下找老师商讨。

四、提高抗压能力

1. 内控型与外控型

根据心理学家的研究，那些认为命运掌握在自己手上的人，比那些认为命运由天注定的人能够更好地对待压力。那些认为努力和执着能够获得成就的人，就是那些所谓的有内在"控制场"的人。这种类型的人喜欢自己采取措施去解决问题，把成功看成努力的结果而不是运气的结果。那些相信生活受制于外部因素的人具有外部的"控制场"，这些人缺少自己解决问题的主动性，喜欢把困难归咎于命运或者他人。

凡事皆有两面，多从自己（内控）的方面找突破。

2. 保持井然有序

身处压力之下，保持井然有序使你感到条理清晰；处于有序的环境中，使你感到更能控制局面。

如果你允许自己的生活空间失去控制，那么你的生活也将出现同样的问题。

3. 深受压力时换个角度分析，看清它，也许就不怕了。

教师指导如下：

这些是我搜集到的关于提高抗压能力的方法，希望大家认真阅读，仔细品味，在生活中恰当应用。

五、直面压力，书写抗压宣言

请每个同学以"当我面对压力时"为题完成下面四句话。（独立完成）

> 责任和义务告诉我：
>
> 我的老师告诉我：
>
> 我的成长需要告诉我：
>
> 我的自信心告诉我：

教师指导如下：

承受压力是难免的，我们需要管理压力，在压力中成长。希望同学们注重内因，做内控型的人，同时增强信心，勇敢面对挑战，提高抗压能力。在承受压力的过程中磨砺意志，逐步提高抗压能力！下面请同学们根据 PPT 上的要求，完成抗压宣言，时间五分钟。

五分钟后，我请学生分享，没有人愿意主动分享。我把要求降低为只分享四项中的一项或两项也可以，陆续有同学进行分享。

王强说："我的老师告诉我，压力并不可怕，面对它，你会战胜它。我的成长需要告诉我，在压力中成长，在奋斗中茁壮。"

张珍说："责任和义务告诉我，在压力中前行，我能行，我必须行。"

李诺说："我的自信心告诉我，高考路上，风雨兼程，我终将到达理想的彼岸。"

这几位学生分享以后，陆续有其他学生自觉站起来发言。只要举手表示想要发言的同学，我都让他们按顺序发言，大家一起说个痛快。在这个过程中，班内直面压力、勇于奋斗的气氛也越来越高昂了。

说着说着，同学们压力就小了，自信就来了。

> 六、丘吉尔：我们将战斗到底
>
> 尽管我们在这次战役中失利，但我们绝不投降，绝不屈服，我们将战斗到底。

教师指导如下：

这一页的内容很简单，是丘吉尔的一句话，特别适合我们现在的状况。我们披星戴月，日日遨游题海；我们夙兴夜寐，常常考场"迎敌"。无论何时，我们最大的敌人仍然是我们自己。我们要发挥压力的积极作用，让自己更加坚强，做到百折不挠，初心不改，好好奋斗高考前的每一天。

七、压力伴随一生

纵有疾风起，人生不言弃。

教师拓展如下：

我们现在是因为备考有很多压力，将来的人生旅途中，大家还会遇到更多更大的压力。预测一下，你将来有可能遇到哪些比较大的压力呢？

请学生自愿发言——可能有升学、就业、疾病、家庭责任、紧急突发事件等问题。

教师引导如下：

每个人都会在某段时间面临或大或小的压力，压力伴随人的一生。同学们应当直面必要的压力，在压力中不断成长，成为更好的自己。不止现在，还有或远或近的未来。

第二节 心理眼看故事：认识压力，耐受压力

（一）解读高考的意义，减少心智系统限制

高中学生在学习过程中，往往感到"压力山大"，是因为除了学科课程的难度确实较大以外，其实还与他们内心对自己的一个要求——高考要考好——有关。

身为老师、家长，我们很难告诉孩子：高考你应付一下就好。我们怕孩子不用功、不用心，怕高考考不好，影响孩子的升学、就业、择偶等接下来整个人生。我们怕如果我们不说，孩子不知道，于是放弃、躺平了怎么办？孩子的一辈子就"完了"。我们不停地强化，导致孩子也自我加压，甚至有的学生会因为压力过大而神经衰弱、失眠，有的甚至不肯来学校上学。

确实，高考是人生中非常重要的事，但不足以决定人的一生。高考是一个台阶，迈得高一些，起点会高些，人生的境遇会好一些。如果迈不太高，其实也没什么。只要愿意劳动，有一份辛苦低微的工作养家糊口，幸福也不一定就此绝缘。做一名辛苦的打工人，诚实劳动，热爱生活，享受生活，也是一个不错的选择。

这些话，常常出现在我与个别学习压力大的学生私下聊天的时候。但是在班级这样公共的场所，我不能说。如果我的要求放松了，学生可能会更放松，一旦他们不肯努力付出，班级的风气也就自此涣散了。

这些话，如果学生完全没有听过，又很容易让自己陷入"考试压力过大"的圈子里跳不出来。这些话可以来自家长，可以来自亲戚家的大哥哥大姐姐，也可以来自电视、网络上的节目，甚至视频分享。当然最好是来

自家长，学生会感觉自己有底气、有依靠，会更容易放下负担，投入到学习中去。

我听到的关于高考的意义，最好的说法是：高考不是人生唯一的路。因为做错的每一道题，丢的每一分，都是为了遇见对的人；而做对的每一道题，得的每一分，都是为了遇见更好的自己。

是的，只要自己全力拼搏过，无愧无悔，即使考得不好，又能怎么样呢？考得好的人，也大概率会平凡的过一生。只因多数人是普通人，生而平凡。

（二）认识压力：压力产生于目标和能力的落差

有人认为学业让自己很有压力，有人认为人际关系不好让自己有很大压力。其实，这些都是压力来源的表面原因。深层的原因是，我们完成目标需要的能力远高于我们的实际能力，而且不能逃避。

试想一下，如果一件事我们觉得很难，推脱掉了，我们不会感到压力。当一件事不难，比如倒一杯水，或者说我们的实际能力高于目标需要的能力时，我们也不会有压力。

有趣的是，我们所认为的"自己具有的能力"和我们认为完成目标"需要的能力"，两者都是我们自己主观判定的。因而压力是一种主观感受，并不是一种客观事实的反映。就像第一节在操场上的"压力线活动"环节，据我的观察，压力最小的并不一定是成绩最突出的孩子，而是成绩中等的孩子。高期待产生高压力；实力过弱信心不足，也会觉得压力很大。

同等成绩的孩子感受到的压力大小也不同，即使是同一件事给不同的人带来的压力也是不同的。有的人即使面对小事也会辗转难眠；有的人即使面对大事也能泰然处之。这有先天的生理因素，也与人的成长环境有关。适当了解压力，了解应对压力的方法，这些情况会得到改善。

（三）　耐受压力——专注于任务本身

当我们把目光放在几乎是决定"一生命运"的高考的时候，我们是"结果主义"的，想要那个完满的结果。事实上，高考更应该是"过程主义"的。把学习过程中不明白的知识点弄明白，把生疏的题目类型做熟练，把考试临场的失误降到最低，把整个过程的心态调节好。一点点，一步步做好了，好结果就离我们越来越近了。

毕竟，我们能把控的就是备考过程的各个细节。最终是否能得到好的结果，还要看机会、发挥、临场状态之类的。俗话说，"尽人事，听天命"。先把自己主观能做到的做好，剩下的就交给时间。

当你专注于做好过程中的细节的时候，你的压力不会维持在过高的区间里。这和艾瑞克森提出的"把每一洞都看作第一洞"，有着相同的道理。

（四）　做到温和的提醒

我们常常劝导孩子要努力，只是希望孩子在人生中精力最旺盛的青春年华里，做最该做的事，走最该走的阳光大道，在人生的几个关键步点上没有踏错。

这里，有时是一个成年人对残酷世界竞争的怕，有时是对孩子的舐犊情深不知如何表达出口，有时是被现实狠狠地拍了巴掌而希望孩子莫走老路，有时也仅仅是无意识地唠叨。

如果我们能时刻保持清醒，做到适度地提醒和激励孩子，而不是把"告诫孩子"作为其他生活事件的无意识出口。我相信，语速会慢下来，表情会柔起来，措辞会温和起来。这种表达，孩子会充分接受，效果也是最好的。

第十六章

找到意义，找回掌控

以"焦点解决"流派思想为基础的《高效教练》一书中，提到创建问题解决方案的步骤：花时间整理出他（她）的想法，设定具体目标，意识到资源，前进一小步。这几步都离不开增强意识和增加选择。意识的"手电筒光束"由原来的只照见问题，拓宽为照见目标、曾在类似情况中做过的有用事情、如何利用已有资源等，使原先处于黑暗中的不同方面和细节成为可见的。当人们感知到他或她所处现实的其他部分，会重新描述它并产生更多选择。

面对考试时，一方面通过找到考试的积极意义，消除抗拒；另一方面通过聚焦于哪些因素是自己可控的，增加掌控感和行动力，实现"前进一小步"。

第一节 考试的意义与影响因素

活动目标

认识考试的积极意义，学会调控、优化考试中的影响因素。

第一课时：考试的意义和影响因素

一 活动准备

学生每人 1 张画有圆圈的白纸（圆半径在 5~10 厘米之间）。

二 热身游戏：没有考试的日子

1.活动任务：每个小组在 3 分钟内设计、排练一个简单的情景剧，题目是 "假如没有考试"，表演形式不限。

2.活动过程记录：

当 3 分钟限定时间结束，教师邀请各小组自愿上台表演节目。一开始没有小组上台，我只好指定二组学生上台展示。二组学生忸怩地走上讲台，8 个女生在讲台上一字排开。其中 6 个同学在茫然等待，还有 2 个准备发言的同学掩口而笑，语不成句。等了 1 分钟，她们还是没有调整好状态开始表演。因为时间不允许继续等待，我请她们先下台。

然后请七组的同学上台表演。七组的 4 个女生从座位上站起身，沿着走廊往讲台的方向走，同时以兴奋的口气说："不用考试了，那我们去逛超市吧！""好啊好啊！""走走走！""等等我啊！"然后她们嬉笑着从前门出了教室。嚯，入戏挺快呀！刚点了他们组上台表演，还没上台就从座位上开始表演了！接着一个男生（王刚）说："我的足球呢？"同时左右扭头，做出找东西的样子。球被找到了，他抱起球冲出了教室。如果没有考试，他下课就去打球了，不会在教室里继续复习。最后的两个男生，李远冲着张锐喊："张锐快走，去晚了我最爱的土豆炖排骨就没有了！"张锐一句话也没有说，跟着李远冲出了教室，完成了他的无台词表演。原来他们要表现的是下课后立即赶去食堂吃饭。在我和其他同学一片惊奇的目光中，他们小组的表演就此迅速完成了。我们定定心思缓缓神，才明白了他们小组的意图：如果没有考试，我们就可以潇洒地逛超市、踢球、早早吃饭而没有顾忌了。明白了他们的表演以后，我和台下的同学们对他们的表演报以热烈的掌声。

接着被点到的是四组。他们上台后，担任政治课代表的张霞同学扮演政治老师。她以"政治老师"的角色讲了一会儿课，然后安排大家自己背诵5分钟进行巩固。在5分钟背诵的过程中，小组的其他成员动作、神态各异——有的同学交头接耳，有的同学抠指甲，有的同学传纸条，有的同学看课外书，有的同学睡觉。只有一个同学在认真背诵。一会儿后（表示5分钟过完了），"政治老师"问"同学们"背过没有。同学们拖着长长的音调，中气十足毫无羞愧地说"没有——"，只有一个微弱的声音说背过了。只见"政治老师"一挥手说："没背过也不要紧，下课吧！"我们明白了他们小组的意图：如果没有考试，我们对待学习的态度将会非常敷衍，课堂将变成放松的乐园，良好的学习成绩也就无从谈起了。"一众看客"边哈哈笑着边点头，忍不住用力给他们鼓掌。

本以为活动就此结束了，二组的同学又自告奋勇说要上台来表演。我给了他们机会。她们一部分同学在讲台的一侧表演嬉笑打闹，表示同学们课下在教室里放松玩耍的场景。讲台的另一侧，表示数学办公室内的场景。李梅作为数学课代表扮演"数学老师"，布置作业，被扮演"数学课代表"的同学"断然"拒绝。"数学老师"边伸出右手，手上做出扭人胳膊的动作，作势要惩罚"数学课代表"，边说："你们，你们怎么能不做作业呢？数学可是很重要的……"不过，"数学老师"好像突然想到了什么似的，她放在"数学课代表"胳膊上的手停了下来，然后说道："好吧好吧，不做作业就不做吧，反正没有考试。"他们小组除了表演出了学生的懒惰，还表演出了老师也会因此而降低标准，不再严格要求。同学们的掌声再次热烈地响起来，为了他们精彩的表演，也为了他们再次上台表演的勇敢。

我发自内心地夸赞他们，说他们演得好，真实且有分寸。

(三) 分组讨论

考试对于学习的价值和意义（4分钟）。

活动过程记录：

规定的讨论时间到了，我让各小组派代表回答他们的讨论结果。

马威代表的六组的主要观点是：国家通过考试，选拔人才，会更好地推动社会进步——更优秀的人做出更适当的决策，为更多的人提供更好的服务——让整个社会更加稳定幸福。

刘明代表的一组的主要观点是：通过考试我们会更好地掌握所学的知识，老师会更全面地了解我们的掌握情况，从而做出调整和安排，使得学习的效果最大化。

张泰代表的四组的主要观点是：考试确实给了我们压力，但换一个角度想，也是给了我们无穷的动力，给了我们不懈奋斗的理由。我们在不断奋斗中，会收获更高的成就和更美好的人生。

我觉得他们的陈述各有侧重，相互补充，给他们一一点评后，作出了如下总结。

现实中，有些同学害怕考试、讨厌考试，甚至想要逃避考试。通过刚才大家的表演和讨论，我们能够认识到，考试是我们在高中学习阶段的一个必要环节。

考试可以提升我们学习的动力，可以检测反馈我们学习的状况，便于我们查缺补漏，借由考试这个渠道，我们得以升入大学继续学习深造。

考试是我们学习过程中必要且非常重要的一个环节，它是我们学习的好朋友，我们要欢迎它、用好它。考试可以促进学习，但学习不是为了考试。表演活动增强了学生对考试作用的直接体验，而思考与讨论进一步拓展了学生时考试和学习意义的理解。

(四) 影响考试成绩的因素

教师请同学们取出课前准备的画有圆圈的白纸。先自己思考，如果这个圆圈代表影响考试成绩的全部因素，先想想有哪些因素。然后根据每种因素所占比例的大小，将这个圆形分割为大小不等的若干个扇形，并标出每个扇形各代表什么因素，占比是多少。限时 3 分钟。3 分钟后，先小组内自由交流 3 分钟，然后再在全班分享各自观点。

活动过程记录：

三组代表高峰认为：影响考试的主要因素是学习中积累的基础知识，大约占 1/2，考试中的心态控制大约占 1/5，剩下的是偶然因素。

后面两个小组的代表所提出的比例，和高峰的划分大同小异。我在黑板上代替他们板书了划分情况，并将各自所占比例一并记录下来。

表扬他们对问题的分析能力之后，我进行了总结：影响考试的因素很多，主要有平时积累的知识水平、心态情绪状况、考试技术与方法、环境因素、智力水平、运气等。

第二课时：归类影响因素并自我调整

一 课前准备

上次画的那张有"考试的影响因素"的纸，每人一套三色笔（三种不同颜色的笔即可）。

二 归类影响因素并涂色

教师引导：

请同学们仔细分析图中这些因素，哪些是你可以掌控的，哪些是你在平时学习过程中可以积累、锻炼和培养的，哪些是你无法控制和影响的呢？并用红、黄、绿三种彩笔，给刚才所分割的若干个扇形涂上颜色。绿色代表你在考试前或考试过程中可以掌控的因素，黄色代表你在平时学习过程中可以积累、锻炼和培养的因素，红色代表你无法主观调控和影响的因素。小组内交流并在全班分享。注意：如果觉得某种因素既可以涂这种颜色，又可以涂那种颜色，可以用两种颜色涂，还可以根据自己认为的比例来涂不同颜色的占比。

活动过程记录：

通过巡视，我发现，不同的人写了相同的影响因素，却涂了不同的颜色。我通过询问了解，发现他们各有道理。比如基础知识，有的同学涂了绿色，认为它是可以自己改变的；有的同学涂了黄色，是表达之前的知识积累在目前知识掌握程度中的重要性。比如生病，有的同学涂了红色，认为是不可控的；有的同学涂了黄色，认为是体质决定了自己的身体状况，可以通过适当锻炼来改善自己的体质、减少生病。比如心态，有的同学觉得是难以控制的红色；有的同学涂成半红半黄；还有的同学说"和阶段有关"，解释说考试之前情绪往往是可控的，但是考起试来，遇到很难的题目，心态会在考试时摇摆。我吃惊于这位同学表达的意思，并确认"你是指考试之前心态怎么都好，考试时就身不由己吗"？他说"是的是的"，引发了学生很有同感的"嗯呢"声和一片掌声。

学生的表达，让我了解了之前不曾了解的一些想法，觉得很有趣。

（三）聚焦一次考试

教师引导：

最近的一次考试或前不久进行的市二模（注：选择时间近或者比较重要的一次近期考试）中，每个人对自己的成绩满意程度不一。如果满意，你觉得主要是哪种颜色类别中的哪些因素使你取得了好成绩？如果不满意，你认为主要是哪种颜色类别中的哪些因素造成的呢？小组内交流并在全班分享。

活动过程记录：

学生对自己的一次考试进行分析与归因后，有几个同学在全班做了分享。学生们普遍认为扎实的基础知识、良好的心态是在一定范围内自己可控的，即黄色部分是最重要的，也最有实践、行动的意义。

而这，正是我想要通过这次班会向他们传达的。

我总结道：有些因素是我们控制不了的，比如考试的时间、地点、难度、因为疫情需要在家复习等，我们就不要为此忧心忡忡，心神不安。对于涂红色的影响因素，我们就暂时放一放，不要再纠结。有些涂绿色的因素是我们可控的，比如考前不过度吹冷风、不暴饮暴食、不过度熬夜、坚持适当锻炼等，我们可以控制这些因素让自己不受其影响。如果这个因素是一定范围内可控的，即涂黄色的因素，我们需要持之以恒地努力，尽量把这些因素变成绿色或者降低这些因素的影响，比如扎实的基础知识、良好的考试心态、良好的人际关系等。此外，这一部分在影响因素里面占的比例最大，最需要我们花时间和力气去做好。把精力用对地方，让时间证明一切。

不少学生点头同意，脸上露出了凝重的神色。

很多学生认为，自己对考试又有了新的认识，行动的目标更加明确。

四　接下来你将怎么做？

教师要求：以"接下来我将这样做"为题，写一段话，下课后交给老师。

作业反馈：很多学生表达了放弃对无法控制的红色区域因素的忧虑，把黄色区域的因素作为自己下一步努力的方向（主要是扎实的基础知识和良好的考试心态、考试技巧），尽量让自己的黄色区域占比更大。

目标明确后，学生就会静下心来，多投入学习。静能生定，定能生慧。

第二节　心理眼看故事：找到意义，找回掌控

（一）找到考试的积极意义

从学生自发扮演的情景剧来看，老师即使不直陈利害、耳提面命，学生也能自己发现考试的意义：师生更专注地投入教与学中，学习效果得以保证；社会的人才选拔、正常维系、推动进步也需要考试。所以考试是让人痛苦而又不得不认真面对的事情。

理顺考试的意义后，学生对考试的抵触情绪得到缓解。

（二）生命的意义

学生常常会关注生命的意义，这也是形成青春期身份认同的一个重要方面——自己是谁、自己想要成为什么样子。

如果把出发点建构在自然界和人类经验之上，适于每一个人的生命意义是不存在的。我们必须赋予生命意义，用生命的过程，超越以感官满足为目标的享乐主义和功利主义；超越抽象原则，即注重宗教般的禁欲和形而上的精神式神秘主义；让行动和反省相辅相成，找到目标，投注全部精力。无论结果是成功还是失败，我们都能找到一种秩序感，让所有的思想和感情融合成一个和谐的整体，体会到生命的价值。

（三）学习过程中的线性思维

很多学生，甚至包括部分家长，对考试成绩的分析，陷入了单一原因导

致单一结果的线性思维模式，容易出现思路狭窄的情况，产生畏难情绪。

在学习生活中，常见的线性思维有以下几种：

1.简单复制过去经验推断未来的：把初中学习中很有用的方法搬到高中来用，效果一般不会太好。因为初中的知识体系中，需要记忆的部分占比较大，很多知识点背过了就能考高分；而高中的学习须在记忆的基础上，增加逻辑思维能力、归纳总结能力、迁移运用能力等，更加深入灵活。所以，很多学生明明初中生活顺风顺水，中考成绩不错，到了高中也是一样努力，成绩却怎么也跟不上了，甚至出现厌学、抑郁的情绪，这可能和孩子的学习方法有关。

2.认为事物的发展变化是匀速的：孩子考好一次，就认为成绩会越来越好。成绩逐步提高的情况有，却很少。多数情况下，多数孩子的成绩排名是一道升升降降的波浪线，甚至是大起大落的波峰波谷。

3.付出了就一定会有回报：有的学生认真学习了几周甚至一两个月，发现成绩没有提高，就放弃继续努力了。殊不知，学习中常见的是"S"型曲线，会有一个缓慢的初始积累期，时间长，效果不明显；也有快速增长的爆发期，时间不一定长，提升很快；到了高处以后，又是一个时间长但是效果不明显的时期，常常被称作"高原期"。

4.局部结论用于整体的：孩子在校学习不行，就做什么也不行。其实，在校学习的主要内容都是理论知识，很多是脱离实践的。有的孩子理论知识的学习不见长处，动手操作能力却很强。像我考驾照的时候，科目一的理论我考了100分，但是考实际操作的科目二和科目三，我却是第二轮才完成的。这个例子很能说明人的优势智能是有差别的。

5.用已知结果得出单一原因的：认为孩子没考好就是孩子没有努力——把板子打在孩子身上。孩子确实没有把全部精力放在学习上，是不是和家庭也有关系？孩子要学习了，客厅里的电视、打牌、打麻将的声音有没有响个不停？是不是夫妻关系不好，动辄争吵，让孩子的安全感不强？有没有孩子做错点事情，就受到无休止的指责与批评？孩子没考好这个结果，应该是多因素触发的，不要只是根据这个结果，就认为是"孩子不努力"这一单一原因导致的。这次没考好，就是这个人智商不行；和朋友吵架了，得出"我这个人不好或者朋友这个人不好"的结论，这都是对结果进行单一归因的表现。当然也有单一因素可导致单一结果的：高考考不好，就上不了好大学，找不到好工作，人生就不会幸福。

用已知结果得出单一原因和单一因素导致单一结果区别是，一个用现在的结果挖过去的唯一原因；一个用现在的一个已知条件推测未来的唯一结果。

（四）改变线性思维，找回掌控

当整个班级的学生一起分析交流影响考试成绩的因素时，多因素的出现是必然的。学生也在这个过程中拓宽了对影响因素的了解，发现自己认为的因素不是必然的、唯一的因素，就慢慢不再固着于一点，做好从原有认知中走出来的准备了。

分析同一个因素是否属于可控，学生的观点也有差异，而且都能自圆其说，只不过各有侧重。当自己认为不可控的因素，在别人那里是一定程度上可控的，学生的反思也就上线了。

通过对比、借鉴、整合，学生对影响考试的因素认知逐渐达到理性、平和，他们进一步思考，得出各自的应对办法和执行思路，找到确切的行动步骤，接下来就可以按部就班地执行了。

（五）破解线性思维的小妙招

当你遇到问题的时候，多问自己："是这样吗？有例外吗？一直这样吗?"

有次我跟朋友分享自己练瑜伽进步缓慢的原因,说:"我不好意思向老师提问,可以说从不提问。"我朋友反问我:"从不吗?没有一次例外?"我顿时觉得"从不"这个词有点不准确,因为有个比较温和的老师,她有时间的时候,我偶尔会提问。我犹豫着告诉朋友,好像也有例外。我朋友继续问:"是你过去不常提问,还是你过去和将来都不常提问?"这次又在时间轴上给我提了醒。过去我不常问,但是将来我是可以常提问的。未来问不问的掌握权还在我的手里,我可以改变这件事发生的频率。

如果你在线性思维里因为结果而责怪自己,想一想,自己在其他方面是不是有闪光点?是不是过去也曾有过某个"高光时刻"?未来还可以做出哪些改变?

当你把时间轴和空间轴的转换都用起来,你就发现自己不会被困在原地了。而摆脱线性思维,真的就在一念之间。当然,这还需要多次的练习,才能在转换的时候非常顺畅。

(六) 理解那个没考好的孩子

很多时候,一句"考砸了"包含了学生无尽的心酸。有时他们觉得自己已经很努力了,可是没有得到预料中的结果。这时,学生容易处在受挫的情绪里,这常常是感性思维在作怪。感性思维属于点状思维,对事件没有延伸思考,只是基于某个情绪点进行主观判断。相较点状思维,线性思维有很大提升,但思考维度仍过于单一。陷入线性思维,不再挖掘其他可能性,同样难有作为。

通过这样的班会活动,学生找到了自己失利的多方面原因,发现自己将来努力的方向,制订更加合理的目标和计划,然后在不断地努力和改进中,遇到更好的自己。

第十七章

给出爱，得到爱

台湾心理咨询师许皓宜在《在关系中成长》一书中提到："爱"不是什么特别了不起的事。但它是一种人生价值观，让我们对人事物有热情，对自己有活力。

在爱和被爱中，我们都被接纳、被看见、被认可、被滋养，都变得越来越好。

第一节　互赠成人礼物

高三上学期的十二月，级部按学校惯例，为学生举行了"成人礼"仪式。每个班级都设计了自己的口号和横幅，我们班横幅写的是"志高远，奋笔苦鏖战；行砥砺，勇逐家国梦"。每个学生给家长写了一封信，也要求家长写一封信带来给学生。除了常规的各方面代表的发言，学生们还给家长表演了一段排练过的手势舞，将写有自己梦想的纸贴在展板上，并在家长的见证下，一起列队走过"成人门"。那次活动给学生们的震撼非常大，不少学生和家长都眼含热泪。学生们意识到了自己对家庭和社会的责任，似乎一下长大了不少。

正是在这样的背景下，加之快到元旦了，班长就来找我，说想组织一个特别的元旦活动——每个同学都买一份礼物，然后同学们互相抽签，以抽到的这份礼物作为自己十八岁的"成人礼物"来珍藏。我说可以，不过要加两个原则：一是学生自愿参加，绝不勉强；二是不要买太贵的，礼物价格限制在二三十元，避免攀比，也避免有的学生买了特别贵重的礼物却抽到了很不值钱的礼物觉得很亏。

就这样，元旦前的最后一次大休时，我向学生们公布了这个活动建议，他们可以趁休息时间去挑选礼物。班长还细心地在网上专门定制了手提袋，手提袋上的图案是班内学生设计敲定的，是他们手绘的班级名称、班标和卡通的图案，给人朴素又温暖的感觉。

元旦庆祝在 12 月 30 日下午两节课后开始做准备，主要是布置一下教室。当天下午，班委们忙着给礼物编号，并把它们分别放进之前定制的纸袋里。班长偷偷告诉我，一共收到了五十几份礼物，只有两三个同学没有参加，其中也包括一个我精心挑选的"拼插小玩偶"。

　　班长专门准备了投票箱大小的箱子，方便学生从中抽取号码，班委的其他成员再根据学生抽到的号码发放相应的礼物。为了保证公平，我们经过两轮抽签，第一轮抽签不确定抽的顺序，只抽出"抽签号"；第二轮根据第一轮抽得的"抽签号"顺序抽签，抽到的号码就是对应的礼物号码。这样可以避免学生因为抽签的顺序先后而产生不公平感。

　　吃完晚饭，激动人心的时刻开始了。抽到"抽签号"后大家还很镇定，期待着自己成人礼物的到来。第二轮，学生们打开抽到的礼物以后，会有这样那样的惊喜或尖叫的声音。班里洋溢着祥和欢快的氛围，"一大家子人"都特别激动。从抽礼物到分发完成大约用了一个小时。

　　发生了一些好玩的事，让这个活动更加趣味横生，学生乐趣倍增。李欣抽到了自己的礼物——是的，她准备的礼物被自己抽回来了——一本英语版的名著。于涵抽到的礼物是一份墨水、钢笔和笔记本的套盒，非常精致，后来有知情人透露，说是冯天买的，花了99元。于涵特别开心。王民是个男生，却抽到了一套女孩用的口红和眼影，大家笑着调侃他可以直接送给女朋友了，我赶紧打圆场说送给妈妈也是不错的选择。结果孩子们继续贫嘴说——也是，送给奶奶也是不错的选择。我们一起哈哈大笑起来。

　　因为我们之前设计了保密环节，也就是不会给同学们公布——谁抽到的礼物是谁买来的。要让大家带着一份欣喜收藏，以免有的学生收到不喜欢的人的礼物而不开心。现在想来我的学生们真有开创精神，这不就是网上玩的"盲盒游戏"的变式嘛。设计这个环节的原因是，有个学生跟班长说他不想参加这个活动，因为他担心那位抽到他礼物的同学会因为不喜欢他而不喜欢他的礼物。班长劝慰他说不会的，同学们对他的印象很好，收到他的礼物会一样开心的。她就专门设计了这个规则，大家买来东西后不要展示，也尽量不要告诉周围同学自己准备了什么，保密的前提下送给班长留存待用，保留一份神秘感。

　　我准备的礼物被班长专门关注了一下，她告诉我说它被前任班长抽走了。而我抽到的是另一名班委准备的——一个亚克力材质的透明正方体，边长大约十厘米，里面有油样的液体，有一只白色小兔子在"水面"飘来飘去。油样的液体里面还放了彩色的小星星，随着水面的起伏不停摇晃。当你把它放到眼前、只盯着它看的时候，会产生一种"星辰大海"一样的感觉。

也许多年以后的同学聚会，这群孩子们说到那年高三的生活，那年高三的心情时，还会有那年高三收到的"成人"礼物，为高三大压力快节奏的生活增添了一抹最靓丽的颜色。

第二节　心理眼看故事：给出爱，得到爱

一　温暖回味

这个活动一直留存在我和同学们的心底，一提及心里就暖暖的。特别感谢班委同学们的精心设计与合理安排，为我们留下了如此美好的回忆。

我相信，人与人相处，最重要的就是一些温暖时刻。就像那一天，我怀着忐忑的心情，问级部领导："我盯班的时间不如别人久，但我会好好教这个班，可以吗？"领导说："没关系。你盯班时间上用的少，你就会想别的方法，在别的方面做的多呀！"那种被理解、被认可的感动，现在想来依然让我心中涌起阵阵暖流。

一群人，相亲相爱，相知相扶，一起走过一段斑斓缤纷的日子。这种美好，足以让为人师的我体会到无限的价值感和幸福感。

二　给出爱，得到爱

爱不是一味的付出。如果只是一味付出却没有打动对方的话，很有可能给出的不是对方所需要的。这是生活中我们需要知道的，不止是恋人之间，还有家长对孩子。有的家长觉得为孩子做了那么多，却只感动了自己，很有可能是付出的方向不对，没有听取孩子的声音。

师生之间的关系也是如此。有的老师认为，我是老师你是学生，你就要听我的，用心理学的说法，属于"等级关系"。但是，学生是活生生的人，怎么可能对各种纪律、规则、要求毫无想法，甚至甘之如饴呢？

更高级一点的相处模式是"平等模式"，我们可以一起商量完成一件事

情，让老师和学生都不至于太为难。

很多老师用错了方法，导致学生很痛苦，自己也非常累，就是因为理念有偏差，忽略了师生之间"爱的流动"。

给出爱，得到爱，你会发现与学生相处也有美好的时刻。

（三） 班级文化墙上的人文关怀

我认为班级内的标语只贴一条就好，没必要把整个教室的墙都贴满。当我走进贴满标语的教室时，会有一种紧张感和压迫感。我认为，这些内容应该内化到学生的认知里，在行为中体现出来。贴在教室的墙上，更多的是出于教师想要提醒学生的愿望。贴出来就完成任务了吗？不，还应该需要事事处理得当，时时耐心陪伴，和学生建立深厚的感情才行。

我把我的想法和学生分享，征求他们的意见。所以，我们班级内的文化墙，南侧是本班学生的人物素描画——孙中山和达尔文。北侧是各个小组的组名、口号、目标等内容，整个班级以团结融洽的氛围为主，不突出竞争。

我也从不把某一次考试（无论期中还是期末）的总分前十名、单科前十名、进步前十名等同学的名字在班内长时间张贴。我会在重要的考试之后开一个很长时间的分析班会，里面会有考试情况的反馈，把这些项目做成几页PPT展示给同学们。这样考好的同学得到了表扬，没考好的同学也不会过于难过。我说，继续努力，争取下一次考好就好。你想，一旦长时间张贴，是给十几个（可能也会稍多一点，但终究是少数）学生鼓励了，那么那些名字没有被张贴的学生的感受呢？是不是会产生自我怀疑？那才是班里的大部分学生。他们能不能继续在班里努力学习，是关乎班级学习氛围的大事。高考都不能决定人生，这样的一些小考试，又何必小题大做呢？何必将学生划成被表扬和没被表扬的集团呢？工作中，我问过很多考得好的学生，绝大多数学生表示，不希望把名字张贴出去，觉得这样压力特别大，特别害怕下一次自己考不好。"怕"不是我想要的，我需要的是有安全感的教室环境。

我觉得，不过于宣扬某次考试的成败，也是一种对全体学生的人文关怀。

没考好的学生不会因此消沉，考好的学生也会继续努力。

老子说"无为而治"。在这方面的"无为"，我认为极大促进了班级团结合作、互相帮助的氛围。在一个好的氛围里学习，难道不是最值得开心的事情吗？

（四）被爱，爱世界

我认为，给学生激励，重要的是想一些入脑入心的有用办法。就像有个报道，给学生减负，变成称学生书包的重量，这样的行为贻笑大方。

给出的高质量的爱，就是我信任你，这里是安全的，你是很好的孩子。

我认为，这样才是为学生的成长创造了最好的土壤，就像《窗边的小豆豆》中描述的那样，让孩子感受世界的爱意，慢慢地学会：爱这个世界。

且行且停且从容

这本书上篇围绕着"读懂"孩子（或学生）展开。

故事一里的"懂"，就是耐心倾听，让她好好说说内心想说的话；故事二里的"懂"，就是要坚定不移地关注她、纠正她、爱护她、相信她；故事三里的"懂"，就是不随她多变而起伏，保持自己进退有度；故事四里的"懂"，就是允许她低落、没有达到预期，给她无条件的爱和允许；故事五里的"懂"，就是知道，即使她的学习成绩不突出，也给她充足的底气，做个幸福的人；故事六里的"懂"，就是全家坐下来，倾诉、倾听彼此的感受和需要，凝聚家庭的力量；故事七里的"懂"，就是要坚持和她做专业正规的心理治疗。（因故事中女生较多，所以用了"她"）这些"懂"，每一章的标题都已点出，可通过标题、章首和"心理眼看故事"的文字再次回味。

中篇和下篇所设计的活动，同样适用于亲子之间。当时做的时候师生感觉很好，班级的凝聚力、向心力逐渐增强，学习氛围浓厚，师生、同学之间关系默契，交流融洽顺畅。我意识到整个班级健康向上的学习氛围和不错的学业表现，与这些问题的解决、活动的开展密不可分。但是，具体到某一次活动起到了什么效果，达到了什么目的，因未能测评，不能一一尽述。尤其是一系列班会活动中，如何让学生积极主动地参与进来，勇敢表达、学有所获，还需要做更多改进。而且，教师的引导、解释偏多，以后可在引导学生的表达上多做努力。借鉴糅合了一些心理老师的活动设计，难免不得要义，但能促进班级发展的效果不言而喻，所以值得认真思考，反复改进。下一步可以借鉴团体心理咨询的方法，增加互动性和自我觉察，以期更好。

孩子成长过程中的小问题，用技巧和方法就能解决（"法"或"术"）；而大问题（如完美主义、交往过密、确诊心理疾病），可能是太久或太多小问题的积累，没有一招制胜的方法，如果想要解决，关键还是——爱、包容、理解、信任、允许、懂得、倾听、看见（"道"）。如果你在读了故事之后，还有些新的感受与想法，欢迎你随时记录，试着应用。

故事的主人公，一般写到重新分班或毕业就戛然而止了，有遗憾，也是必然。因为我们相遇与分开的节点就是那样，相处的时间就是那么长，所以我不敢妄言自己的言谈举止对学生产生了怎样"巨大"的影响。在那个当下，学生的改变都不一定是我认为的这个细节促进的，何敢关联更多？

作为一名懂点心理学知识的班主任，一名想运用所学心理学知识陪伴青春期孩子成长的实践者，我做得远远不够，记录下来的也只是九牛一毛。一方面，我惴惴于自己的方法是不是恰当有效；另一方面，学生情况复杂多变，此一时彼一时也。你就且当作消遣，我就且当作纪念。

书中OH牌的用法（故事六），得到了党翠香老师的认可。她说牌是工具，是投射学生想法的媒介，能引导学生表达他的感受和想法就好，不必拘泥于常规步骤。

写这段文字的时候，距离该书所记录的内容已过去三年。也许现在的我，会做出和当年不一样的应对，却不能忽视这些故事对我和当事人的改变和塑造。回首往事，踏实安然，走过、爱过、体验过就好。

人生海海，且听且看且随风，且行且停且从容。

另外，致谢我的好大姐、好朋友杨兴菊老师，一路走来，她给了我太多关怀、陪伴和引领。本书的初稿，杨老师也提出了很多非常深刻又有见地的建议，在此深深感念。